음료의
소비문화

**일러두기**

• 한글 표기를 원칙으로 하되, 필요에 따라 외국어와 한자를 병기하였다.

• 한글 맞춤법은 '한글 맞춤법' 및 '표준어 규정'(1988), '표준어 모음'(1990)을 적용하였으나 혼란이 있는 경우 출판사의 원칙을 따랐다.

• 외국어의 우리말 표기는 개정된 '외래어 표기법'(1986)을 원칙으로 하되, 그중 일부는 현지 발음을 따랐다.

• 사용된 기호는 다음과 같다.

  잡지, 논문, TV 프로그램 등 : 〈 〉

  책 이름 : 《 》

# 음료의 소비문화

## 물에서 술까지

김광수, 오주섭, 서현진 지음

음료의 소비 문화: 물에서 술까지

지은이 | 김광수, 오주섭, 서현진
펴낸이 | 한기철
편집인 | 이리라
편집 | 이여진, 이지은
마케팅 | 조광재

2009년 6월 1일 1판 1쇄 박음
2009년 6월 10일 1판 1쇄 펴냄

펴낸 곳 | 한나래출판사
등록 | 1991. 2. 25. 제22 − 80호
주소 | 서울시 서대문구 냉천동 182, 냉천빌딩 4층
전화 | 02) 738 − 5637      팩스 | 02) 363 − 5637      e-mail | hannarae07@unitel.co.kr
**www.hannarae.net**

ⓒ 2009 김광수, 오주섭, 서현진
Published by Hannarae Publishing Co.
Printed in Seoul

국립중앙도서관 출판시도서목록(CIP)

음료의 소비 문화: 물에서 술까지 / 김광수, 오주섭, 서현진 지음.
− 서울: 한나래, 2009
   271p.;   23cm

ISBN 978−89−5566−087−6   03320

음료[飮料]
소비 문화[消費文化]

573−KDC4
663−DDC21                                          CIP2009001501

차례

# 모든 사람이 마신다. 왜?

photograph ⓒ 강영호

김광수

현재 고려대학교 언론학부 교수이다. 서울대학교 영어교육학과를 졸업하고, 같은 대학 신문학과에서 석사, 미시건주립대학에서 광고홍보학 석사, 코네티컷대학에서 마케팅 커뮤니케이션 박사 학위를 받았다.

마케팅 커뮤니케이션의 이론 및 전략이 주된 관심사이다. 책으로는 《방송 광고의 이해》, 《광고학》, 《감정 커뮤니케이션》(김아중과 공동 작업) 등이 있으며, 옮긴 책으로 《브랜드 자산의 전략적 관리》(공역), 《통합적 마케팅 커뮤니케이션》(공역), 《매스미디어의 심리학》(공역) 등이 있다.

논문은 Human Communication Research, Asian Communication Research, American Marketing Educators' Proceedings, 〈한국언론학보〉, 〈언론과 사회〉, 〈광고학 연구〉, 〈광고 연구〉 등에 실렸다.

벌컥벌컥 마셨던 적이 있다. 물이든 술이든. 그렇게 촐싹대더니 이제는 홀짝홀짝 마시게 되었다. 이처럼 몰입에서 관조의 상태가 되면서 마시는 의미가 새로워졌다. 목구멍을 타고 천천히 흘러 내려가는 음료의 즐거움이 여간 아니다. 자리를 함께 한 사람들과의 담소도 더욱 소중해졌고. 그렇다고 다인이 된 것도, 주선이 된 것도 아니다. 다만 음료에 허겁지겁 다가가는 것이 아니라 한 템포 늦춰졌을 뿐이다.

그러다 보니 음료가 눈에 띄기 시작했다. 지구상의 모든 사람들이 마시는 음료가. 매우 보편적인 소비 현상이면서도 그 음료의 선택은 사람마다 다양하다. 아침을 콜라로 시작하는 사람이 있는가 하면, 하루 종일 생수를 달고 다니는 사람도 있다.

어떤 이는 보이차를 고집하고, 누구는 소주가 맛있단다. 나아가서 웬만큼 마시는 사람은 자신이 선호하는 브랜드가 있기 마련이다. 마시는 음료가 커피든 우유든 와인이든. 마시는 방법도 천차만별이다. 맥주를 병째 마시는가 하면, 컵을 꼭 찾기도 한다. 폭탄을 말아야 직성이 풀리는 사람도 있고. 중요한 사실은 이처럼 다양한 소비 행동이 우리의 음료 문화를 형성한다는 점이다. 과연 음료의 소비 문화는 무엇일까? 이 책이 시작된 동기다.

사실 음료를 마실 때는 음료에 내재되어 있는 의미도 함께 마신다. 따라서 음료에 녹아 있는 의미를 건져 내는 작업이야말로 음료의 선택과 소비를 이해하는 데 중요하다. 특히 우리의 소비 현상은 독특하지 않던가? 과소비, 경쟁적 소비, 명품 열기는 대단하다. 음료도 마찬가지다. 유행에 민감하고, 브랜드 의식도 강하다. 오죽하면 '된장녀'까지 등장하게 되었을까? 과음과 폭음, 잔 돌리기 등 음주 문화에 대한 논란도 끊이질 않는다. 이런 맥락에서 음료의 소비 문화를 탐구하게 되었다. 생수, 차, 커피, 우유, 주스, 탄산 음료, 술을 마실 때 소비자는 어떤 가치를 추구하는지에 초점을 맞춰서.

이러한 작업은 소비자에게 접근하는 데 유용한 지침으로 기능할 수 있다. 따라서 마케팅이나 마케팅 커뮤니케이션 분야에서 기본적인 '소비자 행동론'을 살피는 사례로 이용될 수 있다. 게다가 이 책에서 논의한 내용은 음료 산업의 발전에 자극제가 될 수 있다. 아무리 음료가 좋다 한들, 음료를 맛있게, 그리고 멋있게 마실 줄 모르면 음료의 가치는 반감하기 때문이다. 음료 산업과 더불어 음료를 소비하는 의식과 행동이 함께 숙성될 때 우리의 식문화가 세계 속에 자리 잡을 수 있지 않을까?

그러나 음료가 더욱 중요한 까닭은 우리의 삶과 직결되어 있기 때문이다. 음료는 취사선택할 수 있는 사치품이기도 하지만, 하루도 뭔가를 마시지 않을 수 없는 필수품이기도 하다. 그러므로 음료 소비에 내재하는 가치가 메마른지, 또는 촉촉한지에 따라 우리의 삶도 상응하는 영향을 받는다. 아무쪼록 음료에 대한 관심을 통해 우리의 마시는 문화가 향기로워지고, 나아가서 우리 삶과 사회가 풍요롭고 행복해지기를 기대한다.

　　이제는 감사의 잔을 올릴 차례. 먼저 강영호 사진 작가. 멋있는 작품에 미안하고 고맙기 그지없다. 한나래 한기철 사장님과 이리라 이사, 이여진 씨 및 여러분들. 출판을 항상 선뜻 맡아 주셔서 뭐라 드릴 말씀이 없다. 다음으로 참고 문헌에 등장한 국내외의 선행 연구자들. 그동안 진행했던 일련의 연구가 시발점이 되었지만 이들의 업적 없이는 이 책이 나올 수 없었다. 또한 제자 김수연과 최지원. 지도 교수 복도 참 없다. 인터뷰에 참가한 나경은 씨, 제자 김아중, 한경록 씨, 김영철 씨, 금나나 씨, 지상렬 씨. 귀중한 음료 경험을 공유해 줘 감사드린다. 드디어 오 교수님과 현진. 2년여 동안 작업을 함께 한 음료 파트너다. 음료 업계의 발전을 위해 신맛, 쓴맛을 모두 감내하신 오 교수님. 소비 문화에 발랄하면서도 열정적으로 다가온 현진. 고생 많았어요. 아울러 그동안 이런저런 음료를 저랑 함께 마시면서 멋진 추억을 만들어 주신 지인들, 특히 제자이자 친구인 진현숙 PD. 그리고 그동안 음료 연구에 참여했던 분들과 음료 사랑으로 이 책을 선택한 독자 여러분들. 건배! 입술을 갖다 대는 순간, 하마가 등장한다. 여우곰과 강아지와 함께. 몰래 마시려고 했더니만. 하하, 다시 건배!

2009년 5월
홀짝이며
김광수

photograph ⓒ 강영호

오주섭

현재 고려대학교 언론학부 전문 교수이다. 고려대학교 신문방송학과를 졸업하였고, 같은 대학 언론대학원에서 석사, 일반대학원에서 마케팅 커뮤니케이션 박사 학위를 받았다.

제일기획에서 부광약품의 브랜닥스 치약, 훼로바, 제일제당의 아이미, 다시다, 백설햄 등의 광고 캠페인을 담당했다. 코래드로 자리를 옮겨 동원산업의 동원참치, 매일유업의 매일우유, 해태음료의 썬키스트, 깜찍이, 옐로콜라, 네버스탑, 차온까만콩차 등의 마케팅 커뮤니케이션 전략을 수립하고 집행했다. 또 해태음료로 옮겨 마케팅부문장과 영업부문장을 거쳐 대표 이사를 역임했다.

현재 기업소비자전문가협회OCAP의 이사장으로 봉사하고 있으며, 특히 소비자의 구매 후*post purchase* 행동과 CSR(Corporate Social Responsibility)에 대해 관심이 높다.

# 인문학과 예술이 살아 숨쉬는 마케팅을 위해

일반적으로 마케팅 전략은 훌륭한 인재들에 의해, 그리고 많은 과학적인 조사에 의해 수립되고 실행된다. 그렇지만 그러한 마케팅 전략은 성공보다는 실패할 확률이 훨씬 더 높다. 왜 그럴까? 아마도 그 이유는 마케팅을 하면서 너무 '과학적'이라는 단어에 편중된 '일하는 방식'에 기인하기 때문이 아닐까? 그러다 보니 소비자의 소비가 일어나는 현장보다는, 마케팅을 '잘 설명할 수 있는' 전략이나 마케팅을 승인하는 '의사결정권자'를 '설득하기 위한' 전략 만들기에 치우치는 경향이 있다. 즉, 소비자는 뒷전이고 기업의 임원이나 대표 이사의 눈높이를 맞추는 데 급급한 것이다.

그렇지만 우리는 종종 체험한다. 소비 행동을 통찰할 수 있는 번뜩이는 아이디어 하나가 1년을 넘게 고민해서 수립한 마케팅 전략보다 성공적임을. "과학은 설명할 수 있는 것을 설명하는 것이요, 예술은 설명할 수 없는 것을 설명하는 것이요, 또 종교는 설명해서는 안 되는 것을 설명하는 것"이라는 말이 있다.

나는 마케팅을 이야기할 때, '과학적으로 하라'는 말을 참으로 많이 해왔다. 앞으로도 이 점을 강조하게 될 것이다. 그러나 나는 마케팅을 설명할 수 있는 '과학적'인 방법도 중요하지만, 다소 설명하기 어렵다 하더라도 '인문학적'이고, '예술적'인 관찰과 사유가 더욱더 필요하다고 생각한다.

그런 맥락에서 소비자가 뿌리 내리고 있는 토양에서의 삶과 생활을 이해하는 작업이 필요하다. 마케터는 마케팅을 기획하고, 실행하고, 피드백하는 순환의 고리에서 순간순간마다 소비 문화에 대한 인문학적이고 전통적 삶의 방식을 깊이 성찰해야 할 것이라고 믿는다. 따라서 마케터에게는 알코올을 포함한 음료의 다양한 소비 문화 역시 절실한 과제로 부상한다. 이 책이 먹을 거리, 특히 마실 거리를 마케팅하는 마케터 여러분들에게 발상의 전환을 이루는 데 미약하나마 도움이 되었으면 한다.

이 책의 기둥이 되어 주신 김광수 교수님과 격물치지格物致知의 역할을 훌륭하게 해낸 서현진 님의 동료애에 깊이 감사드린다. 또 이러한 주제로 차 자리를 함께했던 주위의 많은 분들에게 고마움을 전하고 싶다.

2009년 5월
道耐峴에서
오주섭

photograph ⓒ 강영호

서현진

현재 문화방송(MBC) 아나운서이
다. 이화여대 무용과를 졸업했다.
2001년 미스코리아 선발대회 본선에
서 '포토제닉'과 '선'을, 같은 해 남
아프리카공화국에서 열린 미스 월드
대회에서 'The Best Dressed Award'
를 수상했다. 미스코리아 대회를 계
기로 방송 일을 시작해 2004년 문화
방송 아나운서 공채 시험에 합격하
면서 본격적으로 방송을 시작했다.
　대표적인 프로그램으로는 〈불만
제로〉, 〈MBC 뉴스데스크〉, 〈생방송
화제집중〉, 〈굿모닝 FM 서현진입니
다〉 등이 있다.
　방송을 평생 천직으로 삼는 게 꿈
이다. 방송을 통해 접하게 된 정치,
사회, 문화, 연예 등 다양한 분야에
대해 갖고 있는 얕은 지식을 확장시
키는 게 큰 관심거리다. 앞으로 방송
을 계속하면서 방송과 관련된 다양
한 일들을 해보고 싶다.

## 마실 거리는
## 나의 관리 대상

지난 해 아직 봄이 시작되기 전이었
다. 김광수 교수님으로부터 책을 함
께 써보자는 제의를 받았다. 우선
첫 만남에서 맛있는 와인을 얻어먹
은 게 은근 부담이 되기도 했지만,
앞으로 음료에 관한 책을 쓰는 동안
에 그걸 핑계로 맛있는 것도 많이
얻어먹을 수 있겠다는 단순한 계산
으로 덥석 함께하겠노라고 약속해
버렸다. 그로 인해 한 학기 동안 매
주 토요일을 반납하고 고대 대학원
학생들과 마케팅 커뮤니케이션 수
업을 들어야 했고, 한 달에 한두 번
빚쟁이에 쫓기듯 회의와 글쓰기를
반복했다. 그렇지만 지나고 보니 작
년 한 해 내가 내린 결정 중 가장 잘
한 것이었다고 말할 수 있을 정도로
의미 있고 만족스러운 작업이었다.
　중고등학교 때는 무용을 하느

라, 대학 시절에는 미스코리아 준비와 국제 대회 참가로, 졸업 후에는 아나운 서로 늘 카메라 앞에 서면서 긴장감 가득한 '무대'는 어느새 내 삶의 일부가 되어 버렸다. 그리고 어떤 역할로든 최상의 컨디션을 유지하기 위해서 늘 나 자신을 관리해 왔고, 그중 가장 신경 쓰고 있는 부분이 바로 '마시는 것'이었 다. 체중 조절이나 피부 관리를 위해서, 혹은 더 건강해지기 위해서 무엇을 마시느냐가 굉장히 중요하기 때문이다. 이른바 '참살이well being'의 열풍이 불고 있는 요즈음, 나뿐 아니라 많은 사람들이 먹을거리, 특히 마실 거리에 지대한 관심을 갖고 있을 것이다. 그런 맥락에서 이 책이 마실 거리에 관심 있는 사람들에게는 조금이나마 필요한 정보를, 관심이 없는 사람에게는 조금 의 흥미라도 제공할 수 있다면 그 역할을 다했다고 생각한다.

끝으로 게으른 파트너에게 끝까지 나이스하게 대해 주신 멋쟁이 김광수 교수님, 늘 좋은 말씀 많이 해주시는 오주섭 교수님, 제 든든한 기둥 진현숙 국장님, 편하게 글 쓸 수 있게 도와주신 출판사 여러분, 귀찮은 인터뷰를 성 의껏 해준 친구들 — 나나, 영철, 경은, 크라잉넛, 상렬 님, 아중 님, 그리고 사랑하는 가족, 친구들, 문화방송 식구들에게 고마움을 전하면서 이 책을 드 립니다.

2009년 5월
여름같이 화창한 어느 날 사무실에서
서현진

# 1

# 왜 음료 문화인가?

"우리는 음료의 선택과 소비를
통해 어떤 가치를 추구하는가?"

# 하루 종일 마시네

오전 7시. 아, 잘 잤다! 몇 시? 앗, 늦었잖아. 오늘 하루 종일 녹화가 있는 날인데. 눈을 비비며 냉장고 문을 연다. 과일 한 무더기랑 2리터짜리 생수병들만 가득. 쯧쯧, 혼자 사는 아가씨 집 냉장고가 이래서야? 생수 한 컵을 마신다. 꼴깍꼴깍~. 아! "좋아좋아!" 상쾌하다. 몸이 촉촉하게 채워지는 느낌. 몸매에도, 피부에도, 그리고, 후후 변비에도 좋겠지. 그나저나 오늘도 눈코 뜰 새 없이 바쁜 하루네.

오전 7시 30분. 이렇게 아침 일찍부터 미용실에 와 있다니. 그러나 내 중요한 하루 일과 중 하나가 된 지도 오래. 슬슬 배가 고파지는데. 따뜻한 밥과 고소한 달걀 프라이. 거기다 참기름 잘잘 흐르는 갓 구운 김! 꼴깍. 그건 그림의 떡이고. 아침에 요구르트 아주머니가 오시던데…… 아 저기! 아주머니, 우유 하나 주세요. 뭘 마실까? 시리얼 우유? 그래. 그냥 우유보다 고소하고 씹히는 맛도 있잖아.

오전 10시. 이젠 얼굴도 샤방, 머리도 샤방. 강남의 영어 학원으로 발길을 옮겨 볼까? 아무리 바빠도 현대인에게 자기 계발은 필수…… 이긴 한데, 나 요즘 너무 무리하는 거 아니니? 수업 시간에 졸려서 도통 집중이 안 된단 말이지. 졸릴 때를 대비, 스타벅스의 아이스아메리카노는 학생 서현진에게는 필수 아이템! 하루 종일 차 안에 두고 마실 수 있게 제일 큰 밴티 사이즈. 언니, 얼음 가득이요.

학원에 도착. 아차차! 커피를 차 안에 두고 왔네? 으이그. 수업 하다 보면 목이 마르단 말이야. 근처 편의점이라도. 헉! 음료수 종류가 왜 이렇게 많은 거야? 차 음료를 마시고 싶은데…… 그냥 물보다는 덜 심심하고 몸에도 좋을 것 같아. 약간 고소한 맛이 나는 게 내 스타일. 요즘 콩 음료가 뜬다는데, 까만콩차? 좋아. 살도 안 찔 테고.

오후. 일주일에 한 번씩 만나는 〈불만제로〉팀! 오늘은 어떤 아이템일까? 전체 스텝들과 함께하는 대본 회의부터 리허설, 녹화까지 건조한 스튜디오 안에서 몇 시간이고 버티려면 목을 촉촉하게 해주는 음료수가 꼭 필요한데…….

단 음료는 침이 고여서 별로……. 그래 뭐니뭐니해도 생수가 좋겠다. 정신 바짝 차리고 NG 없이 한번에 가려면 차가운 생수가 최고지.

저녁. 오늘 일과 끝! 그러고 보니 오늘 저녁은 대학 때 단짝 지현이 만나서 저녁 먹기로 했지? 어쭈? 벌써 한 잔 시켜 놨네? 여기요~ 저도 같은 걸로 한 잔 주세요. 뭐 마시고 있었어? 아~ 하이네켄? 난 흑맥주가 좋지만 오늘 저녁 메뉴가 치킨 샐러드에 파스타니까 그냥 맥주가 더 어울리겠다. 아, 좋다.

밤. 흑흑…… 맥주를 마시는 게 아니었어. 괜히 배가 부르네. 운동이나 하러 갈까, 말까? 안 그래도 요즘 화면을 모니터할 때마다 자꾸 얼굴이 똥그래지는 것 같은데. 그리고 땀을 한번 쫙 빼줘야 밤에 잠도 잘 오지 않겠어? 유산소 운동을 하고 나면 유난히 몸도 피부도 바짝 마르는 느낌인데. 그래, 시원하게 생수 한 병 마시고. 오늘 많이 먹은 만큼 좀 더 달려 볼까?

# 1. 마시는 데 관심을 가져야 하는 까닭은?

## ◎ 음료 없이는 못 살아

모든 사람들이 마신다. 누구든 살기 위해서 마셔야 한다. 갈증을 해소하는 것은 인간의 기본 욕구에 해당되며, 마시지 못하면 치명적이기 때문이다.

그리고 우리는 하루도 빼놓지 않고 매일 마신다. 사람은 식품이 없어도 꽤 오래 견딜 수 있지만 물 없이는 고작 며칠만 견딜 수 있을 뿐이다. 그만큼 마신다는 것은 삶에서 가장 중요한 요인 중의 하나다. 음료에 관심을 갖는 첫 번째 이유다.

그럼에도 불구하고, 마시는 것을 그저 당연하다고 여긴다. 그래서 우리에게 어떤 의미를 주는지 주의를 별로 기울이지 않는다. 그렇지만 우리는 음료의 선택과 소비에 다양한 가치를 부여한다. 따라서 음료 소비에 내재된 의미를 파악함으로써 우리 사회의 소비 문화를 이해할 수 있다. 바로 음료에 관심을 갖는 또 다른 이유다.

사실 사람은 태어나자마자 마시기 시작한다. 모유를. 그리고 가장 오래된 음료 중의 하나가 바로 물이다. 인류의 조상은 빗물이나 눈 녹은 물을 마셨을 것이다. 그리고 관찰과 시행착오를 통해 땅 밑의 지하수를 발견하거나 과일즙을 마시기도 했을 것이다. 이후 음료는 사람의 역사를 통해서 다양하게 발전해 왔다.

## ◎ 거대한 음료 산업

대동강 물을 팔던 봉이 김선달이 선견지명이 있었나 보다. 요즈음 물은 물론 집에서 끓여 먹던 보리차도 판매되고 있으니. 게다가 상황에 따라 마셔야 할 음료가 따로 있다. 스포츠 음료, 숙취 해소 음료, 변비 해소 음료 등. 그리고 동일한 음료 품목 내에서도 그 형태가 가지가지이다. 주스만 하더라도 알갱이의 유무에 따라 과립과 비과립으로 구분되며, 비과립은 다시 주스의 농도에 따라 100%, 50%, 저과즙 등으로 세분된다.

이처럼 모든 사람들이, 매일같이, 각양각색의 음료를 마시므로 음료 시장의 규모도 커질 수밖에 없다. 우리나라에서 2008년 한 해 동안 마신 일반 음료는 총 3조 6000억 원이었다. 큰 품목만 대충 살펴도 탄산 음료에 1조 1000억 원, 주스에 8100억 원, 마시는 샘물에 4400억 원, 커피에 4060억 원, 스포츠 음료에 2300억 원, 차 음료에 1640억 원을 사용했다. 좀 더 구체적으로 살피면 탄산 음료 중에서는 콜라에 4900억 원, 사이다에 3500억 원을 썼다. 주스에서는 3700억 원의 저과즙 주스와 2050억 원의 100% 주스가 주된 품목이었다. 커피에서는 2750억 원을 차지한 캔 커피가 단연 지배적이었다.

일반 음료 시장에 우유를 포함하면 마시는 산업의 규모는 더욱 커진다. 시유와 발효유에 기초한 2008년의 우유 시장은 3조 5324억 원이었다. 시유는 흰 우유와 가공 우유로 구분된다. 가공 우유란 흰 우유에 향신료나 기호성 첨가물을 넣은 것으로 바나나 우유가 대표적인 사례

## 우리나라의 음료 시장 규모 (2008년 기준)

| 음료 | 구분 | 세분 | 매출액(억 원) | 소계(억 원) | 합계 |
|------|------|------|------|------|------|
| 일반 음료 | 탄산 음료 | 콜라 | 4900 | 11000 | 3조 6000억 원 |
| | | 사이다 | 3500 | | |
| | | 기타 | 2600 | | |
| | 주스 | 100% | 2050 | 8100 | |
| | | 50% | 1220 | | |
| | | 저과즙 | 3700 | | |
| | | 기타 | 1130 | | |
| | 생수 | | 4400 | 4400 | |
| | 커피 | 캔 커피 | 2750 | 4100 | |
| | | 기타(컵 등) | 1350 | | |
| | 스포츠 음료 | | 2300 | 2300 | |
| | 차 | | 1640 | 1640 | |
| | 기타 | 비타민 등 | 4460 | 4460 | |
| 우유 | 시우유 | 흰 우유 | 18960 | 24883 | 3조 5324억 원 (호상 제외) |
| | | 가공 우유 | 5923 | | |
| | 발효유 | 액상 | 3775 | 10441 (호상 제외) | |
| | | 호상 | (2371) | | |
| | | 드링크 | 6666 | | |
| 술 | 소주 | | 28839 | 28839 | 7조 7048억 원 |
| | 맥주 | | 35574 | 35574 | |
| | 위스키 | | 3322 | 3322 | |
| | 기타 | 과실주, 청주 등 | 3246 | 3246 | |
| | 수입 | | 6067 | 6067 | |
| 합계 | | | | | 14조 8372억 원 |

출처: 일반 음료는 〈식품 세계〉; 우유는 한국유가공협회; 술은 주류공업협회

에 해당된다. 흰 우유가 1조 8960억 원, 가공 우유가 5923억 원이었다. 발효유는 액상, 호상, 드링크로 세분되는데, 호상 발효유는 제외하였다. 마시지 않고 떠먹기 때문이다. 액상 발효유는 3775억 원, 드링크 발효유는 6666억 원의 매출을 기록하였다. 액상과 드링크의 차이는 유산균의 많고 적음에 기초하는데, 후자가 더 많다.

게다가 주류 시장은 일반 음료와 우유 음료를 합친 규모보다 더 크다. 2008년 매출액이 7조 981억 원에 이른다. 소주가 2조 8839억 원, 맥주가 3조 5574억 원, 위스키가 3322억 원을 차지한다. 나머지는 과실주, 청주, 약주 등으로 이뤄진다. 이러한 액수는 수입 주류를 제외한

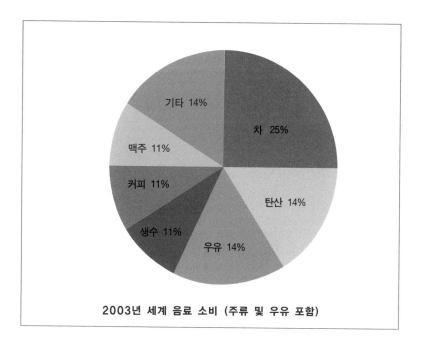

**2003년 세계 음료 소비 (주류 및 우유 포함)**

것이다. 2008년 한 해에만 수입한 주류는 6067억 원을 넘는다. 이중에는 위스키가 3370억 원으로 압도적이고, 와인은 2160억 원, 맥주는 512억 원, 브랜디가 20억 원이다.

요약하면 일반 음료 시장 3조 6000억 원, 우유 시장 3조 5324억 원, 주류 시장 7조 7048억 원(수입 주류를 합해서). 이들을 모두 합치면 우리나라의 마시는 음료 시장의 규모는 14조 8372억 원이다. 그리고 그 규모는 해가 갈수록 증대되고 있다.

이러한 증가는 우리나라에서만 관찰되는 것은 아니다. 세계인들이 마시는 음료의 양도 엄청나다. 2003년 세계는 1조 4000억 리터를 마셨다. 지구촌 사람 1인당 217리터를 마신 것이다. 어떤 음료를 주로 마셨는지 음료의 비율을 보면 차 음료가 25%, 탄산 음료 14%, 우유 14%, 생수 11%, 커피 11%, 맥주 11%, 기타 14%였다. 세계적으로 보편적인 음료가 무엇인지를 알 수 있다. 그리고 마시는 양은 점차 늘어나서 2007년은 1조 5000억 리터였다.

## 2. 우리의 음료 이야기

우리가 매일같이 마시는 음료에는 어떤 종류가 있는지 한번 둘러보자. 그러한 음료가 어떻게 우리 주변에 머무르게 되었는지와 함께.

## ◎ 어떤 물을 마시나요?

예로부터 우리 조상은 주로 우물물이나 용천수를 길어 마셨다. 아낙네가 질그릇으로 만든 물동이를 머리에 얹고 다닌 풍속도를 보면 쉽게 상상이 간다. 물 긷는 일은 고역이었을 것이다. 그러니 노비의 주된 임무도 이와 연관이 있을 수밖에. 원래 '노'는 땔나무를 운반하고 '비'는 물을 길어 옮긴다. 물은 도시 생활의 핵심적인 소비재였다. 조선 시대 태종이 서울로 재천도를 단행하면서 다섯 집에 한 곳씩 우물을 파도록 한 것을 보면.

　19세기 초반부터는 물을 전문적으로 길어다 주는 사람이 생겼다. 이른바 '물장수'가 탄생한 것이다. 남정네가 물지게 양끝에 나무 물통을 각각 매달고 배달하였다. 물이 본격적인 상품으로 거래되었음을 알 수 있다. 20세기 초에는 서울에만 전업 물장수기 1000명이 넘었고 이들 중 태반이 함경남도 북청 출신이었다. 시인 김동환은 그들의 성실성을 다음과 같이 시로 읊었다. "새벽마다 고요히 꿈길을 밟고 와서 머리맡에 찬 물을 쏴— 퍼붓고는 그만 가슴을 디디면서 멀리 사라지는 북청 물장수."

　그러나 역병이라 불린 콜레라가 물과 관련이 있다는 사실이 알려지면서 깨끗한 물에 대한 수요가 부분적으로 생겨났다. 1903년 미국인 콜브란과 보스트윅이 고종으로부터 서울 상수도 사업의 특허를 얻은 것도 이런 맥락. 이후 영국인이 이 사업권을 사들여 대한수도회사를 설립하고 1908년 상수도 시설을 완공한다. 뚝섬 앞을 흐르는 한강

물을 끌어들여 정수 처리한 후에 서울 성내와 용산에 수돗물을 공급했다. 일제는 1911년 이 회사를 매입하여 관영 수도로 바꾼다.

해방 이후 1960년까지만 해도 서울의 상수도 보급률은 50%에 불과했다. 1970년에는 85%로 늘어났지만 달동네에서는 여전히 급수차가 오면 부녀자와 아이들이 '빠께쓰'를 들고 물을 날라야 했다. 1980년대 중반에도, 한여름 서울의 고지대에서는 물이 나오지 않아 물동이를 든 여인네들이 시장실이나 상수도국에 몰려가 집단 시위를 하곤 했다.

도시화와 산업화와 함께 한강 수원지의 수질 오염이 점차 심각해졌다. 팔당 수원지로 확장했어도 물의 안전에 대한 우려는 계속 제기되었다. 그래서 오늘날 수돗물을 그대로 마시는 사람은 거의 없다. 끓여서 마시는 비율이 44%, 정수기 이용이 39%, 약수터 이용은 8%, 생수가 9%에 이른다.

물을 전문적으로 길어다 주는 물장수. 19세기 초반에 등장하여 20세기 중반 상수도가 보급될 때까지 이들을 통해 물을 공급받았다.

그렇다. 생수를 마시는 비율이 점차 증대된 것이 요즈음 물 시장의 주목할 만한 변화라고 할 수 있다. 국내에서 생수가 생산되기 시작한 것은 1974년 미군 부대에 생수를 공급하면서부터. 1976년 먹는 샘물 제조업 허가를 최초로 받은 다이아몬드 정수를 비롯하여 1980년대에는 일화 등 허가 업체가 10여 개로 늘어났다. 외국인과 일부 부유층으로 소비가 퍼지기 시작할 때였다. 그러나 당시에는 수돗물 불신을 조장한다는 이유로 생수 판매가 합법적이지 않았다. 다만 1988년 올림픽 즈음하여 선수용으로만 잠시 허용되었을 뿐이다. 이런 판매 제한에도 불구하고 생수의 수요는 점차 증대했다.

급기야 1994년 대법원에서 먹는 샘물의 시판 금지는 "국민의 행복 추구권과 직업 선택의 자유를 침해한다"며 위헌 판결을 내렸다. 이후 생수가 합법적으로 판매되기 시작하였다. 1995년 '먹는 물 관리법'에 따라 공식적으로는 '먹는 샘물'로 지칭한다. 이 책에서는 생수로 통칭하였다.

최근 생수 시장의 점유율을 살피면 다음과 같다. 제주개발공사와 농심이 만드는 '제주삼다수' 29%, 롯데칠성 '아이시스' 17%, 하이트진로 '석수와 퓨리스' 14%, 동원F&B '동원샘물' 12%, 해태음료 '빼어날수' 11%. 최근에는 물 부족 국가라는 논란과 함께 깨끗한 물에 대한 관심이 더욱 높아지고 있다. 에비앙, 페리에 등의 수입 생수에 이어 해양 심층수가 출시되는가 하면 생수만을 파는 워터 카페까지도 등장하고 있다.

# ◎ 커피를 드시나요, 아니면 차를?

1895년 고종 황제가 아관파천으로 러시아공사관에 머물면서 커피 맛에 반했다고 전해진다. 초기에는 일부 계층의 사치품이었으나 1930년대 다방이 서울의 명물로 자리 잡으면서 커피는 서민 생활 속으로 퍼지기 시작한다.

한국 전쟁 이후에는 미군이 유출한 가루 커피, 즉 인스턴트 커피의 영향을 받았다. 그렇지만 1960년대 초반까지만 해도 커피는 사치성 식품으로 손꼽혀 정부에서는 소비 억제책으로 가혹한 세금을 매겼다.

그러나 1970년대부터 커피는 대중 식품으로 확산되었다. 사실 우리나라 사람들은 식후에 구수하면서도 약간 달착지근한 숭늉 문화에 길들어 있었다. 음식이 맵고 짜기 때문에 그 뒤에 단맛이 오면 궁합이 맞는 것이다. 그런데 1970년 전기 밥솥이 보급되면서 숭늉이 사라졌고, 식후의 맵고 텁텁한 입안을 개운하게 만드는 음료로 커피가 자리 잡았다.

동서식품은 1970년부터 맥스웰하우스 레규라 그라인드 커피를, 1976년부터는 커피믹스를 생산, 판매하기 시작하였다. 커피믹스는 커피에 크리머와 설탕을 배합한 제품으로 세계 최초로 개발되었다. 오늘날 인스턴트 커피 시장의 70%를 동서식품이 차지하게 된 배경인 셈이다. 1978년에는 커피 자동판매기도 설치되기 시작한다. 당시 커피 한 잔의 가격은 100원.

1986년에는 동서식품에서 맥스웰하우스 캔 커피 시장을 개척하였다. 롯데칠성에서는 1991년 레쓰비로 뒤늦게 뛰어들었지만 지금은 국내 편의점에서 가장 많이 팔리는 캔 커피 제품이 되었다. 1997년에는 또 다시 새로운 형태의 커피가 등장한다. 바로 매일유업의 컵 커피인 '카페라떼.' 현재 컵 커피 시장은 매일유업의 '카페라떼'와 남양유업의 '프렌치카페'가 양분하고 있다.

이후 커피 음료는 더욱 고급화되고 있다. 아라비카산 원두를 사용한 롯데칠성의 칸타타, 동서식품과 손잡은 스타벅스의 '프라푸치노' 등이 대표적 사례다. 이러한 프리미엄 커피는 가격대가 1500원대 내외이다. 테이크아웃 커피 전문점이 3000원 이상이므로 이들과 비교할 때 가

국내의 커피 시장 변화를 알 수 있는 동서식품의 제품들. 맥스웰하우스 레귤러 그라인드 커피, 맥스웰하우스 인스턴트 커피, 맥스웰 캔 커피, 프라푸치노.

격 경쟁력이 있는 셈이다. 물론 500원의 레쓰비보다는 비싸지만.

최근 커피 시장은 4100억 원 규모로 70%가 캔 커피이고 나머지는 병이나 페트병이 차지하고 있다. 캔 커피에서는 롯데칠성이 59%, 동서식품이 21%의 시장 점유율을 차지하고 있다.

원래 커피와 차는 뜨거운 음료로 함께 구분된다. 요새야 냉커피나 차가운 차도 많이 판매되고 있어 그런 분류가 무색하지만. 사실 우리는 역사적으로 커피보다 차 문화권에 속한다. 삼국 시대부터 차를 우려 마시는 문화가 있었음이 문헌에서 언급된다. 일연의 《삼국유사》에는 가야국의 향기 나는 좋은 음료인 난액(茶)을 언급하였다.

고려 시대로 오면서 일반인에게 차 문화가 보급되기 시작한다. 차와 관련된 제도를 주관하는 관청인 다방을 두었으며, 차를 판매하는 상점인 다점과 다원을 둔 것도 고려 시대였다. 그러나 사찰에서도 판매되었던 차는 조선 시대에 와서 척불숭유로 쇠퇴하였다. 일부 계층에서만 그 명맥을 유지하였다. 일례로 사헌부 관원들은 매일 공정한 판결을 위해 정해진 시간에 차를 마시는 다시를 지켰다. 정약용도 유배지에서 혜장 스님과의 교류로 차 생활을 즐겼다. 청나라에서 차 문화를 익히고 돌아온 김정희는 초의선사가 만든 차를 음용함으로써 당시 선비들 사이에 유행을 불러일으켰다. 초의선사는 《동다송東茶頌》과 《다신전茶神傳》을 저술하는 등 한국의 다성으로 불린다.

일제 강점기인 1912년에는 광주에 무릉다원이 개발된다. 국내 최초로 기업 성격을 띤 다원이었던 셈이다. 1930년대에는 보성다원이 본격적으로 조성되었다. 해방 이후, 1970년대는 농촌 소득 특별 사업의 일환으로 차밭이 조성된다. 1970년대 중반부터는 잎차, 가루차, 티백 등의 녹차 제품이 본격적으로 시장에 선보인다.

　차 음료 시장은 1996년 동원F&B에서 '보성산 동원녹차'를 선보이면서 태동되었다고 할 수 있다. 1998년에는 소비자가 휴대하기 편하도록 500밀리리터의 용기에서 탈피하여 350밀리리터 페트병 제품을 업계 최초로 내놓았다. 그리고 2003년 원산지 효과를 살릴 수 있도록 '동원보성녹차'로 개명하면서 원산지 효과를 보았고, 최근 45%의 시장 점유율을 차지하고 있다. 웰빙 트렌드와 함께 차의 소비가 중장년층에서 젊은 층으로 확대된 것도 중요한 배경으로 작용한다.

　그리고 이전에는 '차 음료' 하면 떫은 녹차가 지배적이었으나 이제 차 시장은 녹차 이외에도 혼합차를 선보이면서 급성장하고 있다. 예를 들면, 2000년에 출시한 웅진식품의 '하늘보리'는 집에서 끓여 마시던

차밭의 전경

보리차를 상품화한 것이다. 구수한 맛, 무카페인, 제로 칼로리 등으로 건강과 미용에 관심을 갖는 소비자에게 인기를 끌었다. 2005년 남양유업의 '17차'도 차 음료의 성장에 기여한다. 녹차를 비롯한 17가지 재료의 기능성 성분을 강조함으로써 여성의 웰빙 음료로 자리잡았다. 이런 트렌드는 계속 이어져 2006년 '옥수수수염차'도 선풍적인 인기를 얻었다. 광동제약이 과연 음료 회사인지, 제약 회사인지 헷갈릴 정도로.

그러나 불경기의 한파로 차 음료의 매출이 감소되었다. 소비자들이 상대적으로 가격이 비싼 음료를 멀리하는 대신 가격이 저렴하고 꼭 필요한 음료로 선택을 바꿨기 때문이다. 그러므로 생수와 탄산 음료의 매출이 증대된 반면 기능성 음료나 웰빙 음료는 감소하는 경향이 있다. 특히 탄산 음료의 톡 쏘는 맛은 불경기의 답답한 마음을 해소해 준다고 인기가 있다.

## ◉ 탄산 음료의 톡 쏘는 맛

우리나라의 청량 음료는 사이다에서 시작된다. 일제 강점기에 평양과 인천에 각각 금성사이다와 경인합동사이다 공장이 세워져 사이다가 판매되었다. 해방 이후에는 서울의 서울사이다, 경인의 스타사이다, 부산의 동방사이다, 대구의 삼성사이다 등이 있었다. 1950년에는 칠성사이다가 서울에 등장한다. 한 병에 20원. 초기의 사이다는 사카린을 녹인 물에 탄산 가스를 주입해서 달구지로 배달했다.

후발 주자였던 칠성사이다는 깨끗한 맛을 내세워 시장을 주도하였다. 1964년에는 라이벌이었던 서울사이다를 인수할 정도. 그러나 1973년의 석유 위기로 경제가 어려운 데다 주스류 소비가 늘어나면서 어려움을 겪었다. 결국 1974년 롯데가 칠성사이다를 인수하면서 롯데칠성으로 회사명을 바꾼다.

1976년에는 코카콜라의 킨 사이다와 해태음료의 해태사이다가 칠성사이다에 도전하였다. 그러나 효과가 별로 없자 1984년에는 해태음료가 7-Up으로, 1992년에는 코카콜라가 스프라이트로 재공략했다. 그럼에도 불구하고 칠성사이다는 현재 국내 사이다 시장의 75%를 차지하고 있다. 더욱이 탄산 음료 부문에서 콜라의 아성에도 도전할 정도. 사이다는 1980년대를 통해 탄산 시장의 점유율이 35% 내외였지만 최근에는 탄산 음료의 1위인 콜라 시장을 위협하는 수준으로 성장하였다.

여기서 잠깐 콜라의 역사를 돌아보자. 코카콜라와 펩시콜라가 1956년 일시 국내 시장에 들어왔다가 철수한다. 재정비한 코카콜라가 국내에서 처음 생산되기 시작한 것은 1968년. 펩시콜라는 이듬해부터 등장한다. 이후 이들은 혁신적인 마케팅으로 경쟁하면서 탄산 음료 시장을 주도한다. 당도가 높아 건강과 치아에 해롭다는 논란에도 불구하

### 사이다란?

사이다는 유럽에서 사과를 발효시켜 만든 알코올성 음료를 말한다. 그러나 우리나라의 사이다는 정수 처리한 물에 레몬라임향, 설탕, 구연산 등을 혼합한 후 탄산 가스를 넣고 제조한 것이다.

고. 특히 코카콜라는 국내 음료 시장에서 최초로 캔 패키지(1980년)와 페트 패키지(1983년)를 선보여 패키지의 혁신을 불러일으킨다. 롯데칠성에서는 1976년부터 펩시콜라를 판매하기 시작했고 1980년에는 펩시 챌린지 판촉으로 코카콜라에 맞선다.

1980년대 패스트푸드의 급성장과 함께 콜라는 오늘날까지 탄산음료의 시장 1위를 차지하고 있다. 콜라 시장은 코카콜라와 펩시콜라가 양분하고 있다. 국내 회사들이 콜라 독립을 선언한 815, 옐로우콜라 등의 토종 콜라로 도전했지만 역부족이었다. 콜라 회사들은 웰빙

## 815 콜라 독립

코카콜라는 콜라 원액을 판매하는 본사와 콜라 원액을 공급받아 콜라 제품을 만드는 보틀링 회사로 나눠 사업을 벌인다. 보틀링 회사는 99%의 물과 설탕을 혼합하고, 나머지 1% 원액은 본사에서 제공받는 것이다. 이에 반해 본사는 원액을 비롯하여 브랜드 및 마케팅을 담당한다. 그리고 시장 진입에 성공하면 보틀링 회사를 흡수해서 운영한다. 한국도 마찬가지. 1968년부터 한국의 보틀링 파트너 업체는 두산음료, 우성식품, 호남식품, 범양식품. 지역별로 나눠져 있었다. 그런데 한국코카콜라는 1997년 이들 업체를 한국코카콜라 보틀링회사로 합병하여 직영하였다. 여기에 반발한 범양식품이 콜라 독립을 외치며 1998년 815 토종콜라를 시장에 선보였다. 민족주의에 호소한 815는 1999년 콜라 시장 점유율을 13.7%까지 차지했다. 그러나 1% 부족한 맛, 그리고 코카콜라와 펩시콜라의 물량 공세와 할인, 유통 장악력의 벽을 넘어서지 못하였다.

트렌드에 대해서는 다이어트 음료로 대응하였다. 1986년 다이어트 펩시, 1990년 코카콜라 라이트, 2006년에는 코카콜라 제로.

그러나 콜라 시장은 2001년 6300억 원을 정점으로 이후 계속 감소하여 2004년은 4900억 원대로 줄고 있다. 이러한 부진에 한국코카콜라보틀링도 2007년 LG생활건강에 인수되었다. 이에 비해 사이다 시장은 2001년 2900억 원에서 2004년 3500억 원대로 성장하였다. 건강을 중시하는 웰빙 트렌드와 패스트푸드업계의 매출 감소가 콜라에 영향을 미친 반면, 사이다는 반사 이익을 누린 셈.

콜라와 사이다 이외에도 소비자의 입맛을 자극하는 다양한 탄산음료가 있다. 과일 맛 탄산 음료로는 1974년 코카콜라의 환타, 1976년의 써니텐이 손꼽힌다. 특히 써니텐은 "흔들어 주세요"라는 광고로 우리에게 친숙하다. 1982년에는 일화에서 보리 탄산 음료인 맥콜을 선보였다. 그리고 우유 탄산 음료도 탄생한다. 1984년 코카콜라의 '암바사'

"싸랑해요"를 외친 주윤발 덕분에 히트 상품이 된 '밀키스'

가 선두 주자. 그러나 1989년에 등장한 롯데칠성의 '밀키스'는 "싸랑해요"를 외친 주윤발 덕분에 암바사를 누르고 히트 상품으로 떠올랐다.

## ◎ 100%가 아리송한 주스

우리나라의 초기 주스는 넥타 형태였다. 과즙이 들어간 통조림 음료였던 것. 1970년대 해태에서는 복숭아, 사과, 오렌지 등의 넥타를 판매하였다. 가격은 140원. 이후 농축 원액을 수입하면서 저과즙 주스가 등장한다. 이는 농축 원액에 물을 타므로 원액 농도보다 떨어진다. 1975년의 해태주스, 1979년의 롯데 오렌지스카시가 바로 저과즙 주스. 1980년에 선보인 과립이 들어간 롯데칠성의 쌕쌕 역시 마찬가지.

그러나 1980년대에 들어서면서 100% 주스가 등장하기 시작한다. 100%란 농축 환산 농도를 기준으로 원액 농도와 가깝게 만든 것. 여기에는 다음과 같은 배경이 있다. 오렌지를 오래 저장하기 위해서는 수분을 증발시켜 농축한다. 그러므로 나중에 주스를 만들 때는 물을 다시 첨가하여 원래 상태와 유사하게 만든다. 1982년부터 해태는 썬키스트, 롯데는 델몬트와 라이선스 계약을 체결하면서 농축 원액을 본격적으로 수입한다. 썬키스트가 시장에서 앞서자 델몬트는 1990년 '따봉' 광고를 내놓는다. '좋다'는 뜻의 브라질 현지어가 당시 유행했지만 브랜드의 판매로 이어지지는 못했다.

1992년에는 매일유업이 저온 처리 냉장 유통의 주스를 선보인다. 농축 환원이라는 점은 똑같지만 상대적으로 저온에서 처리하여 유통

기한이 15일에서 30일 정도로 비교적 짧았다. 기존의 주스는 6개월에서 1년까지 유통되었던 데 비해. 1993년 서울우유에서 '아침에주스'를 내놓아 경쟁이 더욱 치열해진다.

그리고 1997년에는 또 다시 새로운 형태인 비농축 주스가 등장한다. 착즙한 과즙액을 부분적으로 사용하고 있다. 해태의 '썬키스트 컨츄리주스,' 롯데의 '콜드'가 대표 주자. 코카콜라는 '미닛메이드,' 롯데칠성음료는 펩시콜라와 제휴한 '트로피카나'를 선보이고 있다.

소비자 취향이 다양해지면서 주스 역시 세분화되고 있다. 주스 시장의 절반을 차지하는 오렌지에서 탈피한 다양한 과일 주스가 등장하였다. 1996년 해태음료의 '갈아만든배,' 1999년 웅진식품의 '초록매실'이 대표적인 사례. 월 평균 각각 650만 개, 1500만 개가 팔렸다. 이들 저과즙 주스는 부담없이 마실 수 있는 저가의 실속형 제품이다. 이에 반해 고가의 고품질 주스는 100% 생즙이나 유기농 주스 등으로 분화되고 있다. 과일이나 야채 즙을 바로 짜내 만든 풀무원의 '아임리얼,' 자연원의 '갓 짜낸 100% 주스'를 손꼽을 수 있다.

### '탱' 오렌지 향 음료

우주에서는 물을 아끼기 위해 물을 리사이클해서 마신다. 예를 들면 소변도 그냥 버릴수 없다. 따라서 우주인에게 재활용된 물을 좀 더 맛있게 먹게 하기 위해 고안된 음료가 바로 오렌지 맛의 분말 가루인 '탱'이다. 나중에는 우주 음료라고 해서 지구인들에게 인기가 있었지만. 요즈음은 찾기 어렵다. 분말에 사용된 색소가 질병을 유발한다는 논란도 있고.

## ◎ 과연 진짜 우유는?

고구려의 주몽이 말의 젖을 먹었다는 건국 신화에서 엿볼 수 있듯이 동물의 젖은 일찍부터 우리 곁에 있었다.《삼국유사》에는 농축 유제품을 뜻하는 '락'이라는 용어가 나온다. 고려 시대에는 '유우소'라는 국가 농장을 운영해 신분이 높은 사람들에게 우유를 공급하였다. 조선 시대 허준의《동의보감》에도 우유가 변비와 허약함에 좋다는 기록이 전한다.

구한말인 1902년 홀스타인 젖소가 처음 수입되었고, 일제 강점기인 1915년 충남 성환을 비롯하여 강원도 등지에 목장이 속속 생겨났다. 우유 판매가 치열해지면서 유통 문제를 해결하기 위해 1934년 청량리농유조합을 결성하였다. 그러나 일제가 1937년에 경성우유협동조합을 설립함으로써 목장 우유는 이 조합을 통해서만 판매할 수 있게 되었다. 독점제였던 것이다.

해방이 된 해에는 이 협동조합이 서울우유동업조합으로 변신. 1962년에는 농업협동조합법에 따라서 서울우유협동조합으로 개칭한다. 우유 판촉을 위해서 1948년에는 '건강 우량아 선발 대회'도 개최하였다. 당시 우유는 대부분 가정으로 배달되었다. 1950년대 말까지 이런 배달 체계가 지속된다.

우유 용기는 1960년대까지는 유리병을, 1970년대에는 삼각포리 제품을 이용하기 시작하였다. 가공 우유 시장을 개척한 1968년 서울우유의 '초코우유'가 삼각포리 제품의 대명사. 1974년에 등장한 '바나나맛

우유' 용기는 독특하게 수류탄 모양이었다. 오늘날 가공 우유 분야에서 시장 점유율 80%를 차지하는데, 이러한 패키지 역할이 적지 않다.

발효유인 '야쿠르트'의 용기는 조그맣지만 큰 족적을 남기고 있다. 1971년 국내 최초의 유산균 발효유(60밀리리터)인 '야쿠르트'가 25원에 시판되었다. 지금은 150원으로 올랐지만 패키지 디자인이나 일일 배달 체제는 당시 그대로이다. 1만 1000명이 넘는 야쿠르트 아줌마가 하루에 방문하는 가구는 전국적으로 200만 호. 연 매출은 1200억 원. 2000년에 출시된 '윌' 역시 새로운 기능성 발효유로 히트 상품이다. 흔히 발효유는 장에 좋다는 상식을 깨고 위에 좋다고 공략했기 때문. 연 매출 2200억 원.

다시 흰 우유로 돌아오면, 1972년부터 남양유업에서는 멸균 우유를 선보인다. 그리고 1987년에는 파스퇴르가 저온 살균 우유를 생산하면서 우유 논쟁에 불을 붙였다. 기존 우유가 고온 살균인 데 비해 저온 살균은 우유의 영양소를 파괴하지 않는다는 주장이었다. 이에 대

용기가 그 음료를 상징하기도 한다. 조그맣지만 튼튼한 야쿠르트의 용기와 수류탄 모양의 바나나맛우유 용기

해 기존 유가공업체가 반론을 펴서 '진짜 유유'가 무엇인지에 대한 광고전이 벌어졌다. 결국은 병든 소에서 짜낸 고름 우유라는 상호 비방까지 전개되었지만 기존 시장에 고급화의 바람을 불렀다. 저지방 우유가 등장한 것도 1987년의 일이었다. 시장 세분화도 다양하게 전개되어 서울우유는 1994년 어린이 전용의 '앙팡'을 선보였다.

## ◎ 술, 술, 술

음주가무를 즐기는 민족이니 술을 빼놓고 마시는 얘기를 할 수는 없다. 삼국 시대 이전인 마한 시대부터 선조들은 농사를 지으면서 곡주를 빚어 마셨다. 대표적인 전통 술은 탁주, 약주, 소주가 손꼽힌다. 탁주는 집집마다 제조하였던 토속주인 막걸리를 뜻한다. 농부들의 식사 대용으로서 농주라고도 불렸으며, 대포, 모주, 탁배기 등으로도 불렀다. 탁주의 숙성이 거의 끝날 무렵 맑게 뜨는 액체를 떠낸 것은 약주였다. 그리고 백미로 만드는 양조주인 청주도 삼국 시대부터 애용된 우리의 술이었다. 일본의 술이 아니라. 소주는 중국 원나라에서 개발한 증류주였다. 그래서 고려 시대 때 몽고의 기지가 있었던 개성, 안동, 제주에서 성행했다. 아락주, 새주, 쇠주 등으로 불렀다.

　조선 시대에는 개국 초부터 말기까지 금주령이 시행되었다. 특히 소주가 주된 단속 대상이었다. 알코올 함량이 높아 곡식이 많이 소모되었기 때문이다. 영조의 금주령은 가혹해서 관리도 술을 마셨다는 이유로 사형에 처했다. 그러나 금주령은 효과가 별로 없었다. 더욱이 주로 처벌받는 사람들은 백성들이었고 양반들은 술을 여전히 즐겼다.

구한말이 되면서 집에서 만드는 양조주를 탈피하여 시중에서 판매되는 술이 선보인다. 먼저 맥주의 역사를 잠시 살펴보자. 1876년 개항 이후에는 일본 삿뽀로 맥주가 수입되기 시작했다. 이후 1934년 대일본맥주가 조선맥주를, 기린맥주가 소화기린맥주를 각각 설립하였다. 이들이 바로 조선맥주(이후 하이트맥주)와 동양맥주(이후 OB맥주)의 전신이었다. 해방 이후 40여 년 동안 시장 점유율은 동양맥주가 70%, 조선맥주가 30%였다. 그렇지만 실질적으로 동양맥주는 조선맥주를 보호하면서 과점적 시장 지위를 유지하였다.

그러나 1990년 초반에 맥주 시장의 지각 변동을 일으키는 사건들이 연속적으로 벌어진다. 무엇보다 1991년 두산전자에서 페놀을 유출하여 낙동강을 오염시킨다. 그것도 두 번씩이나. 전국적으로 OB맥주 불매 운동이 벌어졌다. 그리고 1993년에는 진로가 미국 쿠어스와 합작으로 카스를 선보였다. 그러자 2위 자리마저 뺏길 것으로 위기를 느낀 조선맥주에서는 사운을 걸고 1993년 하이트를 출시하였다. 당시 국민적 관심사로 떠오른 수질 문제를 마케팅 개념으로 설정하여 "지하 150미터 천연 암반수"라는 광고로 하이트는 1996년 시장 점유율 43%를 기록하며 1위의 자리에 올라선다. 1998년에는 회사명도 하이트맥주로 변경하고 최근에는 60% 이상의 시장 점유율을 차지한다.

한편 동양맥주는 1995년 사명을 OB맥주로 바꾸고, 1999년에는 진로쿠어스를 인수했으나 계속 부진하였다. 결국 1998년과 2001년에 OB맥주 지분을 모두 벨기에 맥주 회사인 안호이저—부시 인베브에 매각하였다. 지금은 콜버그 크래비스 로버츠로 주인이 다시 바뀌었지만.

수입 맥주는 맥주 시장의 1%밖에 차지하지 못하지만 열혈 팬들을 확보하고 있다. 수입 맥주의 태동은 1986년 해외 여행 자유화 조치라고 할 수 있다. 1990년대 초반부터는 맥주 수입이 본격화되었다. 밀러 맥주를 주문하고 병따개를 달라고 하면 바보 취급을 받기 시작했던 무렵이었다. 하이네켄, 밀러, 코로나, 삿뽀로, 아사히, 칭따오가 가장 많이 찾는 브랜드이다.

소주는 어떤가? 1924년 평남 진천 양조상회에서는 원숭이를 심벌로 사용하여 소주를 생산하였다. 이후 1954년에는 심벌을 두꺼비로, 1975년에는 회사 이름도 진로로 바꾼다. "두꺼비 한 병 주세요"라는 주문이 익숙할 정도로 진로소주는 해방 이후 한국인의 술자리에서 인기였다. 1998년에는 대나무 숯을 이용하여 깨끗한 맛을 강조한 '참이슬'을 선보였다. 그러나 2005년 하이트에 매각되었다.

여기에 맞서는 두산은 여성 애주가들을 겨냥에 알코올 도수를 20도로 낮춘 순한 소주 '처음처럼'을 내놓았다. 이에 따라 진로에서는 다시 19.8도의 '참이슬 후레쉬'를, 두산은 '처음처럼'의 알코올 도수를 19.5로 낮추었다. 1965년 진로 소주의 알코올 도수가 30도였던 것을 보면 많이 순해졌다. '처음처럼'은 2009년에 롯데칠성에 인수되었다.

위스키도 한국인의 술자리를 빛낸다. 미군이 주둔하면서 군매점을 통해 시중으로 유출되기 시작한 위스키. 생명의 물이란 의미를 지니고 있다. 값도 비쌌지만 구하기도 힘들어 1950년대와 1960년대는 소주에 색소를 넣은 가짜 위스키가 유행하였다. 오늘날에도 10병 중에 1병은 가짜라고 하지만. 1976년에는 백화양조에서 '조지 드레이크'가 선보였으나 원액 함량이 100%가 아니어서 기타 재제주로 분류되었다. 1978년에 출시된 베리나인 역시 마찬가지였다.

그러나 1988년 서울올림픽을 준비하기 위해 원액 함량 100% 위스키의 개발을 1984년부터 승인하였다. 그래서 나온 것이 베리나인의 패스포트, 진로의 VIP, 오비씨그램의 썸씽스페셜. 그러나 국산 원액은 가격 경쟁력을 갖추지 못하여 5~6년이 지난 후 생산이 중단되었다.

1987년부터는 민간업자의 주류 수입이 허가되었고, 1991년부터는 주류 수입이 본격적으로 개방되면서 세계의 양주가 쏟아져 들어왔다. 발렌타인, 시바스리걸, 조니워커 등. 그러자 애주가의 고급화된 입맛에 맞춰 국내 위스키 회사들도 주령이 12년인 제품을 개발하기 시작하였다. 1994년 임페리얼, 1996년 윈저 등이 국산 위스키의 고급화를 주도하고 있다.

시대에 따라 소주의 심벌도 변화했다. 원숭이를 심벌로 한 1920년대의 진로와 대나무의 깨끗함을 강조한 최근의 참이슬

와인의 소비도 주목할 만하다. 와인이 처음 선보이기 시작한 것은 고려 충렬왕이 원나라 세조한테서 선물을 받으면서이다. 이후 구한말 선교사들이 천주교 미사 등에서 사용하였다. 그리고 일제 시대에는 몇몇 양조 회사에서 포도즙과 알코올을 혼합하기도 하였으며, 가정집에서는 포도, 설탕, 소주를 혼합하여 포도주를 빚었다.

그렇지만 국내에서 와인이 본격적으로 제조되기 시작한 것은 1970년대부터다. 1974년 해태주조에서 '노블와인,' 1977년 동양맥주에서 '마주앙'을 생산하면서 국내의 와인 시장이 개척되었다. 1987년 수입 자유화로 와인이 본격적으로 성장하게 된다. 특히 두산, 롯데, 동원, 매일유업 등 대기업들이 와인을 수입한다. 국내 와인 시장은 2000년 이후 20% 내외의 높은 성장률을 보이고 있다. 수입 와인의 시장 점유율은 60%에 육박하고 있다.

특히 칠레와 이탈리아 와인을 중심으로 와인이 대중화되기 시작했다. 여기에는 2004년 한국과 칠레의 자유 무역 협정이 큰 역할을 했다. 그러나 와인이 보급되면서 국내 소비자의 입맛이 점차 높아지기 시작하고, 2006년부터 만화《신의 물방울》이 인기를 끌면서 프랑스 와인의 수입도 늘어났다. 만화에서 프랑스 부르고뉴 와인을 주로 다루었기 때문. 이러한 흐름에 밀려 국산 와인의 비중은 점차 감소한다. 그 와중에 충북 영동에서 농민들이 1996년 와이너리조합을 결성하여 국산 포도주인 샤토마니 브랜드를 개발하였다.

## 3. 음료 문화의 중요성

### ◎ 음료에는 문화가 담겨 있다

이처럼 다양한 음료는 항상 우리 옆에 있다. 원하든 원치 않든. 그러나 모든 사람들이 음료를 손에 잡히는 대로 마시는 것은 아니다. 예를 들면, 점심 식사 후에 동료들이 주문하는 음료는 각양각색이다. 아메리카노, 핫초코, 아이스크림, 생강차, 생과일 주스 등. 누구든 자신이 즐겨 마시는 음료가 있기 마련이다.

그런데 왜 그 음료를 택했는지를 물어보면 당연한 것을 물어본다는 듯, 고개를 갸우뚱거리기 일쑤다. 설사 답변을 하더라도 피상적인 수준이거나 천편일률적인 답변 일색이다. 습관적인 행동이므로 그 이유에 대해 별로 의식하지 않기 때문이다. 사실 음료를 마시는 행동은 일상 생활의 필수적인 부분이다. 따라서 사람들은 음료를 선택할 때마다 심사숙고하지는 않는다.

그렇지만 이러한 소비 행동에는 소비자가 추구하는 가치가 담겨 있다. 그 음료를 선택하고 소비하면 어떤 혜택을 얻을 것이라는 기대를 하고 있다. 그러한 기대는 학습과 경험에서 비롯되고. 즉 나름대로 부여하는 의미가 있다. 다만 그러한 의미를 잘 의식하지 못할 뿐이다.

음료에는 음료 성분만 포함된 것이 아니라 의미가 담겨 있음을 뒷받침하는 사례를 들어보자. 커피를 생전 처음 마시면 거부감이 일어난다. 검고 쓴맛이 나기 때문이다. 술 역시 마찬가지다. 어려서 술을 처음

맛본 사람들은 대개 '윽'하고 뱉어 내기 일쑤이다. 그럼에도 불구하고 성인이 되어서는 하루도 술 없이는 못살게 된다. 왜 그럴까? 소비자가 음료를 마시기 위해서는 마실 필요성을 느껴야 한다. 그리고 그러한 필요성은 단지 생리적인 차원에서만 요구되는 것이 아니라 심리적으로, 또는 사회적으로 설득된다. 커피를 마셔야 현대인이라든가, 술을 마셔야 인간미가 있다든가.

그리고 이러한 설득에는 해당 산업과 사회 환경의 영향을 받는다. 무엇보다 음료 시장이 주도적인 역할을 한다. 브랜드, 마케팅, 광고, 유통, 경쟁 상황, 주변 사람들의 입소문 등. 이를테면 캔 맥주의 등장과 슈퍼마켓에서의 맥주 판매로 인해 여성들은 집에서 쉽게 맥주를 마실 수 있게 되었다. 사회적 상황도 소비자의 선택에 작용한다. 1970년대까지만 하더라도 서울의 주거 행태는 거의 단독 가옥이었다. 동지섣달이 되면 방의 윗목에서는 찬 바람이 쌩쌩 불었다. 그러나 1970년대 후반부터 아파트가 확산되면서 따뜻한 겨울을 보낼 수 있게 되었다. 주거 환경의 변화가 겨울철 탄산 음료의 판매에 중요한 배경이었던 것이다.

이런 맥락에서 보면 사람들이 왜 특정 음료를 마시는지, 그 이유를 이해하면 그 사회를 이해할 수가 있다. 음료 소비는 문화를 엿볼 수 있는 창을 제공하는 셈이다. 영국인은 하루에 음료를 평균적으로 8잔을 마신다. 8잔의 내용물을 자세히 들여다보면, 차가 3.4컵, 커피는 1.7컵, 청량 음료 1.5컵, 알코올 1.4컵이다. 차가 지배적인 음료임을 알 수 있다. 하긴 10세 이상의 인구 75%가 차를 매일 마시니까. 이러한 영국인의 음료 소비 현상에는 18세기에서부터 시작된 그 사회의 역사와 관습이 담겨 있다. 물론 영국의 추운 날씨도 한몫했고.

음료 소비의 문화적 차이는 국가 간에 극명하게 드러낸다. 세계적으로 우유를 많이 마시는 나라는 북유럽 국가들이다. 2000년 1인당 연간 우유 섭취량에서 163킬로그램을 마신 아일랜드가 1위, 157킬로그램을 마신 스웨덴이 2위였기 때문이다. 이들 이외에 몇몇 국가의 우유 소비량을 살피면, 영국 117킬로그램, 프랑스 68킬로그램, 미국 97킬로그램, 일본 39킬로그램이었다. 같은 해 우리나라는 36킬로그램을 마셨다. 이러한 순위에는 생리적 차이도 녹아 있다. 북유럽 민족들은 아직도 우유를 잘 소화한다. 그렇지만 아시아인은 점차 진화하면서 우유를 소화하는 능력이 퇴화되었다.

나라마다 어떤 술을 즐기는지도 사뭇 다양하다. 독일, 오스트리아, 호주, 영국은 주로 맥주에 심취해 있다. 그렇지만 프랑스, 이탈리아, 포르투갈, 스페인, 칠레, 아르헨티나는 전형적으로 와인 문화권에 속한다. 러시아, 스칸디나비아 국가들, 에스키모인들은 독주를 선호한다. 바로 이러한 차이에는 각 사회의 역사적, 산업적, 지리적 배경이 작용한다. 음료의 선택이 단순히 생리 또는 영양 차원이 아니라 문화적 차원임을 잘 드러낸다.

## ◎ 음료 문화가 중요한 이유

음료의 소비 패턴은 과연 그 사회의 소비자들이 어떤 생활을 하고 있는지, 어떤 가치를 추구하고 있는지를 알려준다. 와인 문화권에 속하는 프랑스, 이탈리아, 스페인 부모들은 자녀가 마실 물에 와인을 조금씩 섞는다. 그 까닭은 상징적 의미의 색깔을 부여할 뿐만 아니라 가족이 함께 건배할 때 참여시킬 수 있기 때문이다. 특히 와인과 음식을 같이 결부시킴으로써 일상 생활에 자연스레 스며들게 한다. 술에 대한 신비로움도 없어지고, 술 마신다고 멋지거나 섹시하다는 얼토당토않은 기대를 하지도 않는다. 또한 이처럼 음주에 대해 학습하면 절주도 가능하게 된다. 취해서 망가지는 것이 매력적이기보다는 불쾌한 것으로 인식되기 때문이다.

우리도 와인을 마신다. 그러나 와인을 소비하는 음주 행동은 똑같을지 모르지만, 음주에 부여하는 의미는 상이하다. 그리고 의미가 다르면 음주 소비의 결과 역시 달라지기 마련이다. 과연 우리는 음료를 마실 때 어떤 의미를 부여하는가?

마지막으로 술 얘기 하나 더. 2003년 기준으로 세계에서 가장 술을 많이 마시는 나라는 룩셈부르크로서 국민 1인당 연간 15.5리터이다. 우리나라는 8.6리터로 미국이나 일본보다 약간 앞서는 중위권. 그러나 도수가 높은 증류주만을 기준으로 하면 1위는 러시아이며, 우리나라는 4위로 순위가 껑충 오른다. 근래에 가장 많이 마셨던 2003년 알코올 소비량을 보면, 15세 이상 국민 1명이 연간 소주 123병, 맥주 372병, 양주 46.5병을 마셨다. 왜 그렇게 독주를 퍼붓는가? 어떤 사회적 배경이 작용하길래?

자신만의 브랜드를 고집하며 생수를 까다롭게 고르는 사람이 있다. 그런가 하면 주스도 다 같은 주스가 아니라는 주부. 커피가 없으면 아침을 시작도 못하는 노동자도 있다. 여대생은 차 음료를 노상 옆에 끼고 다닌다. 하루를 정리하면서 와인 한 잔을 홀짝거리는 골드미스. 과연 우리는 음료의 선택과 소비를 통해 어떤 문화를 형성하고 있는가? 바로 이 책의 화두가 되는 셈이다. 음료를 통해 우리 사회를 읽고자 하였다.

사실 사회는 다양한 필요를 충족시키기 위해 서로 상호 작용하는 사람들로 구성되어 있다. 이런 상호 작용의 결과로 규칙이나 관습, 행동 등을 공유하게 된 것이 바로 문화다. 사회를 상호 작용으로, 문화를 상호 작용의 결과로 접근하는 방식은 음료 문화에도 적용된다. 사람들이 마시는 행동을 반복하고 상호 작용하면서, 일반화할 수 있는 음료 소비 행동이 나타난다. 그리고 음료 소비는 우리의 음료 지식을 이루고 음료 문화를 구성한다.

그러한 음료 문화는 사람들이 진화하고 적응하게 만드는 기제를 지니고 있다. 생존과 성장에 기여한다는 뜻이다. 영양, 건강과 관련 있으며 삶을 살 만한 가치가 있도록 만든다. 뿐만 아니라 음료 문화는 복잡한 상징 체계를 지니고 있다. 메시지를 전달하는 커뮤니케이션인 셈이다. 어떤 상황에서, 누구와 함께, 어떤 음료를, 어떻게 마시는지에 따라 의미가 달라지는 것을 보면 음료의 커뮤니케이션 기능이 쉽게 다가온다.

그런 맥락에서 음료 문화를 들여다볼수록, 음료에 담긴 의미를 끄집어낼 수 있다. 특히 음료 소비 행동에는 사람의 행동에 영향을 끼치는 가치도 포함되어 있다. 더구나 가치는 사람들의 행동을 설명하는 동기, 믿음, 태도 등과도 연관되어 있다. 소비 문화를 구성하는 가치를 알면 소비자의 구매 행동을 이해할 수 있는 이유이기도 하다. 결국 우리가 마시는 것을 왜, 어떻게 마시는지를 잘 알수록, 우리 사회를 잘 알 수 있게 될 것이다. 그러면 이제부터 소비 문화를 한 컵씩 들이켜 보도록 하자.

# 음료 선택은 신중하게

나경은  |  MBC 아나운서


서현진 _  건강을 생각하며 마시는 음료가 있나요?

나경은 _  저는 헬리코박터균을 없애 준다는 유산균 우유를, 발효유를 매
일 먹고 있습니다.

서현진 _  어디에서요?

나경은 _  회사에 요구르트 아줌마가 다니세요.

서현진 _  어떤 점이 좋아요?

나경은 _  그냥 배고플 때.

서현진 _  식사 대용인가요?

나경은 _  그렇죠, 빈속에 먹기 편안한 음료니까.

서현진 _  어, 제가 개인적으로 알기로는 먹는 걸 좋아하긴 하지만 많이 먹
지 못하는데.

나경은 _  그렇죠, 그래서 틈틈이 이런 걸 먹어 줘야 되죠. 특히 녹화가 있
어서 제때 밥을 못 먹었을 때 이런 음료수 하나 먹으면 그래도
속이 좀 든든하죠.

서현진 _  근데 이 유산균 음료는 장운동을 굉장히 원활하게 만드는데, 좀
이렇게 당황스럽거나 이러지 않나요? 시도 때도 없이……

나경은 _  그렇지 않아요. 저는 하루에 딱 한 번 굉장히 규칙적이에요.

서현진 _ 그럼, 이제 일할 때로 넘어가겠습니다. 라디오 DJ도 했었고, 여러 방송을 많이 했는데, 방송할 때 마시는 음료가 따로 있나요?

나경은 _ 어, 일할 때는 그냥 물을 마십니다.

서현진 _ 물, 특별한 이유가 있나요?

나경은 _ 일단 물을 제외한 어떤 음료수든지 다 조금씩은 자극적이에요.

서현진 _ 침 고이고…….

나경은 _ 그렇죠, 달짝지근한 거는 침이 나올 수도 있고요, 그리고 탄산은 목이 따끔따끔 트름이 나올 수도 있고…….

서현진 _ (웃음) 뉴스 하기 전에 탄산 마시면 진짜 끝장이지요?

나경은 _ 굉장히 위험 요소가 많습니다. 그래서 목에 가장 좋다는 미지근한 물을 마십니다.

서현진 _ 그러면 자신을 대표하는 음료수, 이런 게 있어요?

나경은 _ 너무 쉬워 보이는 건 싫어요. (웃음)

서현진 _ 그럼 뭐가 좋아요?

나경은 _ 커피빈에 가서 쉽게 고를 수 있는 '라떼'보다는 '헤이즐럿 라떼'라든지 '모로칸민트'같이 굉장히 좀 독특하면서도 그만의 풍미를 간직한 그런 거였으면 좋겠어요.

서현진 _ 약간 이국적이기도 하고, 쉽게 사람들이 선택하지 않는…….

나경은 _ 그렇죠. 너무 쉬워 보이고 싶지는 않아요. (웃음)

서현진 _ 그럼, 왜 커피빈이에요?

나경은 _ 회사 3층에 가면 커피빈이 있으니까, 그리고 먹다 보니 길든 것 같기도 하고. 그렇지만 가끔은 색다른 게 먹고 싶으면 스타벅스에 가기도 해요. 색다른 커피 맛이 그리울 때도 있어요.

서현진 _ 근데 지금은 결혼했지만 여자들은 왜 데이트할 때 이건 피한다, 아니면 이걸 마신다. 이런 음료가 없나요? 뭐, 남자 앞에서는 술을 마시지 않는다거나, 아니면 내가 오늘은 이렇게 보이고 싶을 때는 소주를 선택한다거나.

나경은 _ 남자랑 오붓이 술을 마셔 본 적은 없어요.

서현진 _ 왜? 혹시 주사가? (웃음)

나경은 _ 아니에요. 그런 건 아닌데, 모르겠어요. 내가 약간 보수적인가 봐요.

서현진 _ 음주가 약간은 일탈이라고 생각하는 것인가요?

나경은 _ 아니, 그게 아니라, 술을 마신다는 건 굉장히 나를 오픈한다는 거잖아요. 근데 그럴 만한 기회가 없었던 거 같아요.

서현진 _ 그럼, 지금 결혼하신 분과도 술을 따로 마셔 본 적이 없어요?

나경은 _ 예, 술을 못 마셔요.

서현진 _ 둘 다요?

나경은 _ 오빠는 술을 못 마셔요.

서현진 _ 어, 신기하다. 그럼 스트레스 받을 때 어떻게 해요?

나경은 _ 그래서 담배를 피나? 오빠는. 나는 가끔 진짜 스트레스 받을 때는 그냥 집에서 맥주 한 캔? 소주는 너무 독해요. 알코올 램프에 담겨 있는 그 알코올을 마시는 느낌이에요.

서현진 _ 근데 그 알코올. 우리 입사 초기에 많이 마셨잖아요. (웃음)

나경은 _ 그건 어쩔 수 없었죠.

서현진 _ 나경은 아나운서가 술을 별로 안 좋아하는구나.

나경은 _ 네에, 모르셨어요?

서현진 _ 하도 매일 같이 마시다 보니까, 잘 마시는 줄 알았지요. (웃음)

2

무엇을 마셨는지가
곧 우리 몸

"음료를 우리 몸 안으로 집어넣
는 일은 신중해야 한다."

## 스물아홉, 나의 건강

벌써 점심 시간이야? 요새 무리해서 그런가? 입맛도 없고. 그러고 보니 이번 주엔 운동을 한 번도 안 갔네. 안 돼, 내 복근, 어떻게 만든 건데. 점심 시간을 이용해서 얼른 갔다 와야지. 운동이야말로 나의 활력소! 건강해야 내가 하고 싶은 일을 오래오래 할 수 있잖아. 트레드밀에서 땀을 쭉 흘리니 몸속 노폐물까지 빠져나가는 기분이 드는걸. 건강에도 이용에도 물이 최고지. 헉, 운동하는 내내 1리터 가량의 물을 비웠잖아. 그러나 많이 마셨어도 "No problem!" 칼로리가 없으니 살도 안 찌고, 피부는 촉촉하게 보습이 유지되고, 몸속 노폐물은 빠져나가고. 그야말로 일석삼조네. 앞으로도 꾸준히 생수를 사랑하고 싶지만 아무 맛도 없는 생수만 들이켜다 보면 가끔 지루해. 물 먹는 하마가 된 느낌도 들고.

물 말고 다른 게 생각날 때, 특히 전해질이 부족하다고 느낄 때. 흠흠, 전날 술을 많이 마셨을 때. 그럴 때는 파워에이드나 포카리스웨트 같은 이온 음료가 제격이지. 아예 큰 병으로 사서 운동하는 내내 마시면 갈증도 해소하고. 또 땀을 쭉 빼고 나서 이런 음료를 마시면 에너지가 팍팍 생기잖아. 음료 광고에서 보는 것처럼 온몸 구석구석 빠르게 갈증이 해소되는 것 같은 기분. 그냥 단순히 기분만은 아닐 거야. 그치?

# 1. 잘 마셔야 건강하다

더운 여름날, 신체의 수분이 땀으로 배출되기 때문에 음료를 찾는 것은 당연한 일. 편의점의 조사에 따르면 기온이 16도를 넘으면 그때부터 음료수를 찾는 사람들이 많아진다고 한다. 그리고 23도를 넘으면 아이스크림의 판매가, 26도를 넘어서면 맥주의 판매가 급증하고.

사실 사람은 건조하면 죽는다. 마시는 중요성을 단적으로 드러내는 말이다. 그러므로 우리의 신체는 수분이 공기로 날아가는 것을 막는다. 신장을 비롯해 피부, 심지어는 콧구멍조차도 건조해지지 않도록 일조한다.

그러나 우리는 수분 손실을 방지하는 것만으로는 살아가는 데 부족하다. 신진 대사를 위해 충분한 수분을 공급해야 한다. 우리 몸은 에너지 1칼로리를 태우는 데 1밀리리터, 즉 1/1000리터의 수분이 필요하다. 보통 성인이 하루 2000칼로리가 필요하므로 2리터의 음료를 마셔야 한다는 계산이 나온다. 다만 이 음료가 반드시 물일 필요는 없다. 어떤 음료라도 괜찮다. 중요한 것은 이 정도로 마셔야 소화의 부산물을 소변으로 내보낼 수 있다. 또한 혈액량을 유지하기도 하고 신체의 염분 농도가 짙어지는 것을 막기도 한다.

그런데 수분을 공급해 줄 때를 갈증으로 판가름하는 것은 좋은 방법이 아니다. 왜냐하면 갈증을 느낄 때쯤이면 신체의 수분이 이미 모자라다는 뜻이기 때문이다. 특히 나이가 든 사람은 신체의 수분 상태에 기초하여 갈증을 잘 감지하지 못한다. 그래서 자기도 모르는 사이에 탈수 현상이 올 수 있다.

　이런저런 이유로 자주 마시는 것이 과히 나쁘지는 않다. 더욱이 동양은 예로부터 먹는 것과 건강의 인과 관계를 중시하였다. 음식이 곧 약이라고 하여, 식보의 중요성을 강조하지 않았던가? 음료도 같은 맥락에서 잘 마시면 건강과 직결될 터. 게다가 시중에 판매되는 음료는 나름대로 모두 우리 몸에 좋다고 열을 올린다. 광고나 입소문을 통해. 또는 뉴스나 뉴스로 포장한 홍보를 통해서. 특히 생수는 칼로리나 어떤 첨가물도 없어 순수하다고 강조한다. 요즈음에는 미네랄이나 비타민 성분에 역점을 두기도 하지만. 과일 주스는 과일의 신선함과 영양분을 그대로 옮겨놓은 듯한 환상을 불러일으킨다. 커피는 신장 결석이나 담석이 걸릴 가능성을 줄인다고 한다. 게다가 항우울증으로 작용해서 자살을 방지할 수도 있고. 차에는 암의 발병을 낮추는 성분이 들어 있다고 보도된다. 나아가서 살이 빠지는 의약품처럼 광고하기도 한다. 알코올도 적당히 마시면 심장병과 당뇨를 예방한다. 레드 와인에 함유된 레스베라트롤은 지방간을 막아 준다는 소식도 전한다.

　그렇지만 음료는 건강과 관련해서 이런저런 구설수에도 오른다. 수돗물은 박테리아를 없애기 위해 염소를 사용하는데, 이 화학 물질이 냄새뿐만 아니라 발암 물질을 생성할 수 있다는 논란에 간혹 휩싸인다. 청량 음료는 첨가된 당분이 문제시된다. 150킬로칼로리인 콜라 1캔을 매일 마시면 1년 후에는 7킬로그램이 더 불어 있을 테니까. 포도 주스는 알레르기와 심장병의 약효를, 자몽 주스는 백혈병 약효를 감소시킬 수 있다. 우유를 많이 마시면 전립선암이나 난소암 가능성과 연관된다고 한다. 커피는 골다공증을 유발할 수 있으며, 과음은 간 질환이나 암, 고혈압에 영향을 끼치고.

잠깐만. 그러면 어떡하라고? 마시라는 것인지, 아니면 마시지 말라는 것인지? 사실 음료와 건강에 관한 연구는 매스컴에 오르내리며 사람을 헷갈리게 만든다. 커피를 마시면 췌장암 발병 가능성을 높인다는 연구가 발표되더니, 최근에는 해롭지 않고 오히려 건강에 좋다는 연구도 나온다. 이처럼 연구 결과를 종잡을 수 없으니 새로 발표된 연구 결과의 유통 기한이 우유의 유통 기한보다 짧다는 우스갯소리가 나올 만하다.

중요한 것은 음료와 건강의 관계를 보여 주는 뉴스나 속설에 과민하게 반응하지 않는 것이다. 일례로 성인 남자가 하루에 한두 잔의 알코올을 마시는 것은 심장병에 좋다는 기사를 종종 읽었을 것이다. 그렇다고 해서 자신의 체력 상태를 무시하고 매일같이 마시면 득보다는 실이 더 많을 것이다.

음료를 비롯한 식품과 관련된 연구는 과학적이기는 하지만 대체로 제한된 상황에 기초한다. 동물을 대상으로, 그것도 단기간에 걸친 실험 결과이므로 증거가 부족한 편이다. 동물처럼 사람이 실험실에 갇혀서 주는 것만 먹고 생활할 수 있는 것도 아니고, 그런 상태를 오랫동안 지속할 수도 없고. 그래서 그러한 결과를 사람에게 적용시켜 일반화하기란 무리가 있다.

문제는 그러한 과학적 발표를 받아들이는 언론이나 사람들의 태도에 있다. 이제 막 걸음마를 시작한 결과를 놓고 매스컴은 침소봉대하기 일쑤이다. 또는 상반되는 연구 결과를 극대화하여 비난하는 데도 주저하지 않는다. 언론은 사회의 파수꾼 속성상 흥미나 문제에 초점을 맞추는 경향이 있다. 소비자들도 비난을 피할 수는 없다. 식음료 문제에 민감한 것은 당연하지만 지나치게 민감하게 반응하는 것은 문제가 있다. 이를테면 제조 과정이 아니라 유통 과정에서 이물질이 한 제품에 들어갔어도 해당 브랜드의 전체 매출은 급감한다. 또한 한 회사의 음료 제품에만 특정 유해 물질이 들어 있어도 해당 음료 상품군 전체가 피해를 본다. 마치 미국산 쇠고기의 광우병 위험이 보도되면 아예 쇠고기 자체를 회피하듯이. 이른바 일반화의 오류를 범하기 때문이다. 즉 일부 제품의 문제를 전체로 확대함으로써 산업 자체가 영향을 받는다. 그러다 보니 무엇을 마셔야 할지, 얼마나 마셔야 할지에 대해서 갈팡질팡할 수밖에.

그러나 갈등과 모순은 과학 분야에서 당연히 존재한다. 마치 댄스와 같이 두 걸음 앞으로 나갔다가 한 걸음 뒤로 물러난다. 더욱이 실험실 상황과 사람이 먹고 마시는 현실 상황은 다르다. 예를 들어 한 성분이 어떤 효과가 있다는 연구가 발표되지만, 사람이 매일 그 성분만 먹고 지내는 것은 아니다. 이것도 먹고 저것도 먹는다. 그러다 보면 그 성분의 효과가 다른 성분과 상호 작용하여 더 극대화될 수도, 아니면 효과가 상쇄될 수도 있다. 또한 똑같은 성분을 먹더라도 사람의 면역 체계나 운동 등 생활 습관에 따라 그 성분의 효과도 다르게 나타날 수 있다. 따라서 영양이나 건강과 관련한 연구는 항상 유의해서 받아들여야 한다.

물론 우리가 마시는 음료는 우리의 몸이 되므로 중요하다. 소비자가 건강이라는 가치를 반영하여 음료를 선택하고 마시는 까닭이다. 그럼에도 불구하고 음료 소비는 일상 생활에서, 또는 습관적으로 일어나므로 그러한 가치가 잘 드러나지 않거나 잘 의식되지 못할 수 있다. 간혹 뉴스로 불거질 때만 반짝 관심을 받을 뿐이고, 그러한 뉴스도 자주 등장하거나 시간이 지나면 관심 밖으로 밀려난다. 그러나 이물질을 우리 몸으로 집어넣는 일은 매우 조심스러운 일이다. 그만큼 음료를 우리 몸에 붓는 일은 신중을 기해야 한다. 그런 맥락에서 건강과 관련하여 각 음료에는 어떤 이슈가 있는지 살필 필요가 있다.

## 2. 물은 생명이다

사람 몸의 약 75%가 소금물과 같은 액체로 되어 있다. 마치 원시 생명체에 영양분을 주었던 바닷물처럼. 이 액체는 신체의 세포를 씻겨 주고, 완충 작용을 한다. 특히 뇌는 85%가 이 액체로 덮여 있다. 즉 뇌는 항상 소금기 있는 뇌척수액에 담겨 있다.

그러므로 물이 우리 몸이라고 해도 과언이 아니다. 아니, 그보다는 우리는 걸어다니는 물통이라고나 할까? 신체의 빈 공간도 채워 주면서. 이처럼 몸에서 물이 차지하는 비중이 높으므로 하는 일 역시 다양하다. 무엇보다 세포가 서로 붙어 있도록 만드는 접합제 역할도 한다. 물의 도움으로 우리의 몸이 온전하게 조립되는 것이다. 그런 맥락에서 보면 물은 풀인 셈.

또한 물은 에너지의 원천이다. 물이 각 세포의 전자기적 에너지를 생성하기 때문이다. 그 과정은 다음과 같다. 피의 94%는 물로 되어 있다. 적혈구는 사실상 헤모글로빈을 포함하고 있는 '물 가방'인 셈이다. 그리고 세포의 내부 역시 물로 채워져 있다. 물의 비율은 약 75%. 이처럼 세포 안과 밖 사이에 물 비율의 차이가 있어서 세포 안으로 물이 흘러 들어가는 삼투압이 발생한다. 세포막에서 수십만 개의 펌프가 에너지를 발생시키고 있는 셈이다. 일종의 수력 발전이라고 할 수 있다. 이렇듯 물은 우리가 살아갈 에너지를 제공한다.

이러한 물의 활동 덕분에 다양한 물질이 전달된다. 첫째, 나트륨이나 칼륨과 같은 물질이 교환된다. 뇌와 신경의 전달 물질 체계는 바로 나트륨과 칼륨의 운동에 의존한다. 따라서 물은 신경 전달 물질의 효율적인 생성에 필요하다. 둘째, 물은 세포에 산소를 공급하며, 사용한 가스를 폐로 옮겨 줘서 배출하도록 도와준다. 신체의 유해 쓰레기도 간이나 신장으로 옮겨서 처리하도록 한다.

그리고 물은 모든 음식물, 미네랄, 비타민을 용해해 준다. 신진 대사를 할 수 있도록 분해하는 것이다. 그리고 음식물을 에너지로 전환하는 것도 물이다. 물 없이는 어떤 음식도 우리 신체에 에너지를 공급해 줄 수 없다. 신체의 온도도 조절해 준다. 땀을 흘려 시원하게 해주거나 전기적 작동을 통해 열을 발생시켜 따뜻하게 해준다.

게다가 물은 가장 훌륭한 음료다. 칼로리도 없지만 부작용도 없기 때문이다. 많이 마셨을 때는 자연스럽게 배출된다. 인간의 몸은 물을 저장해 두는 곳이 없기 때문이다. 그래서 탈수에 대비할 수가 없다. 만일 신체에 물이 모자라면 신체에서 가장 중요한 부분에 먼저 물을 공급한다. 일례로 탈수를 겪으면, 85%가 물인 뇌는 매우 민감하게 반응하여 짜증을 낸다. 매일같이 충분히 물을 마셔야 하는 까닭이다.

그렇다고 아무 물이나 마실 수는 없다. 물의 오염으로 콜레라가 창궐한 사례를 보면 깨끗한 물은 생존에 필수적. 8세기경 중국의 육우陸羽가 지은 차의 고전인 《다경茶經》에서 가장 좋은 차는 좋은 물에서 나온다고 설명한다. 산에서 흐르는 물이 가장 상급수이고, 강물은 중간이며, 우물이 가장 하급이란다. 우리나라도 한때는 산 좋고 물 좋았지만, 산업화를 거치면서 이는 옛말이 되고 말았다.

주지하다시피 한강을 끌어다 수돗물을 만들 때 질병을 야기시키는 박테리아를 없애기 위해 클로린 화학물을 사용한다. 그리고 이러한 수돗물도 여러 가지 이유로 다시 끓여먹는 세상이 되었고, 그것도 미덥지 못한 사람들은 이제 생수를 찾는다.

생수는 모두 무색무취의 물이므로 비슷하다고 생각할 수 있다. 그러나 생수에 들어 있는 미네랄의 함유량은 제각각이다. 생수에 많이 포함되어 있는 미네랄은 마그네슘, 칼슘, 나트륨. 일반적으로 마그네슘과 칼슘은 많이 들어 있으면 좋지만, 나트륨은 적을수록 좋다. 그 까닭을 살펴보자. 마그네슘은 심장 계통을 유지하는 데 중요하며, 혈압이나 갑작스런 죽음을 예방하는 데도 도움을 준다. 칼슘도 생명 유지에 중요하다. 무엇보다 뼈의 중요한 구성 성분이니까. 아울러 호르몬이나 소화 효소, 그리고 신경 전달 물질의 분비를 도와준다. 그러나 나트륨은 우리가 보통 소금의 형태로 식음료에서 많이 섭취한다. 맛을 내거나 갈증을 유발하기 위한 것이 소금의 중요한 역할. 즉 생수에 나트륨이 많으면 생수를 더욱 더 소비하게 만든다. 그리고 나트륨을 너무 많이 섭취하면 고혈압이 유발된다. 그렇다고 마그네슘과 칼슘이 많다고 모든 사람에게 다 좋은 것은 아니다. 신장 기능이 약한 사람은 미네랄 성분의 처리가 잘 되지 않으므로 예외. 물이라고 다 같은 물이 아닌 셈. 제주삼다수 0.5리터에는 마그네슘 1밀리그램, 칼슘 1.5밀리그램. 아이시스 0.5리터에는 마그네슘 1.8밀리그램, 칼슘 13.3밀리그램. 이 수치는 함량의 범위에서 중간 값에 기초해서 계산한 것인데, 아이시스의 경우 범위는 상대적으로 컸다. 그리고 아쉽게도 나트륨 양을 표기한 브랜드를 찾을 수는 없었다.

## 생수 용기와 건강

페트병(폴리틸렌 테레프셀릿, 줄여서 PET)에 음용수가 오래 보관되어 있으면 유해한 물질이 병에서 녹아 나올 수 있다는 문제가 제기되었다. 독일의 한 교수가 6개월간 담겨진 음용수를 관찰한 결과, '안티모니'란 화학 물질의 농도가 높아졌다는 것이다. 물론 페트병을 사용하는 음료업계에서는 그럴 리 없다고 반박하지만. 또 다른 문제는 일반 가정이나 식당 등에서 페트병에 담긴 음료수를 마시고 물병으로 재사용하는 것이다. 환경 전문가는 목이 좁은 페트병을 다시 세척하기도 어려워 대장균 등 세균이 쉽게 증식되므로 재사용에 반대한다.

# 3. 달콤한 맛의 함정

차 스푼으로 일곱 번이나 아홉 번 설탕을 퍼서 먹는다고 하자. 너무 달다고 느낄 것이다. 바로 보통 12온스(1온스는 30밀리리터이므로 360밀리리터 한 캔)의 코카콜라나 펩시콜라 등 청량 음료에 들어 있는 설탕의 양이다. 이처럼 과도한 당분 함유는 청량 음료의 단점으로 지적되어 왔다.

그러면 어떤 문제가 있을까? 설탕을 많이 섭취하면 치아에 직접적으로 해를 끼칠 뿐만 아니라 보다 영양이 풍부한 식품의 식욕을 감퇴시킨다. 또한 설탕이 많은 음료는 췌장이 인슐린을 더 많이 분비하도록 한다. 이는 결국 당뇨를 야기할 수 있다.

그리고 보다 현저한 병폐는 비만이다. 물론 체중은 개인 문제다. 그렇지만 자기의 체중은 스스로에 대한 느낌을 결정할 뿐만 아니라 다른 사람들이 자기 자신을 어떻게 대하는지도 영향을 끼친다. 게다가 체중은 개인의 건강을 넘어서 사회의 건강 문제이기도 하다. 비만은 질병의 원인이기 때문이다.

아직도 세상에는 기아가 판치고 있지만 아이러니하게도 비만으로 각종 병에 걸리는 사람도 엄청 많다. 이를테면 전체 미국인의 1／3이 비만에 속한다. 우리나라도 성인의 비만 비율은 2005년에 32%를 기록했고, 2025년에는 46%가 될 것으로 예상된다. 어린이가 비만이면 당뇨와 심장병 발병률이 높다. 오죽하면 세계보건기구에서 비만을 세계적인 전염병이라고 부를까? 여기에는 생물학적 배경이 작용한다. 인류의 조상은 배불리 먹을 수 있거나 기아에 허덕이는 두 상황을 오락가락했다. 언제 또 배불리 먹을 수 있을지를 모르기 때문에 음식이 있을 때 잔뜩 먹어두는 것이 생존에 필수적이었다. 이러한 유전 인자가 음식이 풍요로운 오늘날에도 작동하는 것이다.

덧붙여 음료 회사는 우리가 보다 많이 마시기를 바란다. 더욱이 우리의 조상이 생존하기 위해 설탕과 소금에 광분했음을 잘 알고 있다. 그래서 오늘날 음료 회사는 단맛을 강조하고 음료의 용기도 크게 만든다.

사실 당분이 무조건 나쁜 것은 아니다. 우리에게 에너지를 제공하기 때문이다. 우리가 음료를 섭취하는 중요한 이유이기도 하다. 에너지란 음식물이 미토콘드리아 세포에 힘을 전달하여 활동할 수 있게 도와주는 것을 뜻한다. 에너지의 양은 칼로리로 측정한다. 1칼로리는 보통 70킬로그램의 성인이 1분 동안 잠잘 때 소비되는 에너지다.

물론 당분이 들어 있는 음료를 마신다고 그대로 체중이 되지는 않는다. 많이 움직이면 에너지가 많이 필요하므로 음료의 칼로리를 많이 소비한다. 그렇지만 현대인은 걷는 것을 싫어하고 짧은 거리도 차를 타기 일쑤다. 이런 습관을 지녔다면 칼로리 소비는 매우 적어지고 대신 체중으로 쌓이게 될 것이다.

그런데 많은 사람들이 액체 칼로리는 고체 칼로리와 다르다고 여긴다. 음료로 섭취하는 칼로리는 좀 더 쉽게 소모할 수 있다고 생각해서인지 체중과 잘 연결짓지 않는다. 그러나 액체든 고체든 그 칼로리가 그 칼로리다.

또한 음료 회사가 주장하는 칼로리의 수치에 유의할 필요가 있다.

흔히 다이어트 음료들은 제로 칼로리를 강조한다. 그러나 자세히 보면 단위는 제로 킬로칼로리이다. 게다가 킬로칼로리의 표시도 음료 100밀리리터를 기준으로 한다. 그래서 이처럼 큰 단위를 사용한다면 99밀리리터의 음료 양에 999칼로리가 있어도 제로 킬로칼로리로 표시할 수밖에. 그러나 실제로는 음료 100밀리리터에 3999칼로리가 있어도 제로 칼로리로 표현할 수 있다. 식품위생법에 기초한 '식품 등의 표시 기준'에 따르면 식품 100밀리리터당 4킬로칼로리 미만일 때는 '무無열량'이라고 표시할 수 있기 때문이다. 그렇지만 소비자는 이런 사실을 알고 나면 기만당했다고 여길 것이다. 열량에 대한 관심이 높으므로 그러한 정보에 따라 음료를 선택하기 때문이다. 식약청이나 음료업계 모두 소비자의 인식에 초점을 맞춰 음료의 내역을 패키지에 정확하게 표기할 필요가 있다.

그리고 단맛을 내기 위한 첨가물의 유해성도 종종 논란이 된다. 예전에는 청량 음료의 단맛을 내기 위해서 사카린이 많이 사용되었다. 설탕 가격보다 저렴했고 더 강력한 단맛을 냈기 때문이었다. 그리고 싸이클라메이트도 사용되었다. 뒷맛이 씁쓰레한 사카린에 비해 그런 뒷맛이 없었던 것이다. 그러나 싸이클라메이트가 방광염을 유발한다는 보고가 나와서 1968년에 미국에서 금지되었고 이윽고 다른 나라도 그 뒤를 따랐다.

요새는 식품에 단맛을 내기 위해 사탕수수에서 얻는 설탕보다는 옥수수 시럽을 많이 사용한다. 옥수수 시럽이 보다 달콤할 뿐만 아니라 음료수에 잘 섞여지기 때문이다. 그리고 일부 지역에서는 설탕에 비해 단가가 더 저렴하다.

저칼로리 음료에는 인공 감미료가 들어간다. 전술했던 사카린을 비롯해 아스파타민 등. 이런 성분에 대해서 인터넷이나 언론에서는 이러쿵저러쿵 말이 많다. 그러나 다행히도 성인들에게 건강상의 문제를 특별히 야기시키지는 않는다. 다만 어린이들이 이런 음료를 평생 마시면 어떤 결과가 나타날지에 대해서는 아무도 장담할 수 없다.

## 의약품이었던 콜라

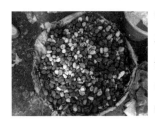

아프리카에서는 콜라 나무의 열매를 씹어 먹기도 하고 음료로 만들기도 한다. 콜라 열매가 자극제라는 것을 알았기 때문. 12세기의 이슬람교도 의사들은 복통이나 위장이 아플 때 콜라 음료를 처방하였다. 두통이나 피곤함이 줄고 식욕을 증진시킨다고도 알려졌다.

서아프리카에서는 산후통을 줄이기 위해서 콜라 나무껍질을 달여서 마시기도.

콜라가 맛있는 음료로 자리잡기 시작한 것은 1870년대로 거슬러 올라간다. 콜라에 설탕과 바닐라를 섞어서 허약한 사람들에게 강장제로 복용하게 했던 것. 이를 이용하여 1886년 미국인 존 펨버튼은 코카콜라 음료를 만든다. 처음에는 이름 그대로 코카(코카인)와 콜라를 섞어 만들었다. 그리고 당시에는 두통과 숙취를 치료하기 위한 의약품으로 투약되었다.

# 4. 카페인에 울고 웃다

커피는 이디오피아의 한 목동에 의해 발견되었다고 전해진다. 염소들이 커피 열매를 먹고 흥분한 상태가 되었기 때문. 이후 커피는 역사적으로 의약품으로 사용되었다. 감기 예방은 물론, 눈병, 통풍, 심지어는 괴혈병을 치료하는 데도 이용되었다.

1900년대 초반 커피의 흥분제 역할이 카페인에 기인한다는 것이 알려졌다. 1970년대에는 카페인이 지구력을 향상시킨다고 알려지면서 심신 강화 보조제로 사용되었다. 국제올림픽위원회에서는 선수들의 카페인 혈중 농도에 최대치를 설정하였다. 카페인이 스포츠 경기력에 영향을 끼치기 때문이었다.

사실 카페인은 의약품과 같은 효과가 있다. 카페인을 섭취함으로써 얻는 기력이나 기쁜 황홀감은 사람들이 커피를 마시는 중요한 이유 중의 하나다. 특히 커피의 카페인은 활발한 에너지를 불러일으킨다. 그러나 단점도 있다. 커피를 너무 마시면 몸이 덜덜 떨리며, 안절부절못하고, 잠을 못 자기도 한다. 메스꺼움을 비롯하여 고혈압이나 간이 붓는 우려도 자아낸다. 또한 커피를 마시는 사람들의 소변에서는 칼슘이 발견되었다. 즉 커피를 마시면 뼈의 밀도가 감소한다는 뜻이다. 중독의 위험도 있다. 정기적으로 커피를 마시는 사람이 아침에 커피를 못 마시면 불쾌한 두통을 경험하기도 한다.

그러므로 적당히 마시는 것이 중요하다. 그리고 적당한 양을 마시면 이런저런 혜택을 볼 수 있다. 결석이나 담석이 생길 가능성이 적어지며,

2종 당뇨병의 위험도 줄여 준다. 직장암, 간암, 방광암을 줄인다는 보고도 있다. 카페인은 파킨슨병의 위험도 감소시킨다고 알려져 있다. 아울러 자살률도 감소된다. 항우울제로 기능하기 때문. 실험에 따르면 커피를 마시는 집단은 그렇지 않은 집단에 비해 자살률이 50%나 낮았다.

그러면 카페인은 우리 신체에 구체적으로 어떤 작용을 하는가? 카페인을 흡수하면 신체는 카페인을 아데노신으로 착각한다. 원래 아데노신은 신경 활동을 진정키시고 잠이 오게 만든다. 그런데 카페인이 몸에 들어오면 아데노신을 차단하고 정반대의 생리적 반응을 생성한다. 신체는 비상 상황이라고 판단하여 에피네프린(아드레날린)을 생성하는 것이다. 이 호르몬은 싸우거나 도망가는 생리적 반응을 유도한다. 그래서 동공은 커지고 중요한 근육으로 피를 보내고 심장 박동 수를 증가시켜 활동하도록 준비시킨다.

그래서 카페인이 몸에 너무 많으면, 자극이 지나치게 된다. 이럴 때는 카페인을 몸에서 완전히 배출시킬 때까지 카페인 섭취를 중단해야 한다. 카페인은 흡수하자마자 중추 신경계를 자극시키고 1시간 이내에 혈중 농도 최고치에 다다른다. 그리고 6시간마다 몸 안에 있는 카페인의 반을 배출한다. 아침 9시에 커피 두 잔을 마셨으면 300밀리그램의 카페인을 마신 셈. 오후 3시에 150밀리그램이 남아 있고, 오후 9시에는 75밀리그램이 아직 몸에 남아 있다. 이런 식으로 계속 배출하면 커피를 마신 후 사흘째가 되는 오후 3시가 되어야 1밀리그램 이하로 떨어진다.

물론 이러한 카페인 배출은 개인마다 차이가 있다. 특히 인구의 절반에는 카페인을 빨리 제거해 주는 유전 인자가 있다. 이른바 카페인 배출을 도와주는 빠른 유전 인자를 지닌 사람들은 커피를 즐겨도 카페인 부작용이 없고, 심장병 위험을 낮출 수 있다. 그렇지만 느린 인자를 지닌 사람들이 커피를 정기적으로 즐기면 오히려 심장병 발병 가능성이 높아진다.

에스프레소와 카페인에 대한 오해 한 가지. 흔히 에스프레소는 카페인이 많아서 강하다고 생각한다. 그렇지만 8온스(240밀리리터) 컵의 커피나 1.25온스(38밀리리터) 에스프레소 한 잔이나 카페인 양은 똑같다. 에스프레소는 그릇이 작으니까. 보통 음료에 들어 있는 카페인 양을 살피면 다음과 같다. 일반 커피는 135밀리그램/8온스, 에스프레소는 125밀리그램/1.25온스, 디카페인 커피 5밀리그램/8온스, 녹차는 20밀리그램/8온스, 우롱차 45밀리그램/8온스, 홍차는 70밀리그램/8온스, 청량 음료 35~50밀리그램/12온스.

그렇다. 차에도 카페인이 있다. 특히 차는 산화가 많이 될수록 카

카페인 중독자가 커피를 옹호하며 소리치는 모습

페인이 많다. 그렇지만 차는 커피보다 부드러운 효과를 자아낸다. 커피에는 없는 화학 물질 두 가지가 있기 때문이다. 티오브로마인과 티오필린. 이 두 물질이 카페인과 상호 보완 역할을 한다. 그리고 아미노산의 일종인 티아닌이 있어서 카페인이 있음에도 불구하고 심신을 이완시키는 작용을 한다. 게다가 녹차는 커피에 비해 카페인이 1/3 정도밖에 들어 있지 않다. 그래서 카페인에 민감한 사람들한테는 좋은 대안.

차는 카테킨과 폴리페놀이라는 화학 물질이 풍부하다. 이들은 항산화 작용 물질로서 세포의 성장과 노화 방지에 영향을 끼쳐 건강에 기여한다. 다만 암세포가 있을 경우 암세포도 번식시키는 것으로 알려져 있지만. 또한 마그네슘, 아연 등과 같은 유용한 미네랄뿐만 아니라 플로오라이드나 비타민B 그룹이 있다.

사실 차는 건강과 관련된 성분으로 인해 오랫동안 칭송되어 왔다. 중국 상왕조였던 기원 전 1766년에 운남성 일대에서는 차 잎을 다른 나무들과 섞어서 끓여 먹기 시작했다. 병을 치료하는 데 효험이 있었

### 티베트인과 차

티베트에는 다음과 같은 격언이 있다. "짜다러, 짜사러, 짜러." 차는 피요, 고기요, 생명이라는 뜻이다. 육식과 우유를 주식으로 하는 티베트인에게는 차가 필수적이었던 것이다. 그런데 차나무는 고원 지대에서 자랄 수 없기 때문에, 중국 운남성에서 들여올 수밖에 없었다. 바로 그 교역길이 '차마고도茶馬古道'다. 운남성, 티베트, 네팔, 인도를 잇는 이 길을 통해 차와 소금이 운반되었다. 남쪽의 비단길이라고도 불린다.

기 때문이었다. 그래서 초기 중국의 차는 약제의 일종이었다. 가벼운 병치레를 할 때, 또는 건강을 유지하기 위해 차를 마셨다. 특히 소화를 도와주고 무기력을 없애 주는 데 처방되었다. 감기나 여러 감염 증상을 완화시킨다고도 알려졌다. 그런 이유 때문에 인류가 세상에서 물 다음으로 가장 많이 마시는 음료가 바로 차. 게다가 차는 위생적일 수밖에 없다. 차를 준비하기 위해 물을 끓이기 때문에.

오늘날에도 차는 이런저런 건강상의 이유가 따라다닌다. 홍차를 마시면 심장병 발병 가능성을 줄인다, 카모마일차는 심신을 안정시킨다, 국화차는 차가운 성분으로 열을 치료하고 아픈 목을 치유한다, 생강차는 위장이나 멀미에 좋다, 보이차는 콜레스트롤을 낮추고 소화와 지방 분해에 도움을 준다 등등. 그렇지만 의약품과 같은 효능을 과장하거나 과신하는 것은 경계해야 한다. 그런 효과를 나타내는 성분이

### 유기농 녹차

2007년 시중에서 유통되는 티백 녹차에서 사용해서는 안 될 고독성 농약인 '파라티온'이 검출되었다. KBS 〈이영돈 PD의 소비자 고발〉에서 검사한 결과였다. 분명한 사실은 국내와 주요 수입원인 중국의 차밭에서 농약이 살포되고 있으며, 녹차 제품에 농약이 잔류한다는 것이다. 일부에서는 차나무를 재배할 때 살충과 제초를 위해 농약이 불가피하며, 잔류량이 기준치 이하면 건강에 괜찮다는 주장이다. 그렇지만 차는 씻지 않고 그대로 물에 타서 먹기 때문에 농약이 검출된다면 참으로 우려되지 않을 수 없다. 이러한 논란 이후에 각 지역별로 차밭의 안전성을 스스로 강화하고, 친환경 인증을 받은 유기농 녹차도 전체 농가의 10%에서 점차 증가하고 있어 그나마 다행스럽다.

한 잔의 차에 많이 들어 있는 것도 아니고 다른 성분과 어떤 상호 작용을 하는지도 알 길이 없기 때문이다.


## 5. 우유의 영양과 위생

요새 미국에서는 전국낙농협의회에서 만든 우유 캠페인이 인기다. 이 캠페인에는 유명 가수 브리트니 스피어스나 홈런 왕 맥과이어가 흰 콧수염을 그리고 나온다. 우유를 마셨다는 징표. 특히 칼슘을 섭취하는 데는 우유가 최고라고 얘기들 한다.

칼슘이 필요한 것은 불문가지. 우리는 몸 안에 900그램의 칼슘을 지니고 있는데 99%가 뼛속에 있다. 칼슘이 모자라면 골다공증에 걸리거나 뼈가 부러질 수밖에. 아울러 칼슘은 대장암에 걸리지 않도록 해주고 혈압을 내리는 역할을 한다.

그렇다고 칼슘을 많이 섭취하는 것이 좋은가? 그렇지는 않다. 비타민C처럼 신체에서 사용하지 못하면 배출되지 않기 때문이다. 최근에는 칼슘을 많이 섭취하면 전립선암이나 자궁암에 걸릴 가능성이 높다는 연구도 나오고 있다.

따라서 칼슘은 적당하게 섭취해야 한다. 어느 정도가 적당한지는 나라마다 다양하다. 미국에서는 19~50세까지는 하루에 1000밀리그램, 50세 이상은 1200밀리그램. 영국에서는 19세 이상의 성인에게는 500밀리그램, 세계보건기구(WHO)에서는 400~500밀리그램을 권장한다.

그렇다면 칼슘 섭취에 대표적인 음료는? 바로 우유다. 우유 한 잔 (240cc)을 마시면 300밀리그램의 칼슘이 있다. 세계보건기구의 기준에 따르면 1잔 반을 마시면 되는 셈. 그렇지만 우유에는 칼슘만 들어 있는 것이 아니다. 포화 지방과 갈락토스 당분이 들어 있는데, 이를 많이 섭취하면 건강에 좋지 않다고 알려져 있다.

더욱이 많은 사람들이 우유에 있는 당분인 젖당, 즉 '락토오스'를 소화시킬 수 없다. 원래 모든 아기들은 우유를 소화할 수 있는 능력을 갖고 태어난다. 다만 성장하면서 '락타아제'라는 효소 생성이 중단되어 젖당을 분해할 수 없게 된다. 인류가 진화하면서 동물의 젖을 소화시킬 필요가 없어졌기 때문이다. 아시아, 서아프리카, 남부 유럽, 중남미 사람들이 그렇다. 그렇지만 성인이 되어서도 우유를 완전히 소화시킬 수 있는 사람들이 있다. 마사히족과 같은 동아프리카 사람들, 노르웨이나 스웨덴과 같은 북유럽 스칸디나비안 사람들. 이들은 아직도 락타아제를 생산하는 능력을 지니고 있다.

또한 오늘날의 젖소는 우유를 많이 생산하도록 호르몬 주사를 맞는다. 특히 유전학적으로 재조합된 소 성장 호르몬*bovine growth hormone*을 주사한다. 환경 단체는 이 호르몬이 사람이나 젖소에 모두 유해하다고 주장한다. 그처럼 사육되는 젖소의 우유에는 다양한 호르몬이 담겨 있기 때문이다. 그중에서 에스트로겐과 프로게스틴과 같은 호르몬은 유방암을, 안드로겐 호르몬은 전립선암을 자극할 수 있다는 것이다. 더구나 10대들한테는 호르몬과 관련 있는 여드름을 유발할 수도 있다.

그런데도 미국 식약청에서는 1994년 이러한 호르몬 사용을 승인했다. BGH는 단백질 호르몬으로서 섭취한 우유에서 그러한 호르몬이 발견되면 인체 내에서 효소나 산이 파괴하므로 걱정할 필요가 없다는 것. 뿐만 아니라 우유에서 검출되더라도 워낙 미량이라는 것이 주된 이유.

요즈음은 그러한 논란을 아예 불식하는 유기농 우유가 등장한다. 유기농 우유는 다음과 같은 조건을 만족시켜야 한다. 젖소에 BGH나 항생제를 사용하지 않아야 한다. 사료에도 살충제가 없어야 하며, 소 1마리당 1200평 이상의 방목지를 확보해야 한다. 소를 묶어 놓아서 스트레스를 줘서도 안 된다. 소 좋고, 환경 좋고, 사람 좋아 일석삼조인 셈.

사실 고품질 우유는 좋은 젖소와 목장에서 시작된다. 바로 이 과정

## 영국인의 우유 사랑

영국을 침공했던 로마의 줄리어스 시저는 영국인을 우유와 고기로 사는 민족으로 묘사했다. 그만큼 우유는 영국에서 중요한 음료였다. 그러나 초기에는 우유를 그대로 마시는 경우는 드물었다. 주로 오트밀 죽을 끓일 때 우유가 사용되었다. 이후에 커피나 차가 보급되면서 뜨거운 음료에 타서 마셨다.

그리고 낙농업이 발전하면서 우유는 영국인의 생활에 파고들기 시작했다. 1930년대부터는 '우유마케팅위원회Milk Marketing Board'의 활동으로 잉여 우유는 정부의 보조를 받아 초등학교에 싼 가격이나 무료로 공급되었다. 윈스턴 처칠도 1943년 아기에게 우유를 먹이는 것만큼 중요한 투자는 없다고 방송하기까지 이르렀다. 1960년에는 93%의 초등학교가 무료로 우유를 공급받았다.

그러나 1970년대부터 우유의 소비는 줄기 시작한다. 더 이상 정부에서 보조금을

에서 위생과 영양 상태가 결정되기 때문이다. 젖소로부터 짠 우유는 일단 냉장이 된다. 그리고 공장으로 운반되어 살균된다. 젖소나 목장에 있을지도 모르는 박테리아를 죽이기 위해서 가열하는 것. 살균 처리 방법은 크게 세 가지. 저온 방법은 65도 내외에서 30분, 고온 방법은 75도 내외에서 20초, 초고온 방법은 130도에서 2초 동안 가열된다. 그리고 다시 냉장되어 용기에 담겨 포장이 되고 소매점에 배달이 된다.

우리나라의 우유는 1995년 10월 우여곡절을 겪으면서 도약하였다. 이른바 '고름 우유' 사건. 유방염에 걸린 젖소에서 고름이 섞인 우유가 나온다고 MBC가 보도하였다. 그러자 후발 업체였던 파스퇴르는 "고름 우유를 팔지 않는다"고 광고했고, 기존 업체는 유가공협회를 중

지불할 정당성을 느끼지 못했기 때문. 패스트푸드가 점심 식사로 대체되면서 청량 음료의 소비가 급증한 것도 우유 소비의 감소에 기여했다. 게다가 영양학자도 전우유 whole milk의 지방에 문제를 제기하였다. 심장병을 유발할 수 있다는 것. 그래서 1984년부터는 탈지 우유, 저지방 우유가 선보이기 시작하였다. 1993년에는 모든 우유를 구매했던 '우유마케팅위원회'가 폐지되고 자발적인 낙농 협동체인 '우유마크회사Milk Marque Ltd'가 탄생하였다. 좀 더 자율적으로 전환된 셈.

현재 영국 가정의 84%가 우유를 마신다. 어떻게 마시느냐 하면, 차에 타 마시는 것이 25%, 커피에는 17%, 아침 시리얼에 21%, 요리할 때 13%, 우유 자체로 마시는 것은 12%.

심으로 맞대응 광고전을 펼쳤다. 이러한 이전투구에 언론이 가세하면서 급기야 소비자는 우유를 외면하였다. 우유의 소비량이 15%나 감소했던 것. 논쟁에서 지칭한 고름은 실은 죽은 체세포로서 상피 세포와 백혈구를 뜻하였다. 우유에 체세포가 있는 것은 당연한 일이지만 문제는 어느 정도인지가 관건. 그런데 당시의 원유 등급은 세균 수만 측정할 뿐이었다. 저온 살균을 하는 파스퇴르는 1등급에서도 더 좋은 원유를 사용했지만 기존 업체와 차별화할 수 없어서 적은 체세포를 들고 나온 것. 결국 이 사건 덕분에 원유 등급을 매길 때 체세포 수도 추가함으로써 보다 체계적으로 등급을 매길 수 있게 되었다.

사실 1987년 파스퇴르가 저온 살균을 도입하기 전까지는 우리나라에 초고온 살균 방법만이 있었다. 지금도 국내에서 유통되는 원유의 70% 정도는 초고온 방법으로 살균된다. 그만큼 착유와 집유 과정에서 품질 관리가 잘 되지 않는다는 뜻. 요즈음은 위생적으로 목장을 관리하면서 저온 살균 우유가 인기가 있다. 저온 살균을 하면 그만큼 영양분과 맛을 살릴 수 있기 때문이다.

그러면 혹자는 반문할지 모른다. 아예 천연 우유를 마시면? 아닌 게 아니라 미국에서는 저온 살균도 못마땅해서 천연 우유를 선호하는 소비자도 있다. 맛도 더 부드러울 뿐만 아니라 면역 체계를 강화시켜 감기에도 잘 걸리지 않는단다. 이런 소비에 대해 미국 식약청은 러시안 룰렛 게임을 한다고 경고하지만. 미국은 1987년부터 주와 주 사이에 거래되는 식용 우유는 저온 살균할 것을 의무화하고 있다.

초콜릿은 원래 음료였다. 요새야 초콜릿하면 딱딱한 고체를 연상하지만 예전에는 모든 초콜릿을 마셔야 했다. 그 이유는 다음과 같다. 초콜릿의 원료가 되는 카카오나무의 열매인 코코아 씨 자체는 쓰다. 그렇지만 씨를 발효시켜서 말린 뒤에 굽고 갈아 버리면 액체가 나온다. 여기에 물을 타서 마셨던 것이다. 아즈텍의 왕이었던 몬테즈마 2세는 초콜릿을 하루에 50잔씩 마셨다고 한다. 스페인 사람들이 이 음료를 유럽에 소개하면서 1600년대 중반까지는 인기 있는 음료로 자리잡았다.

그런데 1830년대 중반에 이르러, 코코아의 지방을 빼서 고체로 만들 수 있게 되었다. 그때서야 초콜릿은 액체의 형태를 벗어날 수 있었다. 코코아 액체가 많이 들어가면 다크 초콜릿, 적당히 들어가면 밀크 초콜릿, 적게 들어가면 화이트 초콜릿이 된다. 다크 초콜릿을 매일 섭취하면 혈압을 낮춰 준다는 연구 결과도 발표되었다. 밀크 초콜릿이나 화이트 초콜릿은 그런 효과가 없는 것으로 나타났지만.

코코아의 최대 생산국은 서아프리카 지역에 있다. 코드디부아르와 가나가 대표적인 국가. 남아메리카에서도 많이 생산된다.

오늘날에는 코코아를 이용한 대표적 음료가 코코아와 핫초코다. 코코아는 코코아 씨를 가루로 만든 것인데, 코코아 음료 제품은 보통 분말 우유와 함께 섞여서 판매된다. 여기에 뜨거운 물을 부어서 마신다. 이에 비해 핫초코는 '초콜릿 바'를 적은 덩어리로 잘라서 우유와 설탕을 넣어 만든 음료다. 초콜릿 바는 코코아와 코코넛 버터로 이뤄져 있으므로 결국 코코아와 핫초코의 차이는 코코넛 버터인 셈. 코코넛 버터 때문에 핫초코는 지방분이 많아 더 달콤한 맛을 즐길 수 있다.

기본적으로 코코아는 산화 방지제가 있어 암을 예방하거나 뇌를 활성화시키고, 기침을 억제하며 설사를 멈추는 효과가 제시된다. 특히 입안에서 초콜릿이 녹으면 뇌

# 6. 주스의 진실

과일이나 야채가 건강에 좋다는 것은 상식. 과일을 많이 먹으면 식도
암, 폐암, 위암에 걸릴 가능성이 줄어든다. 야채는 식도암이나 직장암
의 위험을 감소시킨다. 과일이나 야채에는 비타민과 미네랄을 비롯한
각종 영양소가 풍부하기 때문이다. 심지어는 야채와 과일을 먹고 나
면 우리 몸에서 소화시키지 못하는 성분이 있는데, 이것조차도 우리
건강에 중요하다. 바로 장운동에 필수적인 섬유질. 섬유질은 스펀지
처럼 물을 빨아들이고 소화 기관으로 내려가면서 팽창한다. 장운동을
촉진하므로 변비 걱정 끝. 그러므로 과일이나 야채를 직접 짜낸 주스
를 마실 때는 이런저런 영양분과 효과를 기대하기 마련.

---

가 활성화되고 심장이 뛴다. 마치 정열적인 키스를 하는 것처럼. 사실 초콜릿은 순환계
에 도움을 준다. 특히 코코아와 다크 초콜릿은 플라보노이드를 많이 함유하고 있어서
심장에 도움을 준다.

초콜릿에는 테오브로민 성분이 있어 흥분제 역할도 한다. 말이 먹으면 강력한 효
과를 나타내서 경주할 때는 초콜릿을 먹이지 못하도록 한다. 그렇다면 사람이 먹으면?
초콜릿의 달콤하고 기름진 속성은 시상하부를 자극하면서 세로토닌을 분비한다. 세로
토닌은 즐거움을 유발하지만 너무 많아지면 멜라토닌으로 변해서 거꾸로 성욕을 감퇴
시킨다. 초콜릿에 있는 특정 불포화 지방산 역시 감각을 활성화시키고 황홀감으로 이
끈다고 알려져 있다. 비록 초콜릿과 성욕에 대해 확실한 증거는 없지만 초콜릿 선물은
구애의 의식이 되고 있다. 선물 받는 대로 다 먹으면 살찌겠지만.

그러나 100% 주스가 과연 진짜 주스일까? 과일 주스의 대표 주자인 오렌지 주스를 예로 들어보자. 흔히 오렌지 주스는 아침을 깨우는 신선한 음료로 알려져 있다. 더욱이 아침 식사에 오렌지 주스를 한 잔 마시는 전통은 미국에서 괴혈병을 없애는 데도 기여했다. 비타민C가 부족할 때 생기는 병이기 때문이다. 특히 "100% 오렌지 주스"라는 표현은 오렌지를 그대로 따다가 즙을 짜낸 것이라는 믿음을 심어 놓는다.

과연 그런지, 만드는 과정을 한번 살펴보자. 대체로 과일 주스는 농축 과즙을 이용한다. 농축 과즙이란 과일을 수확해서 즙을 낸 뒤에 가열하고 농축한 뒤, 영하 18도로 냉동한 상태를 일컫는다. 부피가 줄어 운반하기 좋고, 가열 및 냉동으로 오래 보관할 수 있다. 주스 제조 회사는 이와 같이 걸죽한 농축 과즙을 수입해 주스를 만들 때는 물을 첨가한다.

이때 원래의 농도 상태와 비교해서 물을 어느 정도로 희석하느냐에 따라 그 정도를 브릭스brix로 표시한다. 100%라는 표현은 원재료의 농도를 100% 이상으로 환원시킬 때 사용할 수 있다. 50%는 원재료 농도의 절반으로 만드는 것이고. 즉 퍼센트는 농도에 관한 얘기이지, 자연 그대로의 상태를 뜻하지 않는다. "그런 법이 어디 있느냐?"고 반문할 것이다. 그런데 바로 '식품 등의 표시 기준법'이 농축액을 물로 희석한 식품의 경우에 그처럼 표현할 수 있도록 규정하고 있다. 법이 소비자 기만을 조장하는 셈이다. 영국에서는 주스라는 말을 쓸 수 있으려면 희석되지 않아야 한다.

표시에 관한 실상을 파악했으면, 이제는 주스의 실상을 맛보자. 농축 과즙은 가열했으므로 영양소가 파괴되는 것은 물론, 섬유질도 유실된다. 그래서 보통 주스의 섬유질은 0.1% 이하. 그리고 농축 과즙에 물만 희석되는 것이 아니다. 물을 넣고 살균을 위해서 또 가열한다. 더욱이 단맛을 내기 위해 액상 과당, 신맛을 내기 위해 구연산과 비타민 C, 향을 강화하기 위해 착향료를 첨가한다. 그러니 칼로리가 증가하는 것은 당연지사. 320cc의 과일 주스를 마시면 168칼로리를 얻는다. 초콜릿 칩이 들어 있는 쿠키를 세 개쯤 먹는 셈.

최근에는 비농축 주스가 등장하고 있다. NFC(not from concentrate)는 말 그대로 농축 과즙을 사용하지 않았다는 뜻이다. 즉, 착즙한 생즙을 사용한다. 그런데 원래 뜻은 그런데도 우리나라의 일부 주스에서는 생즙을 2.5% 정도만 사용하고도 비농축 주스라고 한다. 전체가 생즙이 아닌데도 불구하고.

## 토마토는 과일인가, 야채인가?

식물학자의 눈에는 과일이란 씨를 지닌 식물의 부분으로 정의한다. 그리고 야채는 과일을 제외한 모든 부분이 해당된다. 잎, 줄기, 꽃, 뿌리. 그렇지만 주부들한테는 이러한 과일과 야채의 구분이 애매해진다. 부엌에서는 일부 과일을 야채라고 부르기 때문이다. 오이, 가지, 호박에는 씨가 있지만 야채라고 한다. 즉 일반인들은 음식의 중요한 부분으로 사용하면 야채라고 칭하고, 디저트로 사용되면 과일로 취급한다.

그렇다면 토마토는 야채인가 과일인가? 미국의 대법원에서는 1893년 토마토는 야채라고 판결을 내렸다. 토마토는 기술적으로는 과일이지만 사람들의 일상 생활에서는 부엌용으로 재배되고 음식으로 사용되기 때문. 그러나 우리나라에서는 상황이 반전된다. 토마토가 주식으로 사용되지 않기 때문에 과일로 인식된다.

상황이 이렇다 보니 무엇이 진짜 주스인지 판별하기 쉽지 않다. 그러므로 패키지에 "물을 첨가하지 않았다,", "감미료를 첨가하지 않았다,", "직접 짠 것이다"라는 문구가 등장한다. 급기야 '나는 진짜야'라는 브랜드도 등장하고.

## 7. 위생적인 알코올

16세기에서 19세기 중반까지 영국인, 스코틀랜드인, 아일랜드인들은 모두 아침 식사에 알코올을 마셨다. 왜냐하면 물은 가장 위험한 음료였기 때문. 도시의 강이 오염되어, 물은 귀했으며 박테리아 천국이었다. 우유가 있었지만 값이 비쌌고, 냉장할 수도 없었으므로 마시기에 안전하지 않았다.

이에 비해 맥주는 호프가 있으므로 어느 정도 살균이 되어 있었다. 맥주가 더 위생적이었던 셈. 더구나 맥주는 영양도 많았다. 심지어 병원에서는 환자에게 물 대신 맥주를 제공했으며, 헨리 6세가 윈저궁 근처에 세운 명문 이튼 학교에서도 맥주를 만들어 남학생들의 식사에 제공했다. 영국 해군도 하루에 1갤론의 맥주를 배급하였다.

이처럼 위생적이었던 맥주는 상업적으로도 제조되었지만 가정집에서도 제조되었다. 17세기 후반에는 가정집에서 만드는 맥주가 전체 맥주의 65%를 차지할 정도. 집에서 제조되는 맥주의 알코올 도수는 2~3%로 낮았다. 그래서 "적은Small 맥주"라고 불렸다.

위생적이라는 이유 이외에도 건강에 좋다는 이유로도 술을 마신다. 오죽하면 "건강을 위해서"라고 건배사를 하며 술을 마시겠는가? 사실 술은 긴장을 풀고, 신경을 진정시켜 준다. 식사 전의 한 잔은 소화를 도와줄 수 있고, 노동 후의 한 잔은 휴식을 제공한다. 아울러 적절한 음주는 동맥 경화를 감소시키며 심장병이나 당뇨병, 담석을 예방하는 효과도 있다. 또한 음주는 부족하기 쉬운 비타민과 미네랄을 공급해 주기도 한다.

알코올은 그 종류만큼이나 각 알코올의 건강 혜택도 다양하다. 독주는 추운 날에 따뜻함을 제공한다. 아울러 관절염이나 인플루엔자를 치료하는 데도 사용되었다. 특히 증류주는 힘든 노동에 에너지를 제공하는 데 필요하다고 여겼다. 그러므로 노동 계층에서는 중요한 음식이었다. 게다가 고통을 완화하거나 상처를 소독하는 데 사용되었다. 맥주는 홍역이나 수두의 열을 가라앉히기도 했다. 19세기의 화학자이자 저온 살균법을 개발한 파스퇴르는 와인이 음료 중에서 가장 위생적이라고 칭송했다. 와인을 마시면 심장병 예방 효과가 있다는 역설도 널리 알려졌다. 이러한 '프랑스 역설'의 영향으로 종종 레드 와인의 판매가 급증하곤 한다.

그러나 많이 마시면 탈이 나기 마련. 간을 망가뜨리거나 각종 암에 걸릴 수 있으며 혈압을 높이고 심장 근육을 약화시킨다. 뇌에도 영향을 끼치며 태아에도 해를 끼칠 수 있다. 교통 사고의 주요 원인이기도 하며, 알코올 중독으로 인한 폐해도 심각하다. 결국 술과 건강의 관계는 음주량에 달려 있다.

그렇지만 말처럼 쉽지는 않다. 음주는 다양한 상황에서 허용되고 있기 때문이다. 사회 생활의 일부분으로, 비즈니스로, 휴식의 일환으로. 즉 알코올은 문화의 부분으로 자리잡고 있다. 뿐만 아니라 알코올에 특별한 의미를 부여한다. 그래서 음주량이나 음주 속도를 스스로 통제하기란 쉽지 않다.

이런 음주의 위험과 폐해 때문에 역사적으로 나라마다 금주를 여러 차례 시도했다. 초창기에는 종교적 또는 도덕적인 이유로 금주 운동이 발생했다. 일례로 1800년대 초반에 영국과 미국, 캐나다 등지에서 금주 운동이 일어났다. 1850년대에는 호주와 폴란드, 러시아에서, 1880년대에는 미국에서 다시 그런 운동이 일어났다. 결국 미국에서는 1920년에서 1933년까지 금주법이 발효되기도 하였다. 그렇지만 그 기간 동안에도 와인은 종교 의식에서 사용되었으며 의사들은 치료용으로 위스키를 처방하였다. 그러니 많은 사람들이 와인을 얻기 위해 신부로 위장하거나 아픈 척을 할 수밖에.

금주 운동은 정치와도 연계된다. 프랑스에서는 1960년대에 와인 대신 우유를 먹자는 정치적 움직임이 있었다. 1980년대 소비에트의

### 프랑스 역설의 반론

레드 와인만이 심장병을 완화시키는 것은 아니다. 모든 주류가 똑같은 혜택을 제공한다. 심장 질환과 관련해서는 레드 와인이건, 화이트 와인이건, 그리고 맥주건 위스키건 상관없이 모두 효과가 있다고 한다. 레드 와인에서 발견되는 산화 방지제가 심장병을 예방한다는 설도 더 입증되어야 할 부분이다.

페레스트로이카 개혁에서는 절주 운동이 포함되었다. 폴란드에서는 1980년대에 파업 노동자들이 자신들의 연대 조직을 지지하기 위해서 금주하기로 합의했다. 탄자니아, 스리랑카, 파키스탄이나 잠비아에서는 독립 운동과 연관하여 금주를 외쳤다. 알코올 남용의 문제를 타파하는 것은 물론 구질서에 대항하기 위해서는 맑은 정신이 필요하기 때문이다.

우리나라도 조선 시대부터 금주 운동이 간헐적으로 있었다. 흉년에는 먹을 쌀도 없는데 술 빚을 쌀이 없다는 경제적 상황이 주된 이유였다. 개화기에 이르러서는 선교사들이 술의 해악을 지적하면서 신앙생활이나 건강상의 이유로 계주론을 펼쳐나갔다. 1894년 금주를 공식

## 금주하는 사람의 정의

1998년 선보인 참이슬은 10년간 140억 병을 팔았단다. 성인 1인당 400병을 마신 셈. 많은 사람들이 '나는 그렇게 마시지 않는데 도대체 누가?'라고 반문할 것이다. 맞다. 많은 사람들은 조금만 마시고, 소수의 사람들이 많이 마신다. 대체로 술꾼 20%가 전체 음주량의 80%를 마신다. 특히 가장 많이 마시는 '내로라' 하는 술꾼 5%가 전체 음주량의 40%를 마시기 십상이다. 이처럼 음주량 소비의 분포를 고려하면 한 사회의 인구는 매우 이질적임을 알 수 있다. 많은 음주량을 소수의 주당이 떠맡고 있으니.

그래서 인구 1인당 알코올 소비량은 음주 실태를 오도한다. 금주자의 비율을 포함해야 그 나라의 음주 상황을 정확하게 알 수 있다. 1인당 소비량이 비슷한 두 국가가 있을 때, 한 국가의 대다수가 금주자라면 일부 주당의 소비량이 매우 높다는 뜻이다.

잠비아에는 금주자가 50%를 넘으며, 멕시코 여성은 63%가, 중국 여성은 51%가 술을 마시지 않는다. 미국 성인 가운데 금주자 비율은 35%. 노르웨이나 스웨덴의

입장으로 결정한 감리교나, 1910년부터 매년 1회씩 〈금주호〉 신문을 발행한 구세군이 대표적 사례. 1905년 을사조약 체결 이후에는 국채 보상 운동이 펼쳐지면서 금주와 단연을 통해 외채를 청산하자는 민족 운동이 일어나기도 했다.

그러나 최근에는 공중의 건강과 안전을 이유로 금주 운동이 전개된다. 세계적으로도 한 해 음주로 사망하는 사람이 230만 명에 달한다. 따라서 세계보건기구(WHO)에서는 음주를 교통 사고, 자살, 범죄, 폭력 행위, 실직과 연관 짓고 대책을 마련 중. 유럽에서도 알코올 소비를 전체적으로 25% 줄이기 위해 노력하고 있다. 우리나라에서는 알코올 사용 장애 인구는 220만 명. 알코올을 남용하거나 의존하는 인구를

---

금주자는 20%, 캐나다는 15~20%, 핀란드 15%, 프랑스 13%, 영국 5%, 오스트리아 6%, 독일이나 벨기에는 5~10%에 불과. 이에 비해서 우리나라의 금주자는 20세 이상 가운데 27%. 구체적으로 남성은 14%, 여성은 38%가 금주자이다.

다만 유의할 사항. 나라마다 금주자의 측정이 다르다. 미국에서는 1년에 1회 마시는 사람을 금주자로 정의한다. 전혀 술에 입을 대지 않는 사람이나 1년에 한 번 마시는 사람이다. 이에 비해 폴란드에서는 금주자를 정의할 때, 보드카를 마시지 않는 사람으로 정의한다. 보드카를 진짜 술이라고 여기고 맥주나 와인은 술 축에도 끼지 못하기 때문. 이런 경향은 영국이나 호주 등도 마찬가지. 독주만 알코올 음료라고 생각하고 맥주나 와인은 알코올 자격이 없다고 여긴다. 덴마크도 음주 강국. 그 나라에서는 일주일에 1회 마시면 금주자에 포함된다. 우리나라는 1년간 술을 한 잔 이하로 마시면 금주자로 정의한다.

모두 합친 수치. 전체 인구의 7%에 육박한다. 그러다 보니 보건복지부가 절주 및 금주 캠페인을 벌이는 것도 이해가 간다. 그러나 그러한 광고나 홍보로 음주 행태를 바꾸기에는 역부족. 태도 및 행동에 영향을 끼치기 위해서는 가치를 포함한 음주 문화에도 초점을 맞춰야 효과적이지 않을까?

사실 술은 조심해서 마셔야 한다. 술은 정신에 영향을 끼치는 물질이기 때문이다. 따라서 술을 마시겠다는 선택은 정신을 자극하는 효과를 체험하기 위한 것. 그러한 영향은 알코올인 에탄올에서 비롯된다.

에탄올은 발효하는 과정에서 자연스럽게 생기는 화학 물질이다. 그러므로 모든 과일 주스는 알코올을 포함하고 있다. 대부분의 야채도 마찬가지. 다만 너무 조금 있어서 먹어도 잘 느끼지 못할 뿐이지만. 알코올은 신경 계통에 영향을 준다. 사람들이 일정량의 알코올에 반응을 보일 수 밖에 없다. 술이 사람의 의식을 변화시키는 데 가장 많이 사용되는 수단인 까닭이다.

2007년 보건복지부가 음주 관련 공익 광고를 제작했다. 직장인이 술에 취하면서 얼굴 모습이 개로 변하는 내용인데, 논란이 일자 방영을 연기했다.

# 8. 까다롭게 마시자

자동판매기의 위생 상태는 오래전부터 말이 많았다. 2007년 식약청의
조사에 따르면 제품 온도가 70도의 기준에 미치지 못하는 곳이 65%에
달하거나, 수질 기준을 초과하는 세균이 검출되는 곳도 10%에 달하였
다. 마시면서도 찝찝한 느낌을 떨칠 수 없다. 그렇지만 이용하기 간편
하고 접근도 용이해서 많은 사람들이 찾는다. 특히 직장인들이 사무
실에서 즐겨 마시는 자판기 커피는 이른바 '다방 커피'라고 불리며 인
기를 누렸다. 그러나 이제는 선뜻 손이 가지 않는다. 2008년 가을 중국
에서 몰아닥친 멜라민 파동 덕이다. 분유나 과자류뿐만 아니라 커피
크림에서도 멜라민이 검출되었다는 보도가 뒤따랐던 것.

사실 커피 한 잔에 커피 크림 5그램을 넣는다고 하면, 커피 한 잔
에 들어있는 멜라민 함유량은 0.0075밀리그램에 불과히다. 유럽식품
안전청EFSA에서는 멜라민의 하루 섭취 한도를 30밀리그램으로 정하고
있다. 그렇다면 인체에 영향을 줄 수 있는 한계치에 도달하려면 하루
에 마셔야 될 커피는 4000잔. 그것도 매일같이 오랫동안 마셨을 때 방
광이나 신장에 영향을 준다고 알려져 있다. 따라서 하루에 단지 몇 잔
을 마셨다고 '내 방광이 이상해'라며 호들갑을 떨지 않아도 된다.

문제는 멜라민은 식품 원료가 아니라는 점. 그래서 효과와 상관없
이 식품 원료가 아닌 화학 물질을 식품에 집어넣었다는 행위 자체가
비윤리적이다. 음료 상품을 만드는 데 마시기에 적합하지 않은 재료
를 넣다니. 미량이라서 인체에 무해하다는 변명은 그야말로 주객이

전도된 것.

또한 음료에 넣지 말아야 할 것을 넣은 행위는 소비자에게 공포를 불러일으킨다. 신체에 끼치는 나쁜 영향은 차치하고라도 주변의 먹거리에 대한 불안감을 조장하기 때문이다. 공포는 우리가 생존하는 데 필요한 감정. 불안한 음료인데도 겁 없이 마구 마신다고 생각해 보라. 생존하기 쉽지 않을 것이다. 따라서 불안한 먹거리에 공포를 느끼는 것은 당연한 인류의 생존 방법. 나아가 음료에 대한 불안감은 사회에 대한 안전감을 떨어뜨리고 신뢰감을 저해한다. 식품이 삶의 원동력이 되어야 할 터인데 거꾸로 삶을 피폐하게 만드는 원인이 되고 있으니 말이다.

이러한 폐해를 막기 위해서는 무엇보다 음료 회사에서 음료 첨가물을 정확히 밝혀야 한다. 사실 음료에는 많은 인공 향료나 합성 착색료 같은 화학 물질이 사용된다. 인공 향료는 독특한 향기를 만들어 후각을 자극하여 맛을 좋게 만든다. 탄산수소나트륨은 음료의 산도를 맞추기 위해, 글리신은 미생물을 억제하기 위해 첨가된다. 이러한 첨가물을 제대로 얘기해야 한다. 미량이 들어 있다고 해서, 또는 인체에 유해한 영향을 끼칠 정도의 양은 아니라고 해서 생략해서는 안 된다. 중요한 정보를 생략하고 표현하지 않는 것도 허위이자 기만에 해당하기 때문이다. 맞선을 보는 남자가 재산이 많다고만 얘기한다. 실제는 재산보다 빚이 더 많다면 그 사실을 얘기해야 한다. 말하지 않으면 그 남자의 실체를 제대로 파악할 수 없으므로 허위 표현에 해당된다. 그러한 허위 표현은 상대 여성을 기만하게 되고. 음료도 마찬가지다. 음료에 들어 있는 식품 첨가물은 소비자의 구매 결정에 영향을 끼친다. 아무리 미량이라도.

2007년 시민 단체인 환경정의에서는 음료를 대상으로 유해 논란이 있는 식품 첨가물이 있는지를 조사하였다. 그 결과, 절반이 넘는 탄산 음료와 혼합 음료에서 논란이 되는 첨가물이 발견되었다. 예를 들면, 음료의 부패를 막기 위해 사용되는 안식향산은 DNA를 손상시켜 질병을 일으킬 가능성이 제기된다. 이 첨가물은 음료에 들어 있는 비타민C와 결합하면 발암 물질인 벤젠을 생성한다고도 알려져 있다. 그런데도 얘기하지 않을 것인가?

또한 정보의 올바른 제공도 필요하다. 예를 들면 차 음료에는 '무합성보존료' 또는 '무합성착색료'라고 표시한다. 이런 표현을 읽는 소비자는 마치 유해한 기타 식품 첨가물이 전혀 없다고 오해한다. 그러나 차 음료 제품에는 착향료나 감미료가 사용되고 있다. 원래 쓸 수 없는 합성보존료나 착색료를 쓰지 않았다고 강조함으로써 마치 식품 첨가물이 전혀 없는 것으로 오도한 것이다. 없는 것을 없다고 한 것은 사실적인 표현이지만 소비자의 오인을 이끌었으므로 기만적인 표현이 된다. 그것도 건강 및 안전과 관련한 정보에 대해.

그럼에도 식음료를 구입할 때 식품 성분을 매번 확인하는 사람은 13%에 불과하다. 칼로리를 확인하는 비율은 더욱 적다. 5%. 음료 회사는 정확한 정보를, 소비자는 까다로운 선택을 해야 할 까닭이다.

# 나는 우유 마니아

김아중 | 연기자

서현진 _ 우유를 잘 마신다면서요?

김아중 _ 네, 저지방 고칼슘 우유를 주로 마셔요.

서현진 _ 언제 마셔요?

김아중 _ 아침에 일어나면 아침밥 먹기 전에요.

서현진 _ 그럼 빈속에 우유를 먹는 건가요?

김아중 _ 거의…… 밥 먹고 나면 못 마실 거 같아서요.

서현진 _ 우유를 마시면, 기분이 어때요?

김아중 _ 건강해지는 것 같아요.

서현진 _ 왜요?

김아중 _ 건강 검진을 받으면요, 골밀도가 낮다고 그러는 거예요. 그래서
한 잔 마실 때마다 조금씩 채워지는 느낌. 골밀도가.

서현진 _ 엄청나게 분석적이에요. (웃음)

김아중 _ 자기 전에도 먹어요.

서현진 _ 그래요? 자기 전에도?

김아중 _ 배고파서요. 그러면 아무래도 건강에 좋아지는 걸 먹는 게 좋을
거 같아서. 그리고 계속 먹어야 된다는 생각이에요.

서현진 _ 왜 그런 강박관념이 들었을까요? 언제부터 습관이?

김아중 — 아주 어려서부터 먹기 시작했다가, 고등학교 때는 다이어트한다고 안 먹었었거든요. 그리고 한참 살 빼고 나서 대학교부터는 다시 또 먹기 시작했어요.

서현진 — 우유가 또 본인의 건강에 무슨 도움을 주는 거 같아요? 골밀도 말고…….

김아중 — 피부?

서현진 — 어떤 도움을 줄 거 같은데요?

김아중 — 어린 피부로 돌아갈 것 같은 느낌이 들어요. 맑고 깨끗하고. 그런데 사실은 어려서부터 우유를 그냥 밥 먹는 것처럼 그렇게 먹어야 되는 줄 알았어요. 실은 우유를 밥에 말아 먹기도 해요.

서현진 — 진짜요?

김아중 — 네……. 그게 이상하다는 것을 전혀 몰랐어요, 아버지가 그렇게 드시니까.

서현진 — 집안 내력이군요. (웃음) 요새도 그래요?

김아중 — 네. 혼자 밥 차려 먹기 싫을 때, 그냥 밥을 우유에 말아서 인터넷 하면서 혼자 먹어요.

서현진 — 어, 그럼 어떤 맛이 나요?

김아중 — 부드럽고, 말랑말랑하고. 고소해요. 입안에 짠맛이나 이런 게 남지 않으니까 훨씬 깨끗하죠, 입안이. 속도 든든해요.

서현진 — 네, 지금까지 기인 김아중 씨였습니다. (웃음)

3

# 시간을 긋는다

"음료는 삶의 리듬을 조화롭게
해주는 촉매제다."

## '온 에어' 중의 작은 휴식

　　방송을 직업으로 갖는다는 건 참 멋진 일인 동시에 힘든 일이기도 하다. 남들이 쉽게 할 수 없는 경험을, 그것도 멋있는 사람들과 함께 한다는 건 가슴 뛰는 일이지만 또 그만큼 순간순간 오는 스트레스는 이루 말할 수 없다. 방송이 뜻대로 풀리지 않아 한없이 녹화 시간이 길어질 때, 내 의지와 상관없이 꼬여 버린 방송 스케줄에 어찌할 바를 모를 때. 다양한 돌발 상황에 하루에도 열두 번씩 천당과 지옥을 오간다.

　　이렇게 변화무쌍한 내 일상 속에서 작은 휴식을 찾는 건 선택이 아니라 필수다. 시도 때도 없이 찾아오는 스트레스를 잘 다스리지 못하면 컨디션 난조로 이어지고 이게 방송에 고스란히 드러나기 때문이다. 따라서 방송 녹화 도중에 갖는 티 타임은 내게 소중하다. 특히 바짝 신경을 곤두세우다 보면 나도 모르게 입안이 바싹바싹 마르고, 컴퓨터 버퍼링처럼 내 뇌도 '끼익끼익' 소리를 내면서 무뎌진다. 그때 난 뜨거운 초콜릿 음료를 찾는다. 그것도 밀크 함량이 높고 새하얀 눈송이 같은 생크림이 잔뜩 뿌려진 걸로! 그러면 몸도 마음도 한결 여유로워지면서, 방금 전까지 고민하던 문제가 어이 없을 정도로 간단하게 풀리는 마법이 펼쳐진다.

# 1. 일과 휴식을 구분한다

인간은 깨어 있는 시간의 대부분을 일하는 데 쓴다. 그리고 근로 시간이 다른 어떤 시간보다 우선시된다. 그러다 보니 가족, 친구, 취미와 휴식에 사용할 시간은 오히려 토막을 내어서 쓸 수밖에 없다. 우리나라 사람들은 더욱 그렇다. 근로 시간이 세계 최고이기 때문이다. 2007년 OECD 회원국 가운데 22개국을 조사한 결과, 연 평균 근로 시간이 가장 많은 1위는 2261시간이었던 한국, 2위는 1953시간이었던 폴란드였다. 일본과 미국은 각각 1808시간, 1798시간으로 7위와 8위였다. 부러운 꼴찌들은? 21위는 프랑스로 1457시간, 그리고 22위는 독일로 1353시간이었다. 1년을 52주라고 하면, 우리는 1주에 44시간을 일한다. 근로기준법에는 1주 40시간을 일하도록 되어 있는데, 그 기준도 초과한다.

이처럼 지칠 때까지 일하는 풍조가 우리 사회에 팽배해 있다. 경제가 불황일수록 구조 조정이다, 임금 삭감이다 해서 조직은 허리띠를 더욱 졸라매기 십상이다. 그러다 보면 근로자들은 더욱 과로하고, 스트레스를 받는다. 생산성이 떨어지는 것은 당연지사. 세계에서 가장 오래 일하는데 노동 생산성은 미국의 68%에 불과하다.

바로 여기에 음료의 역할이 있다. 음료는 일과 여가의 시간을 구분해 주기 때문이다. 시간의 경계선을 긋는 것이 음료라니? 고개를 갸우뚱거릴 것이다. 음료 얘기를 하기 전에 잠깐 사람들은 여가 시간을 어떻게 구분하는지 살펴보자. 하루의 시간에서 일과 여가를 크게 갈라놓는 것은 저녁 시간. 사람들은 땅거미가 질 무렵이면 일손을 놓기 시작한다. 그리고 일주일의 시간 단위에서는 평일과 주말이 일과 여가를 구분해 준다. 예전에는 토요일이 주말의 시작. 그러나 2002년 은행에서 시작된 주 5일 근무제가 최근에 정착되면서 이제는 금요일부터 주말이 시작된다.

물론 일에 쫓기다 보면, 바깥이 어두워졌어도 일손을 놓기 어렵다. 일에 치이면 '월화수목금금금'이다. 더욱이 바쁜 일과 속에서는 짬을 내기가 힘들다. 게다가 사람들은 쉴 새 없이 흐르는 시간을 잘 의식하지 못한다. 마치 물고기가 헤엄치는 물의 존재를 모르듯이. 다만 일상 생활에서 규칙적으로 일어나는 행동을 통해서 시간의 흐름을 어렴풋이 의식할 뿐이다. 이를테면 하루 세끼를 먹으면서 시간의 흐름을 알듯이.

같은 맥락에서 음료를 마시는 행동 역시 우리에게 시간을 의식하게 만든다. 특히 음료는 비록 토막 시간이지만 긴장을 완화할 수 있는 여유를 제공한다. 아침에는 뜨거운 커피나 차를 마시며 몸과 마음을 본격적으로 깨운다. 하루를 시작하기 직전에 전의를 불사르는 휴식인 셈. 점심 식사 후에도 의례적으로 음료가 뒤따른다. 휴식 시간을 연장하면서 여유를 만끽한다. 늦은 오후 시간에는 힘든 일을 잠깐 치워놓고 위로와 격려의 음료를 마신다. 그리고 저녁에는 술로 스트레스를 풀며 하루를 마감한다. 이처럼 음료를 마시는 행동은 일과 휴식의 경계선을 긋는다. 삶의 균형을 잡아 주는 쉼표라고나 할까?

아닌 게 아니라 직장 생활에서 휴식을 상징하는 용어는 바로 '커피 브레이크.' 보통 직장에서 스낵과 함께 짧게 쉬는 시간을 의미한다. 이 용어가 등장하게 된 배경은 다음과 같다. 20세기 초반까지도 미국인은 직장에서 쉬는 시간을 갖기 어려웠다. 임금은 수시로 삭감되었고, 직업이 안정적이지도 않았으며, 노조도 거의 존재하지 않았었다. 이런 상황에서 쉬는 시간을 고용주에게 요구하기는 힘들었다. 그런데 1900년 초반에 뉴욕 주 버팔로에 있는 일부 제조 회사에서 커피 브레이크를 근로자에게 허용하기 시작했다. 오전 중간쯤과 오후 중간쯤에 직원 중 누군가 커피를 끓여 놓으면 직원들이 돈을 내고 사먹으면서 쉬는 시간을 가졌던 것이다. 근로자의 조그마한 복지가 마련된 셈.

이후 '커피 브레이크' 용어가 본격적으로 사용된 것은 1952년 팬 아메리칸 커피 기관Pan American Coffee Bureau의 광고였다. 지금은 없어졌지만 당시 커피 판촉을 담당했던 이 기관이 "give yourself a coffee-break"

커피를 마시면서 휴식하라는 광고가 지금의 커피 브레이크가 되었다.

라는 슬로건 겸 헤드라인을 광고에 사용했다. 소비자에게 커피를 마심으로써 여유로운 휴식을 가지라고 한 것이다. 그리고 지금은 세상 사람들이 과업을 하던 중에 잠깐 쉴 때면 사용하는 용어가 되었다.

커피 브레이크는 종종 '티 브레이크' 또는 '티 타임' 용어와도 혼용된다. 전통적으로 '티 타임'은 시간대에 따라 모닝 티, 애프터눈 티, 하이 티로 구분된다. 구체적으로 애프터눈 티는 오후 3시에서 5시 사이에 멋있는 식기와 음악을 배경으로 격식을 갖춰 마신다. 이에 반해 하이 티는 오후 6시경 이른 저녁 식사와 함께 마시는 편안한 상황의 차 의례이다. 특히 애프터눈 티는 오후의 여유로움을 상징한다. 마치

## 하이 티와 로 티

17세기 후반 영국을 비롯한 유럽의 유한 계급들은 저녁 8시 전후로 저녁 식사를 했으므로 오후에는 배고픔이 밀어닥친다. 그래서 오후 3시~5시에는 스낵이나 손가락으로 집어먹을 수 있는 가벼운 음식과 함께 차를 마시기 시작했다. 이것이 바로 '로 티(낮은 차)'의 시초다. '낮은'이라고 부르는 이유는 오후에 차를 마시는 곳이 식당이 아니라 응접실에 있는 조그맣고 낮은 차 테이블이었기 때문이다. 오후 시간 중에서 막바지이기 때문에 '낮은'이라는 명칭을 붙였다는 해석도 있지만.

이에 비해 '하이 티(높은 차)'는 저녁 식사와 함께하는 차를 뜻한다. 중산층이나 노동자 계층은 오후에 가벼운 식사를 할 여유가 없으므로 집에 와서 그 날의 중요한 저녁 식사를 하게 마련이다. 커피 테이블에 비해서 높은 식당 테이블에서 마셨기 때문에 '높은 차'라고 불렸다. 또는 고기와 함께 마신다고 해서 '고기 차meat tea'라고도 불렸다.

실내 피크닉처럼. 그러나 요즈음에는 시간대 구분없이 '티 타임' 자체가 휴식이라는 의미가 더욱 강하다.

일과 여가의 경계를 보다 확실히 긋는 역할은 술에서 찾을 수 있다. 대부분의 사회에서는 일이 우선 순위를 차지하며, 일과 술을 뒤섞지 않는다. 따라서 '한잔 하러 가자'는 얘기는 오늘의 일은 일단락되었다는 뜻이다. 즉 한잔 마시는 시간은 일하는 상태에서 쉬는 상태로 전환했음을 알린다. 따분함으로부터 벗어나는 기회이자, 땀 흘려 일한 보상을 받는 시간이다.

그래서 오늘날 직장인들이나 노동자들은 집에 가기 전에 종종 술집에 들러 동료와 함께 그날 있었던 회포를 푼다. 또는 술집에 들르지 않고 곧장 집에 온 사람도 한잔 마심으로써 바쁜 하루 일과를 마감하고 안락한 시간으로 빠져든다. 이처럼 무엇을 마시는 의식은 모두 일과 여가의 경계를 긋는 상징적 의미를 지닌다.


## 2. 시간의 템포를 조절한다

아침에 일어나자마자 하는 일이 무엇일까? 바로 시간을 보는 일이다. 일찍 일어났다 싶으면 밍기적, 늦었다 싶으면 후다닥. 그리고 깬 순간부터 모든 것이 스케줄에 짜맞춰 돌아간다. 스케줄이 있다는 것은 마감 시간이 있다는 뜻. 그리고 마감 시간은 속성상 서둘러야 할 이유를 제공한다. 사람이 시간을 재지만, 결국은 시간이 사람을 재는 셈이다.

사실 예전에는 덩치 큰 놈이 작은 놈을 잡아먹었다. 그러나 이제는 빠른 놈이 느린 놈을 잡아먹는 스피드 시대가 되었다. 너나없이 시간을 절약하고 효율성을 높이는 데 사로잡혀 있다. 쉴 새 없이 서두르며, 시간에 쫓기고 있다. 마치 온 세상이 스피드 종교에 홀린 것 같다.

어느 정도 빠른가? 영국의 와이즈먼 교수는 2006년 세계의 도시에서 보행자들이 18미터를 걷는 데 걸린 시간을 측정하였다. 가장 빠른 도시는 싱가포르로 11초, 뉴욕은 12초로 8위. 서울은 아쉽게도 조사 대상에 없었지만 도쿄와 비슷하지 않을까? 도쿄는 13초로 19위. 중동과 아프리카의 도시를 제외한 모든 도시가 14초 이내였다. 더 놀라운 사실은 요즈음의 보행 속도가 10년 전에 비해 10%나 더 빨라졌다는 것이다.

사회 심리학자 레빈 역시 세계를 방문하며 삶의 속도를 측정하였다. 걷는 속도뿐만 아니라 말하는 속도, 시계의 정확성, 비즈니스 거래의 속도(예를 들면, 우체국에서 우표를 사는 데 걸리는 시간) 등을 포함하였다. 그 결과, 삶의 속도가 가장 빠른 것은 서유럽이었다. 그중에서도 스위스가 1등. 일본도 매우 빠른 편이었다. 그리고 조사한 31개국 가운데 멕시코가 가장 느렸다. 같은 나라일지라도 도시에 따라서 삶의 속도가 다르다. 미국의 36개 도시를 조사한 결과, 보스턴과 뉴욕이 빠른 도시에 속했으며, 로스앤젤레스가 가장 느렸다. 레빈은 이처럼 나라마다, 도시마다 삶의 속도가 다르다는 것을 입증하였다.

"그래서? 삶의 속도가 다른 게 무슨 의미가 있는데?"라고 반문하는 사람이 있을 것이다. 삶의 템포가 중요한 까닭은 우리에게 영향을

끼치기 때문이다. 느리면 여유가 있을 뿐만 아니라 친사회적 활동을
유발한다. 그 증거를 다음 연구에서 찾을 수 있다. 프린스턴 대학의 학
생들을 두 집단으로 나누어 실험을 했다. A집단에게는 발표 시간에 늦
었으니까 발표가 있을 옆 건물로 이동하라고 재촉했고, B집단에게는
발표 시간이 많이 남아 있지만 지금 옆 건물로 이동하라고 주문했다.
실험에 참가한 학생들은 옆 건물로 이동하는 중에 기침을 심하게 하는

## 술로 하루의 시간을 구분하는 스페인

스페인에서 술은 일상 생활에서 빼놓을 수 없다. 사회적 윤활유이자 유쾌한 원동력이
기 때문이다. 특히 와인이 없으면 제대로 된 식사가 아니라고 여긴다. 심지어는 하루
의 시간이 술로 구분되기도 한다.

어느 주당의 하루를 살펴보자. 보통 아침 시간(오전 10시~오후 1시)에는 와인이나
맥주가 반주로 등장하며, 오후 1시에서 2시에는 아페리티프 시간을 갖는다. 아페리티
프란 식욕을 증진하기 위해 식전에 마시는 술이란 뜻이다. 점심(오후 2시~3시 30분)은
하루의 주된 식사로 최소 3개의 코스 요리가 나오는데, 여기에 와인이 동반한다. 그날
의 주요 뉴스가 방송되는 것도 이 시간이다. 시에스타 시간(3시 30분~6시)은 강한 커피
와 독주로 시작하며 낮잠으로 이어진다. 저녁(오후 6시~9시)에는 본격적으로 술 마시
는 데 제격이다. '술집 옮겨 다니기'가 시작되는 시간이기도 하다. 저녁 식사는 오후 9
시에서 11시 사이에 간단한 음식과 술로 이뤄지며, 이후의 밤 시간은 술과 함께 여흥으
로 버무려진다.

물론 이런 음주 패턴이 스페인 사람들의 전형적인 하루는 아니다. 여기에서 중요
한 내용은 알코올이 스페인 사회에 자연스레 스며들어 있다는 점이다. 즐기되, 취하지
않으면서 일상 생활의 리듬을 유지하고 있다.

한 학생을 발견하게 된다. 어떤 일이 벌어졌을까? A집단에 속한 학생들 90%는 이 학생을 무시하고 옆 건물로 바삐 걸음을 옮겼다. 그러나 B집단에 속한 학생들은 50%가 멈춰서 이 학생을 도우려고 했다. 두 집단의 차이는 오로지 시간에 대한 압박만이 있었을 뿐이었다. 그런데도 시간 압박은 이처럼 커다란 행동의 차이를 유발했다. 즉 느린 속도가 선한 행동으로 이끌었다.

좀 전의 미국 도시에서도 마찬가지였다. 가장 빠른 도시가 가장 이기적이었다. 즉 남을 돕는 데 인색하였다. 삶의 속도가 세 번째로 빨랐던 뉴욕시가 가장 인색한 도시였다. 그렇다고 제일 느린 로스앤젤레스가 이타적일까? 그렇지는 않았다. 삶의 속도가 남을 돕는 데 필요조건이기는 했지만 충분하지는 않았던 셈. 여하간 삶의 속도가 우리에게 영향을 끼친다는 사실을 확인할 수 있다.

음료를 소비하는 데 웬 시간 타령이냐고 타박할 수 있다. 그러나 음료는 시간을 조절한다. 즉 음료를 마시는 행위는 시간을 천천히 흐르게 만든다. 음료를 마실 때는 하던 일이 잠시나마 느슨해지기 때문이다. 사람의 주의 집중은 한정된 자원이므로 한번에 하나의 일만 잘할 수 있다. 1초의 순간에 여러 가지 일을 잘한다는 것은 불가능. 따라서 멀티태스킹도 엄밀히 따지면 여러 일을 한꺼번에 하는 것이 아니라 한번에 하나의 일을 하되 시간을 쪼개서 여러 일에 할당하는 것이다. 같은 맥락에서 음료를 마시는 행동을 할 때는 적어도 하던 일에서 일탈한 셈이다. 더욱이 음료를 마시기 위해 일하던 장소를 벗어나면 시간은 더욱 느려진다. 카페를 찾을 때는 더더욱 그렇다. 사람들은 카페

안에서, 또는 카페 앞에 앉아 여유롭게 커피를 즐기려고 한다. 종이컵에 커피를 담아 총총 걸음으로 나가기보다는. 이처럼 음료를 마시는 행위는 시간을 늘려 놓는다.

빠르다는 것은 바쁘다는 것을 의미한다. 공격적이고, 안절부절못하고, 서두르기 때문에 피상적이며 질보다는 양을 추구한다. 그리고 스트레스를 받는다. 조금만 늦어도, 조금만 지체되어도 화가 난다. 이에 반해서 느리다는 것은 반대의 뜻을 지닌다. 고요하며, 주의 깊고, 통찰력이 있으며, 참을성이 있고 사색적이다. 따라서 양보다는 질을 추구한다. 이를테면 음료를 통해서 사람들이나 자신의 행동과 연관하여 진정한, 그리고 의미 있는 연결을 맺을 수 있다. 그런 맥락에서 음료를 마신다는 것은 느림의 철학과 일맥상통한다.

그렇다고 음료를 마시는 것이 느림으로만 연결되는 것은 아니다. 예를 들어 어떤 남자가 예쁜 여성과 한 시간 동안 앉아 있으면, 그 시간이 1분처럼 짧게 느껴진다. 그러나 뜨거운 난로 옆에 1분만 있어 보라. 한 시간이 넘는 시간처럼 길게 느껴질 것이다. 아인슈타인은 이처럼 시간이 물리적으로도 그렇지만 심리적으로도 상대적이라고 간파했다. 바로 여기에도 음료의 역할이 있다. 다시 말하면, 하고 있는 일에 더욱 몰입할 수 있게 도와줘서 시간의 흐름을 잊게 만든다.

"강의실에 들어가기 전에 편의점에 들러 마실 것을 꼭 챙겨요. 수업이 세 시간 연속인데 책상 위에 마실 거리가 있으면 덜 지루하거든요. 주로 차 음료를 그날 기분에 따라 선택해요." 한 여대생의 고백. "거의 하루 종일 모니터 앞에서 일하는데, 커피를 항상 내 모니터 옆

에 놓아요. 그리고 일하는 중간에 홀짝거리며 조금씩 마셔요. 함께 작
업을 하는 동반자 같다고나 할까요?' IT 회사에 근무하는 30대 초반의
여성 직장인. 이처럼 음료에 의지함으로써 과업의 부담을 덜 느끼고
시간도 술술 잘 흐른다.

더욱이 느리다고 반드시 뒤처지는 것은 아니다. 침착하게 일을 처
리함으로써 결과를 보다 빨리 얻을 수 있다. 느림의 철학은 바로 조화
이기 때문이다. 그렇다. 음료는 단순히 느림을 추구하는 것이 아니라
조화를 추구한다.

우리가 잘 의식하지는 못하지만 우리의 일상 생활은 리듬으로 구성
되어 있다. 일하고, 밥 먹고, 쉬는 행동이 대표적인 사례다. 그리고 이런
행동을 할 때는 속도가 개입한다. 번갯불에 콩 볶듯 일하다가도, 쉴 때
면 하염없이 처져서 손끝 하나 까딱하지 않기도 한다. 마감 시간에 쫓기
면 일을 후다닥 해치우지만, 여유로울 때는 꼼지락거리며 처리한다. 평
일 아침에는 밥을 게눈 감추듯이 순식간에 먹는 반면에, 주말 아침에는

---

## 느린 음식

1986년 맥도널드가 로마에 가게를 오픈했을 때, 이탈리아의 유명한 푸드 작가인 페트
리니는 '느린 음식Slow Food' 운동을 전개하였다. 패스트푸드의 열풍을 잠재울 필요가
있다고 생각한 것이다. 맥도널드와는 대조적인 신선한 식품과 지역의 특산물, 유기농
을 강조한다. 사실 이러한 배경에는 음식의 즐거움을 되찾자는 데 있다. 시간을 내서
가족과 친구들과 함께 식탁에 앉아 좋은 음식과 와인을 즐기는 것. 이것이야말로 인생
에서 가장 아름다운 일 중의 하나라는 것이다.

밥알을 하나씩 집어 '세월아 네월아' 하면서 입안에 넣기도 한다.

우리는 은연중에 이런 행동을 하면서 자신의 생체 리듬을 조절한다. 일을 휘몰아치게 한 다음에는 녹차를 마시며 느긋한 쉼을 갖는다든가. 연이은 회의로 지친 심신을 커피 브레이크로 달래고 정신을 추스리든지. 30대 중반의 택시 기사. "손님이 계속 있으면 신이 나서 차를 점점 빨리 몰게 돼요. 그때 커피를 찾습니다. 너무 빨리 달리는 것 같아서 사고가 날 위험이 있거든요. 또 손님이 너무 없어도 지루하고 짜증이 납니다. 그때도 찾습니다." 40대 초반의 여교수. "강의와 학교 행정 일을 다 보고 나면, 학교 근처의 카페에 홀로 가서 커피를 한 잔 주문해요. 바쁜 일정을 소화한 자신이 대견해요. 그래서 마음껏 느긋함을 펼쳐요." 이처럼 사람들은 음료를 마시면서 일이나 삶의 템포를 조절한다. 즉 음료는 삶의 리듬을 조화롭게 해주는 촉매제다.

## 3. 생각을 마신다

달마가 소림사 근처에서 7년째 면벽 수양을 하던 중, 잠이 들었다. 깨자마자 자신의 수양 부족에 화가 난 달마는 눈썹을 잘라 땅에 던졌다. 그러자 그곳에서 차나무가 자랐단다. 이처럼 선불교에서는 차의 기원을 명상과 연결시킨다. 차는 승려들의 긴 명상에서 졸음을 쫓기도 했지만 바로 다도가 선禪이었기 때문이었다.

다도는 차를 마시는 일을 통해서 심신을 수련하는 것으로, 그 기원은 중국에서 차의 아버지로 칭송받는 육우陸羽에게서 찾을 수 있다. 당나라의 은둔학자였던 그는 780년에 차에 관한 세계 최초의 도서라고 알려진 《다경茶經》을 저술하였다. 차의 기원, 재배, 차에 관한 습관 등을 기록하였는데 이 책이 유명한 것은 도가와 유가의 사상을 반영한 다도를 일깨워 주고 있기 때문이다.

"차를 마치 인생처럼 음미하면서 마시라"는 주문은 삶에서 현재의 순간을 중시하는 도가의 가치와 궤를 같이 한다. 사실 차는 도가와 다름없다고 얘기한다. 그만큼 자연이나 우주와의 조화와 단순함을 강조하고, 삶의 흐름에 거스르지 않는 데 초점을 맞춘다. 이른바 무위의 원칙이다. 같은 시대의 조주 스님이 "불법이 무엇입니까?"라는 질문에 "끽다거喫茶去('차나 한잔 하지'라는 뜻. 거는 어조사로 해석하지 않음)"라고 화답

〈차를 음미하는 육우〉. 중국 화가
Zhong Rurong이 그린 그림

한 것도 일맥상통한다. 청빈과 참선의 삶이 차에 담겨 있는 것이다. 그리고 차를 마시는 의례를 통해 인생을 일깨우고 인생을 축복할 것을 강조한다. 따라서 의례를 중시하는 공자의 사상도 포함하고 있다. 즉 차는 일상에서 벗어나 자신을 중심에 놓는 기회를 제공한다고 본다. 이러한 다도의 철학적 배경은 중국뿐만 아니라 우리나라와 일본에서도 공통적으로 발견된다.

우리나라는 고려 시대에 숭불 정책으로 차 문화가 성행하였다. 차의 정신은 불교 수행과 연결되기 때문이다. 이규보의 시에서도 그러한 관점이 잘 드러난다. "타오르는 불에 우러난 향기로운 차가 진정한 도의 맛이며, 흰 구름과 밝은 달이 곧 가풍일세." 오늘날 불가에서 강조하는 다선일미茶禪—味, 즉 차와 선이 하나라는 시각이 고스란히 담겨져 있다.

그러나 조선 시대에 이르러 차 문화는 위축되었다. 억불숭유 정책 탓이었다. 그렇지만 조선 후기에 다도는 다시 한 번 꽃피운다. 특히 초의선사는 우리나라의 다도를 정립하여 다성이라 불린다. 차 생활에 관한 지침서인《다신전》과 차에 대한 철학과 실제를 시 형식으로 담은《동다송》을 지은 그는 다도를 다음과 같이 정의하였다. "따는 데 그 묘를 다하고, 만드는 데 그 정을 다하고, 물은 진수를 얻고, 끓임에 있어서 중정中正을 얻으면, 체와 선이 서로 어울려 건실함과 신령함이 어우러진다. 이에 이르면 다도는 다했다고 할 것이다." 여기에서 중정이란 알맞고 바르다는 뜻이다. 일상에서의 정신적인 풍요로움을 넘어서 깨달음을 얻기 위한 수행을 중시하고 있음을 알 수 있다. 바로 우리 차의 정신이다. 초의선사와 교류했던 추사 김정희도 차 문화에 심취했다. 초의선사에게 써보낸 〈茗禪(명선)〉이라는 유명한 서예 작품도 차와 선은 하나라고 화답한 셈이다(명은 차라는 뜻). 다산 정약용도 강진에서 유배 생활을 할 때 《목민심서》 등을 저술하면서 차를 귀한 벗으로 삼았다. 그래서 차를 구걸하는 상소문이란 뜻의 〈걸명소乞茗疏〉 편지를 혜장 스님에게 보내기도 하였다. 명산의 진액이자 풀 중의 영약인 차를 자신한테 보시하라고 스님에게 요청한 위트 있는 글인데, 오늘날 차를 즐기는 사람에게 회자되고 있다.

우리나라는 예로부터 구속을 싫어하고 자유로움을 추구하였다. 그래서 형식과 규칙을 강조하는 일본 다도와는 차별적이다. 특히 우리나라는 풍류 성격이 강하여 일상에서 차를 즐기는 관습이 더욱 성하였다. 다실을 별도로 갖춘 일본과는 달리 우리의 생활 공간이 곧 다실

추사가 제주에서 유배 생활할 때 초의선사가 차를 보내 준 데 대한 고마움으로 선물한 예서체의 〈명선〉 글씨. 초의선사의 차를 중국의 명차인 '몽정'과 '노아'에 비유한 협서가 오른쪽에 적혀 있다. '명선'은 다선일미와 통하는 말.

이었던 것이다. 그래서 조선 후기 시, 서, 화에 능했던 신위는 자신의 오두막집을 다옥이라 불렀다. 즉 억새와 짚으로 지붕을 이은 초가집이 바로 차 마시는 집이었던 셈이다. 물론 초의선사가 거처했던 일지암에 일로향실—爐香室과 같은 다실이 없었던 것은 아니지만.

일본에서도 차 의례는 정신적인 측면을 강조한다. 마치 명상을 하는 것처럼, 자아를 성찰하는 시간이라고 여겼다. 특히 차의 대가인 센리큐는 종교보다 철학에 초점을 맞춰 차의 에티켓을 다음과 같은 개념으로 정리하였다. 조화, 존경, 순수, 평온. 차 문화를 통해 자기 통제와

## 차노유

차노유(茶の湯, 茶道)는 일본의 차 의례를 뜻한다. 간단한 차 모임은 '차가이,' 복잡한 의례는 '차지'라고 한다. 서너 시간씩 걸리는 차지는 다음과 같이 진행된다. 차 하우스에 도착해서 차 끓이는 장소까지 가려면 노지露地를 지난다. 이때 속세의 먼지를 다 털어 버린다. 차 끓이는 장소는 좁은 문이 있어 기어들어가야 한다. 모든 사람은 겸손해지기 마련. 차를 준비하는 동안은 침묵한다. 침묵으로 하나가 되고, 비어 있음이 곧 그득함이라는 뜻. 호스트는 처음에는 걸쭉하게 말차를 타서 하나의 사발에 담아 손님들은 이를 돌려가며 마신다. 세 번 반씩 홀짝거리며 마신 후 사발을 닦고 옆 손님한테 넘긴다. 사발 공유 역시 우리는 하나라는 의미를 담고 있다. 그 다음에 호스트는 역시 말차를 이용하지만 이번에는 '옅은 차(우스차)'를 각 손님의 찻잔에 타준다. 호스트는 자신은 마시지 않고 손님들에게만 신경을 쓴다. 이처럼 정성 어린 마음이 차의 중심에 있다는 것을 알리듯이.

절제의 가치를 부각시켰다. 또한 일본의 선사상은 "이치고 이치에"라는 표현으로도 집약되는데, 매 순간은 한 번만 일어난다는 뜻이다. 이러한 선사상이 다도에도 반영된다. 차를 마시는 지금 이 순간이 공존을 의식할 수 있는 기회를 제공한다는 것이다.

이처럼 동양 삼국에서는 차와 선을 떼려야 뗄 수 없다. 선이란 바로 고요히 생각하는 수행을 뜻하므로, 차는 곧 생각인 셈이다. 사실 생각에도 종류가 있다. 빠른 생각과 느린 생각. 영국 심리학자 가이 클랙스턴Guy Claxton의 아이디어다. 빠른 생각은 논리적이고, 직선적이며, 분석적이다. 그렇지만 느린 생각은 통찰력이 있으며, 뭉게뭉게 피어오르고, 창의적이다. 실제로 뇌파를 조사하면, 생각이 바쁠 때는 베타파가 왕성하지만, 생각을 천천히 할 때는 알파파와 테타파가 생성된다.

시간이나 상황의 압박을 받지 않을 때 우리는 느긋하게 생각한다. 한 생각이 꼬리를 물고 다른 생각으로 이어지거나, 이런저런 각도에서 문제를 볼 수 있게 한다. 그래서 미처 생각하지 못했던 부분도 떠오르고, 풍부한 통찰력으로 이끈다. 느린 생각은 우리가 부닥친 문제를 더욱 명료하게 해준다. 폭넓은 시각에서 문제를 바라보므로, 보지 못했던 해결책이 떠오르기 쉽다. 그런 맥락에서 보면, 더 빨리 가기 위해서 실은 천천히 가야 한다.

그러면 어떻게 느린 생각을 할 수 있는가? 긴장을 풀고 느긋하게 여유를 가져야 한다. 스트레스에서 벗어나 안정적이고 서두르지 않을 때 우리는 창의적인 생각을 할 수 있다. 아르키메데스는 자신의 몸을 따뜻한 목욕탕에 담았을 때, 칸트는 동네를 한 바퀴 돌며 산책할 때,

아인슈타인은 연구실에서 밤하늘을 하염없이 바라볼 때, 유레카는 찾아왔다. 우리도 조급함을 한쪽으로 치워두고, 아등바등하지 않을 때, 불확실성을 받아들일 때, 긴장을 풀 수 있다.

차를 찾는 이유 중의 하나가 바로 긴장을 풀고 생각을 정리하기 위해서다. 차를 통해 사소하게 지나쳤던 것들에 대해 주의를 기울인다. 나의 몸, 책상에 놓여 있는 아이들 사진, 붉은 꽃망울을 터뜨린 꽃기린, 창가를 두드리는 빗소리. 삶에 빠져 있으면서도 삶을 관조할 수 있게 된다. 명상은 자신과 환경을 의식할 수 있고, 자신의 삶을 통제할 수 있도록 도와준다. 틱낫한 스님의 마음을 쏟는 수행도 같은 맥락에서 전개된다. "만일 이 순간에 온전하게 몰입하지 못하면 당신에게서 삶을 찾을 수 없습니다. (중략) 당신은 실재하며 당신이 마시는 차 역시 실재합니다. 이것이 진정한 의미의 차 마시기입니다."

그러나 꼭 차를 마셔야만 느린 생각으로 이어지는 것은 아니다. 어떤 이는 커피로, 또 어떤 이는 와인으로 느린 생각에 접근한다. 프랑스의 계몽 사상가이자 작가였던 볼테르가 말했다. "좋은 와인의 맛은 명상을 불러일으킨다."


## 4. 진정제이자 자극제인 알코올

사람들은 자신의 기분을 이리저리 변화시키려고 한다. 어떤 때는 흥분된 상태를 가라앉히려고 하며, 또 어떤 때는 침울함을 좋은 기분으로 바꾸려고도 한다. 술은 이처럼 기분이나 의식 상태에 변화를 준다. 그런 맥락에서 향정신성 의약품인 셈이다.

먼저 긴장을 완화시키는 진정제의 역할을 살펴보자. 에탄올은 조금이라도 마시면 혈중 알코올 농도를 올려놓음으로써 긴장을 이완시킨다. 육체적이며 정신적인 긴장을 모두 완화시켜 준다. 그래서 '긴장 완화 이론'은 사람들이 술 마시는 이유를 스트레스나 불안의 경감으로 설명한다. 모든 책임과 속박으로부터 잠시나마 벗어나, 걱정과 근심을 잊게 한다는 것이다. 그래서 술의 별칭이 망우물忘憂物이다. 비록 술이 깬 다음에 그런 상황이 개선되어 있는 것은 아니지만.

## 진은 진정제

진을 마시는 사람들로 가득찬 런던 거리를 풍자한 윌리엄 호가스William Hogarth가 그린 〈진 골목Gin Lane〉(1751).

1700년대에 시작하여 1750년대에 유럽에 유행했던 진은 독한 술이었다. 진을 파는 술집에는 다음과 같은 광고 문구를 내걸었다. "1페니에 취하고, 2페니에 완전히 떡이 되고, 공짜로 짚더미 제공." 짚더미를 제공하는 것은 푹신한 곳에서 자고 숙취를 깨라는 뜻이었다. 값싸고 빨리 취할 수 있는 진은 하류층에게 힘들었던 하루 일과와 절망감을 잊는 데 유용했다. 진은 성인 남녀만 마신 것이 아니라 아이들한테도 줬다. 빨리 잠들라고. 진정제로 그만이었던 셈.

식민지 상황을 경험해 본 나라에서는 흔히 울분과 낙담의 음주가 유행하곤 한다. 사회적으로 위계질서가 엄격해지고 피지배층은 통한에 젖어 있기 때문에 자신과 사회의 문제를 잊기 위해서 종종 취할 목적으로 술을 마신다. 이를테면 일제 강점기에는 술에 취하지 않고는 그 시대를 견디기 힘들었을 터. 현진건은 소설 《술 권하는 사회》에서 부조리한 사회가 자신에게 술을 권한다고 묘사하였다. 물론 사랑이나 사업에 실패하거나, 가정 파탄이나 인생의 쓴 경험에도 음주는 벗이 되곤 한다. 음주를 통해 아픔을 잊거나 흥분을 가라앉힌다.

알코올은 진정제가 되기도 하지만 자극제 역할도 한다. 양날의 칼인 셈이다. 술을 마시는 주된 이유 중의 하나가 '현재의 무드를 바꾸기 위해서'라는 답변이 자극제에 해당한다. 특히 누구랑, 어떤 상황에서, 얼마나 마시느냐에 따라 음주는 기분을 고쳐시킬 수 있다. 부정적인 상태를 좀 덜 부정적으로 만들거나, 또는 잠시라도 긍정적으로 만들어 감정을 바꾸는 것이다. 같은 맥락에서 롤랑 바르트는 와인이 사람의 상태를 뒤바꿀 수 있다고 예찬했다. 약자를 강자로, 그리고 과묵한 사람을 수다쟁이로. 물론 지나치면 사람들이 흥분하기도 한다. 축구 경기에서 자신들이 응원하는 팀이 지면 술을 마신 훌리건들이 난동을 부리듯이. 그러나 대다수 사람이 한두 잔의 술로 유쾌하고 즐겁게 된다.

술은 부끄러움을 극복하고 용기를 얻는 수단이 되기도 한다. 맨정신으로 할 수 없는 일을 과감히 할 수도 있다. 권위나 규칙에 도전하거나 독립성을 표출하는 것이 대표적 사례. 특히 음주를 하면 사회의 책임으로부터 잠시 벗어날 수 있다는 변명거리를 제공한다. 그리고 약간은 부적절한 행동이라도 용서받을 수 있다는 면죄부를 부여받는다. 그러므로 음주는 어느 정도 들뜬 분위기를 만들어 준다.

그러한 자유분방함은 예술 분야에서는 창의성과 연결된다. 그리스의 평론가 아테네우스는 2300년 전에 와인을 다음과 같이 찬미하였다. 시인이 시적 영감을 받기 위해서는 와인을 마셔야 한다고. 사실 몽롱한 상태는 종종 시인이나 예술가의 작업에 필요하다. 자연 감상과 창의성에 도움이 되기 때문이다. 그러다 보니 도취하는 즐거움은 예로부터 시에서 찬미되어 왔다. "신은, 회한에 차서, 잠을 만드셨나니, 인간은 태양의 거룩한 아들, 술을 덧붙였다." 〈악의 꽃〉으로 유명한 보들레르의 〈넝마주이의 술〉이라는 시의 한 구절이다. 중국의 시선인 이백도 빼놓을 수 없다. "석 잔이면 대도에 통하고, 한 말이면 자연에 합치되도다." 그렇게 달 아래 혼자 술을 들었던 그는 달을 잡으려다 강에 빠졌단다.

술에 빠진 사람은 시인만이 아니다. 노벨문학상을 받은 소설가들은 모두 술고래라는 유머가 있다. 헤밍웨이 역시 애주가였다. 1939년부터 1960년까지 쿠바에 거주하면서 모히토mojito와 다이커리daiquiri 칵테일을 즐기며, 《누구를 위하여 종은 울리나》와 《노인과 바다》를 썼다. 모히토는 사탕수수로 만든 럼주에 박하향이 강한 약초인 예르바 부에나와 라임즙을 넣고 소다수와 얼음을 갈아서 만든다. 이에 비해 다이커리는 럼주에 사탕수수즙과 레몬즙, 소다수와 얼음을 넣은 것.

우리의 문인도 예외는 아니다. 《열하일기》로 유명한 연암 박지원은 술을 워낙 좋아했으나 매우 가난했다. 손님을 끌고 와야 아내가 두 잔의 탁주만을 겨우 내놓을 뿐. 그래서 지나가는 선비를 아무나 붙잡고 집으로 이끈다. 이른바 '술낚시'인 셈. 이 얘기를 들은 정조가 벼슬을 내리기는 했지만. 송강 정철의 〈관동별곡〉에서는 "이 술 한 잔 먹어 보아, 북두성 기울여 창해수 부어 내어"라고 읊어 호방한 취선임을 과시한다. 시인 변영로는 모든 것에 아낌없었지만 술에 대해서만은 유독 인색하였다. 남에게 권하는 데 인색한 것이 아니라 상대방이 술을 한 방울이라도 흘리면 술이 아까웠던 것. 병이나 주전자에 든 술이 조금씩 줄어들 때마다 생명의 한 토막이 끊김을 느꼈을 정도라니. 그의 수필집 명칭도《명정酩酊 사십 년》. 술취할 명, 술취할 정이니 대취하였다는 뜻이다. 신출귀몰한 주선이라 불리던 시인 조지훈은 아예 주도를 18단계로 구분해 놓았다. '불주'에서 '폐주'에 이르기까지. '불주'는 술을 못

애주가였던 헤밍웨이

사람마다 시간에 대한 태도는 사뭇 다르다. 나이든 사람은 아무래도 향수에 젖는 경향이 있지만, 젊은이는 현재 또는 미래 지향적이기 쉽다. 이러한 시간 지향성의 차이는 행동에서도 드러난다. 예를 들어 미래 지향적인 사람은 성취 동기가 강하다. 따라서 학문적으로나 직업적으로 성공을 추구한다. 운동도 규칙적으로 하며, 삶의 속도가 빠르다. 이에 비해 현재 지향적인 사람은 모험적인 행동을 많이 한다. 도박을 하거나 섹스에서도 위험과 모험을 즐긴다. 남을 잘 돕기도 하며, 알코올 소비도 많은 편이다.

그렇다. 알코올을 마시면 현재 지향성이 강해진다. 알코올은 뇌의 고차원적 사고 기능을 마비시키고 현재성을 부각하기 때문이다. 이를 '알코올 근시안'이라고도 표현한다. 술을 마시면 전후좌우를 고려하는 것이 아니라 사고가 단순해지고 현 순간의 쾌락에 집착하는 현상을 일컫는다.

그러나 술에 탐닉하여 현재에만 얽매여 있으면 문제가 발생한다. 상황을 직시하거나 미래를 돌보지 않기 때문이다. 사실 시간에 대한 인식이 잘못되면, 정신 질환을 겪을 수도 있다. 과거, 현재, 미래를 혼동하면 정신 분열증. 시간이 달팽이처럼 지나간다고 여기면 우울증에 걸리고, 시간이 총알처럼 빨리 지나간다고 인식하면 강박관념이 생긴다. 과거에 집착하면 불안 증세이며, 현재를 붙들고 있으면 성격 파탄이기 쉽고, 미래만 꿈꾸면 망상증이다. 또한 다른 사람과 상호 작용할 때 시간을 잘 맞추지 못하면 적응 부조화다. 따라서 술을 즐기되 근시안이 되지 않도록 시간 감각을 살리는 게 중요하다.

먹지는 않으나 안 먹는 사람이고, '폐주'는 술을 즐겨 다른 세상으로 떠난 사람이다. 18단계 가운데 마지막 아홉 단계에 속하는 사람에게는 특별히 주단을 부여하였다. 1단 애주愛酒(술을 취미로 맛보는 사람), 2단 기주嗜酒(술의 미에 반한 사람), 3단 탐주耽酒(술의 진경을 체득한 사람), 4단 폭주暴酒(주도를 수련하는 사람), 5단 장주長酒(주도 삼매에 든 사람), 6단 석주惜酒(술을 아끼고 인정을 아끼는 사람), 7단 락주樂酒(술과 더불어 유유자적하는 사람), 8단 관주觀酒(술을 보고 즐거워하되 더 이상 마실 수 없게 된 사람), 그리고 9단은 폐주廢酒로 입신入神이 된 사람이다. 여러분은 몇 단?

## 5. 취기와 음주 문화

알코올로 인한 황홀경은 흔히 즐겁고, 즉흥적이고, 열정적인 상태로 묘사된다. 그러나 취한 정도는 다양하다. 취기가 적당히 올라 알딸딸해지면 기분이 좋은 도취라고 한다. 이에 반해 곤드레만드레 망가지면 만취라고 한다. 도취의 경우, 의식이 있지만, 만취는 자신의 언행을 거의 의식하지 못한다. 종종 필름이 끊어지는 블랙아웃 현상도 동반한다.

　만취와 같이 심한 취기는 문제를 야기한다. 잠깐만. "나는 책을 읽다가 음주가 해롭다는 구절이 나오면, 책을 덮어 버린다." 어느 술꾼의 얘기처럼, 여러분은 책을 덮지 말기를. 술을 마시지 말라는 뜻이 아니라 과음의 병폐를 지적하는 것이니.

과음은 무엇보다 개인적으로 심리적, 육체적인 손상을 가져온다. 알코올을 섭취하면 일부는 땀이나 소변으로 배출되지만 대부분은 위장에서 흡수되고, 혈액으로 전달되어 몸으로 퍼진다. 그런데 간이 해독하는 능력보다 빨리, 그리고 많이 마시면 알코올이 체내에 쌓여서 취하는 효과가 나타난다. 혀 꼬부라진 소리가 나오든가, 갈지자로 비틀거리든가, 인식과 운동 능력이 저하된다.

대표적인 사례가 음주 운전이다. 우리나라 2004년 전체 교통 사고 가운데 음주 운전은 11.4%를 차지하는 2만 5000건에 이른다. 적발되지 않은 사람은 더 많을 것이다. 2005년에 조사한 음주 운전 경험 비율은 남자 25%, 여자 7%를 기록했다. 얼마나 마셨는지는 혈중 알코올 농도(Blood Alcohol Concentration: BAC)로 측정한다. 정확성 논란은 있지만 대개 호흡으로 간편하게 측정한다. BAC 0.1 수준은 혈액 1% 가운데 1/10 정도가 알코올을 함유하고 있다는 뜻이다. 혈중 알코올 농도가 0.05 이상이면 음주 운전에 해당된다. 일반적으로 70킬로그램의 성인 남자가 소주 3잔(한 잔에 50밀리리터)이나 맥주 3잔(한 잔에 250밀리리터)을 마시고 측정하면 0.06이 나오니까, 그 정도 마셨다면 운전대를 잡지 말아야 한다.

또한 어떤 사람들은 음주하는 여성에게 성적으로 쉽게 접근할 수 있다고 여긴다. 특히 많이 마시는 여성의 경우에는 더욱 그렇다. 아닌 게 아니라 여성들도 많이 마셨을 때는 스스로 성적으로 보다 자유스럽다고 느낀다고 한다. 또한 취한 여성들은 남성의 짓궂은 농담이나 행동을 보다 잘 허용한다. 음주 여성이 성적인 희생에 보다 많이 연루된다는 사실도 이러한 현상을 뒷받침한다. 예를 들면, 캘리포니아의 파사데나 도시를 대상으로 한 연구에서 1990년의 4주 동안 음주와 범죄의 상관 관계를 밝혔다. 그 결과, 강간의 60%가 음주와 연관이 있었다.

알코올 의존이나 중독이 발생하면 음주 문제는 더욱 심각해진다. 알코올 의존증은 알코올로 인한 부정적 결과에도 불구하고 알코올을 계속 사용하는 상태를 일컫는다. 이때는 다음과 같은 세 가지 특징이 나타난다. 술을 한 모금만 마셔도 참지 못하고 주량을 넘겨 계속 마시는 '조절 능력 상실,' 몸이 만족할 때까지 술을 마셔 주량이 끊임없이 늘어나는 '내성,' 술을 마시지 않으면 불안 · 초조 · 환각 등이 나타나는 '금단 증상.' 이와 같은 알코올 남용은 삶을 지배하여 사람의 기능을 제대로 발휘할 수 없게 만든다. 가정 폭력이나 살인은 물론, 기형 출산, 직무 능력의 문제, 법적, 재정적 문제 등도 발생할 수 있다. 따라서 알코올 중독 현상은 단순히 개인의 문제를 넘어 사회 차원에서도 큰 짐이 된다.

주목할 만한 사실은 알코올을 남용하는 비율은 나라마다 상이하다는 점이다. 이탈리아가 1%, 스페인이 2%, 미국은 7.8%, 프랑스는 8.7%다. 우리나라 남자는 13.8%(여성은 1.9%). 아마도 아일랜드를 빼고는 우리나라가 세계에서 가장 높은 알코올 의존국이라는 우려가 있다. 1주일에 3번 이상, 한 번에 소주 5잔 이상을 마시면 우리나라의 고도 위험 음주 집단에 속한다.

이러한 국가 간 차이를 이해하면 알코올로 인한 병폐를 줄이는 데 유용한 지침을 얻을 수 있다. 물론 나라마다 다양한 사회적 요인이 작동한다. 이를테면 프로테스탄트 기독교는 금욕을 강조한다. 따라서 알코올의 절제도 중요한 덕목으로 가르친다. 미국의 알코올 남용 비율이 비교적 낮은 까닭이다. 이처럼 종교나 역사적 영향력도 있지만 현대 사회에서 보다 관심을 가져야 될 부문은 바로 그 사회의 지배적인 음주 문화이다. 특히 취기에 대해 어떤 가치 판단을 내리느냐가 중요하다. 취하는 것이 멍청하고, 역겹고, 부적절하다고 받아들여지면 사람들은 취하지 않을 것이다. 반면에 취하는 것이 남성답고, 바람직하다고 봐주면 술 마시는 사회로 치달을 것이다. 이를테면 스페인에서는 많은 사람들이 술을 매일 마시지만 취하는 것은 억제된다. 남성다움에 자부심을 느끼는 나라이므로 취한 모습을 보이면 약자로 경멸

## 건전한 취함

미국에서는 대체로 21세가 되어야 술을 마실 수 있다. 그렇지만 1984년 통과된 '전국 음주 최저 연령법'에 따르면 21세 미만이라도 집에서 또는 사적인 클럽에서는 마실 수 있게 되었다. 대부분의 주에서도 일정 조건에서는 21세 미만의 음주를 예외적으로 허용한다.

그러나 1990년대에 들어서 '사회 호스트법'이 일부 주에서 통과되기 시작하였다. 이는 거주지에서 미성년자가 술을 마셔도 성인에게 그 책임을 지도록 하는 것이다. 즉 부모가 미성년자인 자식과 술을 마시거나, 아이들이 집에서 몰래 마실 때도 부모는 처벌 대상이 된다. 실제로 2002년 버지니아에서는 부모가 자녀의 16세 생일 축하 파티에서 친구들에게 술을 나눠줬다는 이유로 징역 8년을 선고받았다. 부모는 아이들의 자동차 키를 미리 수거했고 아무도 다치지도 않았음에도 불구하고. 이후 감형되어 5개월

되기 때문이다.

그러므로 해당 사회의 중요한 준거 집단이 취하는 상태를 어떻게 평가하는지에 주목할 필요가 있다. 만일 자신에게 중요한 사람들이 만취는 미덕이라고 좋게 평가하면 과음이나 대취는 지속될 것이다. 직장의 회식 문화나 동료 집단의 음주 인식이 중요한 까닭이다. 나아가서 가정에서의 음주 문화는 더욱 진지하게 접근할 필요가 있다. 어려서부터 올바른 음주 습관을 형성할 수 있을 뿐만 아니라 사회에도 파급 효과가 크기 때문이다. 유럽에서는 가정에서 부모와 함께 식사를 하며 음주 습관을 배워 알코올 의존율이 낮다. 부모가 자녀의 음주에 자연스럽게 영향을 끼칠 수 있는 것이다. 즉 청소년은 가정에서 학

---

징역형을 살았지만, 이들 부부는 이혼하는 등 가정 파탄을 겪어야 했다.

이처럼 엄격한 제도가 등장한 것은 1980년대에 치중했던 청소년 알코올 교육이 효과를 거두지 못했다는 평가에 기초하고 있다. 알코올 병폐에 대해서 아무리 열심히 교육해도 사회 문화가 이를 뒷받침해 주지 못했다고 본 것이다. 따라서 환경이 변해야 할 필요성을 강조하면서 공공장소에서의 금주나 학교 주변의 주류 업소 등을 모두 제한하게 되었다.

그러나 이 법은 문제가 있다. 청소년에게 올바른 음주를 가르쳐 줄 수 있는 방법이 바로 부모에게 있음을 간과하고 있기 때문이다. 음주 여부를 결정할 수 있는 판단력, 보다 덜 취하고 책임감 있는 음주를 할 수 있는 교육의 기회를 박탈하고 있다. 그래서 '사회 호스트법'은 오히려 청소년들이 몰래 음주하도록 부추긴다는 비난을 받고 있다.

습을 통해 음주에 대한 태도와 행동을 배우게 된다. 이런 시각을 '사회 학습 이론'이라고 한다. 이 이론에 따르면 우리는 다른 사람의 행동을 보고 사회적 규범을 배우며, 그런 행동을 직접 했을 때 어떤 효과를 얻을 수 있는지를 기대하게 된다. 그리고 그러한 기대는 실제 경험을 통해서 보강된다.

그렇지만 부모가 폭음을 하면 자식도 성인이 되어서 폭음할 경향이 높다. 특히 '성 역할 정체성 이론'에 따르면 아빠는 남자 아이에, 엄마는 여자 아이에 영향을 많이 끼친다. 그리고 폭음하는 사람은 절주하는 사람에 비해 더 폭력적이다. 또한 폭음하는 사람은 갈등이나 문제에 직면하면 그러한 상황을 회피하기 위해서 대체로 술을 마신다. 아울러 음주할 때도 상대방에게 적대감을 표출하기 쉽다.

이와는 반대로 규율 있게 마시는 사람들은 문제의 해결을 위해 술을 마신다. 이를테면 술을 통해 부부 간의 상호 작용을 촉진하거나 동료와의 갈등을 해소한다. 그런 맥락에서 아빠와 엄마가 술을 제대로 마시는 역할 모델이 돼야 한다. 그리고 자녀들에게 주도를 익힐 수 있는 기회를 마련하는 것도 부모의 몫이다. 제사상에서 나오는 퇴주잔을 통해서든, 가족이나 친지의 경조사를 통해서든.

그런 기회가 주어지지 않는다면, 청소년들은 일차적으로 또래 친구들과 음주를 경험하게 된다. 그리고 금지된 상황에서 몰래 마실 때, 술에 부여하는 의미는 규범으로부터의 은밀한 일탈이나 구속으로부터의 환각적인 자유가 된다. 대학에 들어가면 더욱 자유로운 분위기에서 독립감을 맛보면서 방만한 음주로 치닫는다. 특히 입시로부터의 탈출은 절제되지 않은 과음과 더불어 객기와 방만으로 이어지기 십상이다. 사회 생활을 시작하면서는 위계질서에 의한 권위주의적 음주 행태와 회식 문화에 젖어들고. 이처럼 걷잡을 수 없는 음주 사이클에 노출되기 전에 가정에서 성숙한 음주 문화를 먼저 맛보아야 한다. 음주가 삶에 리듬을 주는 음료라는 것을.

# 연주와 맥주의 궁합

한경록 | 크라잉 넛 캡틴

한경록 — 안녕하세요, 저는 크라잉넛에서 베이스 기타를 치고 있는 캡틴 락입니다. 한경록! 우리 할아버지가 우리나라의 로큰롤을 빛내라고 한경록이라고 지었습니다.

서현진 — 말 되네요. (웃음) 연주자로서 특별히 즐기는 음료가 있나요?

한경록 — 제가 술을 좀 좋아합니다. 그리고 공연을 하면 아무래도 땀을 많이 흘리니까 맥주를 주로 즐겨 마시는 편입니다.

서현진 — 아니, 그럼 지금 일할 때 술을 마신다는 얘긴가요?

한경록 — 예전에는 너무 많이 마셔서 공연 때 실수도 하고 그랬었는데, 요즘에는 적당히. 긴장을 풀어 줄 정도로 맥주만 조금 마시는 편이죠. 공연 후에는 더 많이 마시지만. 특히 맥주는 땀이라고 생각합니다. 노동의 대가거든요. 땀 흘린 자만이 맛있게 맥주를 마실 수 있어요.

서현진 — 예전에 술 많이 마셨을 때는 어떤 실수를?

한경록 — 무대에서 공연 안 하고 잤어요.

서현진 — 어머! 그래서 어떻게 됐어요?

한경록 — 뭐, 욕 먹고 말았죠. (웃음)

서현진 — 공연을 하기 전에 술을 마시는 특별한 이유가 있나요?

한경록 — 저희가 하는 공연이 사람들과 같이 흥분해야 하고 또 흥분시켜
야 되고. 그런 의미에서 감정에 불을 지필 수 있는 촉매제라고
생각합니다.

서현진 — 특별히 즐겨 마시는 게 있을 거 같은데…….

한경록 — 그날그날 기분에 따라서, 예를 들어 날씨가 흐려서, 분위기 있는
유럽풍의 날씨가 있다면, 왠지 붉은 와인으로 물들이고 싶
은…….

서현진 — 저기, 지금 자꾸 말을 꾸미시는데, 멋있어 보이려고 안 꾸미셔도
돼요.

한경록 — 아니에요, 저 원래 가식적이에요. (웃음)

서현진 — 크라잉넛 노래 중에는 유난히 술 마시면서 들으면 신나는 노래
도 많고, 또 술 마시면서 썼을 것 같은 노래도 많단 말이에요.
〈마시자〉도 그렇고. 술과 창작 활동의 관계에 대해서 얘기 좀 해
주세요.

한경록 — 〈마시자〉는 우리 드럼 치는 상혁이가 만든 건데. '마시고 망가지
자'라기보다는 그런 노래를 듣고 오히려 힘을 내자는 의미가 더
강하지요. 사실 술기운에 노래를 만들기도 해요. 사람이 좀 더
감상적으로 변하고, 그럴 때 좀 울컥하는 노래들이 많이 나오는
것 같아요.

서현진 — 지금까지 크라잉넛 베이스 리더 한경, 락!이었어요. (웃음)

4

맛에 탐닉하다

"입속에 퍼지는 느낌, 마시고 났을 때에 맴도는 풍미와 향. 그 순간 정지하고 싶고, 그 느낌에 모든 것을 집중하고 싶어진다."

# 샴페인의 목소리에 반하다

가슴이 두근거린다. 설레임이 온몸을 휘감는다. 감동적인 목소리가 나를 온통 흔들어놓았기 때문이다. 약간은 허스키하면서도 섬세한 목소리. 달콤하지만 싱그러운 목소리. 바로 그 목소리의 주인공은 샴페인이다.

샴페인이 병에서 흘러나와 잔으로 담길 때의 거침없으면서도 자연스런 소리. 잔에 담긴 샴페인이 스월링되면서 입술로 다가올 때의 깊으면서 고요한 소리. 혀를 촉촉이 적시며 목으로 넘어갈 때의 상큼하면서도 부드러운 소리. 목을 타고 넘어가고 나서의 은은하게 여운을 남기는 소리. 마치 사랑의 고백을 연가로 듣는 듯하다.

그래, 난 목소리에 약해. 그 순간이었다. 이 느낌은 뭐지? 공중으로 살짝 들어 올려진 듯. 발끝이 허공에서 휘젓는 듯. 그리곤 시간이 멈추면서 내 주위는 정적에 휩싸인다. 약간은 어색하면서도, 그렇지만 입맞춤이라도 일어날 것 같은 순간으로 이끌린다.

그때다. 샴페인 잔에서 올라오는 기포 소리가 들린다. 수면 위로 올라온 방울방울의 기포는 고개를 내밀어 가쁜 숨을 몰아쉰다. 톡톡 터지는 기포 소리가 공간을 맴돌아 그와 나의 침묵을 메워 준다. 그리고 기포는 계속 터진다. 내 입술이 가벼운 경련을 일으킨다.

# 1. 맛이란?

우리는 다양한 음료의 맛을 즐긴다. 생수의 담백한 맛, 청량 음료의 톡 쏘는 맛, 우유의 고소한 맛. 그리고 입이나 목에서 타는 듯한 독주의 느낌을 즐기기도 한다. 이처럼 맛을 즐길 수 있는 것은 우리의 감각 기관 덕분이다.

우선 미각을 살펴보자. 입안에는 미각 세포가 있다. 주로 혀끝과 혀의 양쪽 옆에 분포되어 있는데 보통 4000~5000개가 있다. 이들 미각 세포가 음료와 접촉하면서 그 신호를 뇌로 보내 우리는 맛을 체험하게 된다.

미각 세포가 구분할 수 있는 맛은 기본적으로 네 가지다. 단맛, 쓴맛, 짠맛, 신맛. 첫째, 단맛은 인간이 본능적으로 선호하므로 중독 증상이 발생할 수도 있다. 단맛은 엄청 달건, 조금 달건 그 농도와 관계없이 맛있다고 느낀다. 둘째, 쓴맛은 역치가 가장 작아서 미량으로도 느낄 수 있으므로 사람이 가장 잘 구분한다. 그렇지만 친숙하기 힘들어 학습을 통해서 그 맛에 익숙해진다. "쓸쓸하지만 몸에 좋다니까 이왕이면 즐겨야지"라고 생각하면서. 셋째, 짠맛은 땀을 흘렸을 때 맛있다고 느낀다. 염분을 많이 상실했기 때문이다. 그러므로 땀을 흘리지도 않고 짭조름한 스포츠 음료를 마시면 맛이 별로 없을 수밖에. 넷째, 신맛은 젖산이나 구연산 등에서 비롯되며 피로를 회복해 준다. 오렌지나 과일 주스를 마시면 산뜻하고 개운한 느낌이 드는 이유이다.

이러한 기본적인 맛 이외에 제5의 맛이 추가된다. 바로 감칠맛(우마미, 旨味)이다. 1908년 일본의 이케다 박사가 다시다 우동 국물이 말라 붙어 있는 것을 맛보면서 발견하였다. 이듬해는 아지노모토味元 회사를 설립해 글루타민산나트륨(MSG)의 화학 조미료 시대를 연다.

우리 입은 미각 세포만으로 맛을 느끼는 것은 아니다. 다른 자극으로도 맛을 느낄 수 있다. 이를테면 매운맛은 혀의 점막을 자극하여 발생하는 얼얼하고 뜨거운 느낌이다. 혹자는 매운맛의 음료가 어디 있냐고 반문할지 모른다. 그런데 일본에는 고추로 만든 음료인 '마시는 고추'가 있다. 이 음료는 땀이 나게 도와줘서 목욕탕에서 인기가 있단다. 한편 점막이 마비될 때는 떫은맛을 느낀다. 탄닌계의 성분에 의해 발생하는 데 레드 와인이 그러한 사례에 속한다.

그런데 맛을 인식할 때 가장 영향을 끼치는 감각 기관은 입이 아니라 코다. 맛의 75%를 냄새가 결정하기 때문이다. 미각 세포의 수용체인 맛돌기는 수천 개에 불과하지만, 냄새 세포는 수백만 개에 달한

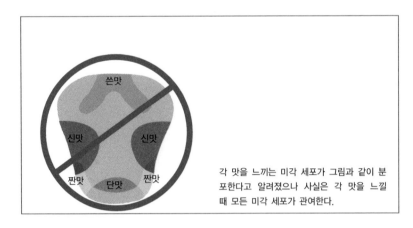

각 맛을 느끼는 미각 세포가 그림과 같이 분포한다고 알려졌으나 사실은 각 맛을 느낄 때 모든 미각 세포가 관여한다.

다. 그래서 맛과는 달리 냄새는 수천 가지를 구분할 수 있다.

그러면 냄새는 어떻게 인식하는가? 우선 향이 기체가 되어 코로 들어와야 한다. 일례로 양파의 매운맛은 코로 냄새를 맡는다. 따라서 코를 막고 양파를 먹으면 매운맛을 잘 느끼지 못한다. 맛에 후각이 작용한다는 단적인 사례다. 향은 직접적으로 코에 전달될 수도 있지만, 식음료를 섭취하면 입안의 뒤쪽으로 감돌아서 코에 도달할 수도 있다.

특히 냄새는 강도와 선호도를 판단한다. 냄새의 강도는 뇌의 편도체amygdala에서, 냄새의 선호도는 뇌의 안와전두 피질orbitofronal cortex에서 결정한다. 일례로 커피를 대여섯 잔 계속해서 마실 경우, 편도체는 커피 향의 강도가 매 잔마다 똑같다고 판단한다. 그렇지만 안와전두 피질은 커피를 너무 많이 마셔서 물리므로 "냄새의 즐거움이 없다"라고 판단한다. 그래서 우리는 같은 음료를 계속해서 마시기가 힘들어진다.

맛을 보거나 평가할 때는 색상도 영향을 끼친다. 사람이 시각 정보에 많이 의존하고 있기 때문이다. 사실 생수나 사이다를 빼고는 색깔이 없는 음료를 찾아보기 힘들다. 까무잡잡한 콜라, 검디검은 커피, 연초록의 녹차, 황금빛의 맥주. 그리고 그러한 음료 색깔을 보면 사람들은 색깔에 따른 기대를 한다. 예를 들어 레드 와인을 보면 냄새나 맛이 강할 것이라고 기대한다. 붉은색은 잘 익은 과일이 떠오르기 때문이다.

음료의 맛은 컵 안의 액체 성분들만 결정하는 것이 아니다. 컵 밖에 있는 요인들도 맛을 결정한다. 예를 들면, 음료를 담고 있는 패키지 색상도 간과할 수 없다. 일본의 맥주 시장에서 아사히는 패키지 마케팅으로 유명하다. 드라이 맥주란 당을 최소화하여 담백한 맛을 낸 것이다. 따라서 슈퍼드라이는 당이 훨씬 적다는 뜻. 아사히는 슈퍼드라이를 선보이면서 드라이 개념을 나타나기 위해 캔에 은색과 검은색을 사용하였다. 이에 비해 생맥주 혼나마本生에는 빨간색을 이용하여 강렬하고 신선한 느낌을 주었다. 생맥주는 제조 과정의 마지막 단계에서 열 처리를 하지 않아 계속 발효 중인 맥주. 따라서 신선도가 부각될 필요가 있어서 이를 뒷받침하는 색을 선택했던 것이다.

이처럼 맛에 대한 기대는 시각적 정보에 따라 달라진다. 그래서 눈을 가리고 맛을 테스트하면 실제 맛과는 차이가 나기 마련이다. 시각 정보를 비롯해 여러 단서를 제공받지 못하기 때문이다. 실제로 작용하는 뇌의 부위도 차이가 난다. 눈을 가린 채로 맛 테스트를 하면 맛

슈퍼드라이를 선보이면서 드라이 개념을 나타나기 위해 캔에 은색과 검은색을 사용한 아사히

132

을 감별하는 뇌 부위만이 활성화된다*ventral putamen*. 그렇지만 눈을 뜨고 자신이 좋아하는 브랜드를 선택하여 마시면, 뇌에서는 맛을 감별하는 부위만이 작동하는 것이 아니다. 인지 작용을 하는 뇌의 내측 전전두엽 피질*medial pre-frontal cortex*이 함께 작동한다. 즉 미리 뇌에 저장하고 있는 정보도 맛에 영향을 끼친다. 내가 좋아하는 브랜드를 마시니까, 또는 값비싼 브랜드를 마시니까. 이런 기대감이 음료의 맛을 더 좋게 만든다.

나아가서 이러한 사실은 맛을 평가할 때도 생각이 영향을 끼친다는 것을 의미한다. 원산지 효과도 그러한 사례 중 하나다. 프랑스산 와인이라면 왠지 맛있을 것 같다는 기대를 갖는 반면, 칠레산 와인은 맛이 좀 떨어질 것이라고 지레 짐작한다. 그리고 그런 기대가 일단 형성되면 그 기대를 쉽게 저버릴 수 없다. 선택한 프랑스 와인이 실제로는 맛이 풍부하지 않아도 기대를 포기하지 않고 왠지 향이 그윽하다고 치부해 버린다.

이처럼 인지가 맛에 영향을 끼치므로 똑같은 음료를 마셔도 사람에 따라 그 맛이 다를 수 있다. 사람에 따라 음료에 대한 학습과 경험이 다르기 때문이다. 일례로 소믈리에와 일반인은 와인을 맛볼 때 뇌의 작동도 다르다. 일반인이 맛볼 때는 맛의 강도와 방향을 판단하는 편도체와 안와전두 피질만이 작동한다. 이들 기관은 누구나 맛을 볼 때는 작동하므로 소믈리에도 마찬가지다. 그러나 일반인과는 달리 소믈리에는 뇌의 다른 부분도 함께 작동한다. 우선 첫맛을 보는 단계에서는 해마*hippocampus* 부분이 활성화된다. 해마는 기억을 관장하므로 어떤 와인인지를 인식하려는 기억이 작동하는 것이다. 그리고 뒷맛을 보는 단계에서는 좌측의 배외측 전전두엽 피질dorsalateral pre-frontal cortex이 작동한다. 이 부분은 인지를 관장하므로 분석이 개입한다는 증거다. 아울러 편도체도 일반인에 비해 더욱 활성화된다. 편도체는 맛의 강도뿐만 아니라 동기를 관장하기 때문이다. 즉 소믈리에는 와인을 품평하려는 동기가 강하게 작동한다.

지금까지 살폈듯이 음료의 맛을 판별할 때는 미각과 후각이 중심이지만 시각 정보와 인지도 개입한다. 재미있는 사실은 사회에서 시각과 청각에 기초한 예술만이 부각되고 있다는 점이다. 영상이나 미술, 음악이 대표적 사례다. 그런데 후각과 미각에 기초한 예술에 대해서는 별로 관심을 두지 않는다. 그러나 커피의 향은 사람을 휘감고, 와인의 풍미는 에로틱한 키스와 비교되지 않던가? 더구나 최근에는《미스터 초밥왕》,《신의 물방울》,《식객》과 같은 작품이 인기를 끌면서 식음료에 대한 관심이 부쩍 높아졌는데. 차제에 식음료 문화를 넘어서 향과 맛에 기초한 예술 분야가 태동해봄 직하지 않은가?


## 2. 음료의 맛

미각은 태어날 때부터 자연적으로 얻는 능력이 아니다. 독일의 철학자 칸트가 얘기했듯이 맛은 획득하는 성향이다. 즉 구분하고 평가하는 것을 배워야 한다. 더욱이 음료 소비가 품격 있는 문화로 정착하기 위해서는 맛을 음미하는 습관이 형성될 필요가 있다. 벌컥벌컥 마시지 말고 입안에 맴돌고 계속 남아 있는 공명의 맛은 어떤지 느껴 보자. 또는 음료에 들어 있는 여러 가지 성분들이 조화를 잘 이뤘는지를 맛보자. 그래야 음료를 즐기면서 우리의 삶도 더욱 풍요로워질 것이다. 음료업계도 맛에 더욱 신경을 쓸 테고. 그런 의미에서 음료의 맛을 두루 살펴볼 필요가 있다.

## ◎ 생수

일반적으로 생수에 대한 맛은 '맑다'가 지배적이다. '맑다'는 입천장을 상쾌하게 해주는 깨끗한 스타일을 의미한다. 그렇지만 소비자는 물에서 다른 맛도 느낀다. 30대 직장 여성. "어떤 물은 좀 밍밍하고 또 어떤 물은 증류수 맛이 나요." 30대 직장 남성. "삼다수는 약간 철분처럼 날카로운 맛이 있어서 맛있어요." 20대 여대생. "에비앙은 다른 물맛보다 연한 느낌이 나요." 20대 직장 여성. "순수100은 물맛이 부드럽고 목 넘김이 좋아요."

물은 흔히 무색, 무취, 무미라고 얘기하지만 사실은 그렇지 않다. 소비자는 미묘하고 미세한 맛의 차이를 느낀다. 실제로 물에는 다양한 미네랄 성분이 들어 있고 그러한 성분의 양에 따라서 맛에 차이가 난다. 마그네슘이 많으면 물맛이 쓰다. 그리고 칼슘이 많으면 쇳물 맛이 난다. 이처럼 미네랄이 얼마나 녹아 있는지를 표시하는 수치가 바로 총 용존 물질 *total dissolved solids*이다. 즉 물을 증발시켰을 때 미네랄 물질이 얼마나 남아 있느냐를 표시한 수치다. 이 수치가 높을수록 미네랄이 많기 때문에 물맛은 무겁게 느껴진다. 벨기에의 스파 생수는 수치가 33에 불과하지만, 샌 펠레그리노는 1109에 이른다. 독일산의 아폴리나리는 2650. 물을 마시면 턱이 처지지 않을까? 물이 하도 무거워서.

물맛에 영향을 끼치는 또 다른 중요한 요인은 폐하(pH) 값이다. 물의 산도를 나타내는 이 수치는 0에 가까울수록 강산이며, 14에 가까울수록 알칼리성, 즉 강염기를 띤다. 중간 점수인 7은 중성이라는 의미다. 산이 강하면 신맛이 나며, 알칼리성이 많으면 쓴맛이 난다. '페리에' 생수의 폐하는 5.5이지만, '피지'는 7.5, '샌 펠레그리노'는 7.7이다. 사실 물이라고 다 같은 물은 아니다. 국제생수협회International Bottled Water Association와 미국 식약청(FDA)에서는 생수를 다음과 같이 구분하고 있다. 첫째, 온천수spring water는 지하에서 자연스럽게 지표로 솟아나오는 물이다. 프랑스의 '볼빅'이 여기에 해당된다. 둘째, 정화수purified water는 증류, 탈이온, 역삼투 등의 과정을 거친다. 코카콜라에서 만드

온천수의 일종인 '볼빅'과 탄산수이자 광천수인 '페리에'

는 '다사니' 생수는 수돗물을 정수한 것이다. 셋째, 광천수mineral water는 미네랄의 함유량이 상대적으로 많은 물이다. '에비앙'이 대표적 사례. 그렇지만 미네랄을 인위적으로 첨가해서는 안 된다. 넷째, 탄산수 sparkling bottled water는 처음부터 이산화탄소를 포함하고 있는 물이다. 다만 이산화탄소 함량을 일정하게 유지하기 위해 물과 이산화탄소를 따로 추출한 후에 다시 담는다. '페리에'나 '샌 펠레그리노'는 탄산수이자 광천수. 다섯째, 지하 암반수artesian water는 물이 있는 지하 암반이나 모래층까지 연결하여 퍼 올린 물을 의미한다. '피지'나 '삼다수,' '빼어날수'가 여기에 속한다. 여섯째, 우물물well water은 지하층에서 끌어올린 물이다. 옛날에 정성을 바칠 때 쓰는 정화수井華水는 바로 이른 새벽에 두레박으로 긷던 우물물이었다.

최근에 등장한 해양 심층수에는 미네랄은 물론 질소, 인산, 규산 등 유기물이 분해되어 있는 영양 염류가 들어 있다. 그래서 숙성된 맛과 질감 또는 텁텁한 맛으로 묘사한다.

◎ 차

차는 산화 정도에 따라, 녹차, 우롱烏龍차, 홍차로 구분할 수 있다. 먼저 녹차는 찻잎의 효소 활동을 멈추기 위해 열을 가하지만 산화 과정은 없다. 다만 우리나라나 중국의 녹차는 볶거나 덖는 데 비해 일본의 녹차는 주로 증기를 쐬는 차이가 있을 뿐이다. 그러나 홍차는 녹차와는 달리 잎을 찌는 산화 과정을 거쳐서 강한 맛을 낸다. 제조 과정에서 잎이 검게 그을리므로 서양에서는 블랙티라고 한다. 동양에서는 마실 때 우려낸 색깔이 붉어서 홍차라고 하지만. 이에 비해 우롱차는 약간의 산화를 거치므로 녹차와 홍차의 중간 단계에 속한다고 할 수 있다.

차의 맛은 크게 세 차원으로 묘사할 수 있다. 감미로움, 강렬함, 농도. 감미로움은 잎의 화학 성분인 테아닌theanine에서 나온다. 강렬함은 쓴맛에서, 그리고 농도는 카테킨catechins에 의한 입안 느낌에서 비롯된다. 입안의 느낌이란 입천장에서 느끼는 점성의 강도나, 혀의 양쪽 옆에서 느껴지는 무게감을 의미한다.

차의 종류에 따라 그 특징과 맛을 살피면 다음과 같다. 첫째, 백차는 잎이 아니라 싹의 잎을 따서 만들기 때문에 귀하다. 물론 싹과 잎을 섞어 만든 백차도 있기는 하지만. 그러나 싹이 중요한 성분이므로 백차는 감미롭고 부드러운 맛이 나며, 밝은 오렌지와 노란 빛을 띤다. 구름처럼 하얗고, 꿈처럼 푸르고, 눈처럼 순수하고, 난초처럼 향기롭다고 칭송된다.

둘째, 황차는 이른 봄의 어린 잎으로 만든다. 처음에는 말린 후에

### 한국 차의 향과 색

《만보전서》는 차의 향을 네 가지로 구분한다. 안과 밖이 똑같은 것을 순향, 설지도 익지도 않은 것을 청향, 불김이 고루 든 것을 난향, 곡우 전 차의 싱그러움이 갖추어진 것을 진향이라 한다. 또 《다서》에서는 차의 빛깔은 맑고 푸르른 것이 가장 좋고, 무노리는 여린 쪽빛에 하얀 빛이 도는 것을 아름답게 여긴다. 무노리란 물결 위에 반사되는 은비늘이란 뜻이다. 초의선사의 《동다송》 제12송과 제13송에 나오는 이야기다.

천천히 약하게 찐다. 그리고 헝겊으로 싸서 잎이 숨을 쉴 수 있도록 한다. 수분을 조절함으로써 풀 맛이나 강한 맛이 덜하고 부드럽게 된다. 헝겊에 푹 덮여 있는 과정을 통해서 떫은맛이 없어지는 것이다.

셋째, 녹차는 언제 잎을 따느냐에 따라서 구분된다. 봄철에 비가 오는 시기를 곡우라고 한다. 그 전에 따는 잎을 우전, 그 다음으로 따는 잎을 세작이라고 한다. 우전이나 세작의 잎은 동면에서 깨어나 영

## 일본차의 종류와 맛

일본차는 대개 증기로 찐다. 잎에 있는 자연 효소를 보호하고, 잎의 진한 에메랄드 녹색을 보존해 주기 때문이다. 일본차는 처음 맛보면 시금치, 해초 또는 방금 깎은 잔디와 같은 맛을 낸다. 그렇지만 두세 번 마시면 속에 있는 감미로운 맛을 느낄 수 있다. 교쿠로는 싹과 두 장의 잎으로 만든 고급 녹차이다. 차 잎을 따기 3주 전에 차나무를 그늘지게 둔다. 클로로필을 많이 만들어 잎을 검게 만들게 하기 위해서다. 또한 탄닌 성분도 적게 하여 떫은 맛을 줄일 수 있다.

이에 비해 말차抹茶는 가루로 만든 녹차이다. 잎에서 줄기와 잎맥을 모두 제거하고 남은 잎 부분을 가루로 만든다. 약간 거품이 일어나도록 휘저어서 마신다. 달콤쌉싸름한 맛을 낸다.

신차는 이른 봄에 딴 잎으로 만든다. 신차 다음에 자란 잎으로 만든 차가 센차이다. 차나무의 절정기에 따는 잎으로서 맛도 강하고 색도 진하다. 일본에서 생산되는 80%의 차가 여기에 해당된다. 센차 이후에 따는 차는 반차로서 품질은 떨어지지만 카페인은 센차에 비해 적다. 호우지차는 반차를 볶은 것이다. 카페인이 적고 부드러운 맛이 난다. 그리고 겐마이차(현미차)는 반차에 튀긴 쌀을 섞은 것이다. 줄기와 잎을 섞어 볶은 구기차는 카페인이 낮으면서 미묘한 약초와 밤나무 맛이 난다.

양분이 모이기 시작하므로 카테킨 폴리페놀 함유량이 높다. 그러나 곡우 이후에는 차 잎이 커지면서 차의 질이 떨어진다. 잎의 크기에 따라 중작, 대작이라고 명명한다. 녹차를 음미할 때는 전술한 향과 맛 이외에 색과 형태도 중요하다. 금빛을 띠면서도 연한 녹색이 제격이다. 그리고 좋은 녹차는 물에 우려낸 뒤 잎의 형태가 잎을 땄을 때의 원래 모양대로 돌아와야 한다. 우려내면서 말려져 있던 잎이 펼쳐지는 과정을 '차의 고뇌'라고 일컫는다. 차 애호가에게는 찻잔에서 차가 고뇌하는 모습을 보는 것이 즐거움의 하나다.

넷째, 중국 운남성의 지방 이름에서 비롯된 보이차普洱茶 (중국어 발음은 푸얼)는 발효 과정을 거친다. 발효는 산소 없이 일어나는 화학 과정을 뜻한다. 많은 잎 더미를 볶을 때 겉은 산화가 되고 안은 발효가 되면서 1차 발효가 일어난다. 그리고 동굴 같은 곳에서 7~10여 년의 세

발효차의 일종인 '보이차'

월을 기다리면서 2차 발효가 진행된다. 이러한 숙성으로 인해 은은한 단맛이 돋보인다. 보이차는 잎 차로 제조할 수도 있으며 전통적인 둥근 차餠茶(뻥차로 발음)로 압축시킬 수도 있다. 이러한 압축은 옛날 중국에서 히말라야를 넘어 유럽으로 운반해야 했던 역사적 배경에서 비롯되었다.

다섯째, 우롱차는 봄철이 지난 뒤의 차 잎으로 만든다. 잎이 커서 서너 번 우려야 본래의 잎 모양으로 펼쳐진다. 그리고 산화 과정을 거쳐서 검은 용이란 이름이 붙여졌다. 산화 정도는 35%에서 80%까지 다양하다. 산화 수준이 낮으면 녹차 잎과 비슷하고 과일이나 꽃 맛이 나는 반면, 산화 수준이 높으면 홍차 잎과 비슷하게 알을 품고 있는 형태로 깊은 맛이 난다. 대부분은 여러 잎이 공 모양으로 말려져 있는데 천관음은 하나의 큰 차 잎으로 말려져 있다.

마지막으로, 홍차는 발효되지 않고 완전히 산화된다. 산화는 습기가 많고 산소가 풍부한 공기를 필요로 한다. 이때 카테킨이 산소를 빨아들이는데 이 과정에서 폴리페놀 효소가 작용한다. 테아플라빈 성분은 홍차의 강한 맛을 내며, 테아루비긴 성분은 맛의 깊이를 결정하고 잎의 색깔을 초콜릿색으로 바꾼다.

차를 마실 때는 물의 온도가 중요하다. 물이 너무 뜨거우면 쓴맛이 나고, 물이 너무 차가우면 차의 목소리를 들을 수 없기 때문이다. 적당한 온도가 되어야 속에 숨어 있는 감미로움과 식물성의 맛이 우러나온다. 물의 온도를 온도계를 이용하지 않고 눈으로 알아맞히는 법. 증기가 계속 올라와 아지랑이를 피울 때는 77도, 물의 표면에 물방울이 뽀글뽀글 올라와 물고기 눈을 만들 때는 87도, 조그만 물방울이 용기의 둘레를 따라 계속 나타나서 진주 목걸이를 만들 때는 90도, 그리고 물이 부글부글 끓어올라 격렬할 때는 100도이다.

보이차는 격렬한 물에, 홍차는 진주 목걸이 물에, 우롱차는 물고기 눈의 물에 우려야 한다. 그리고 대부분의 녹차나 백차는 차 잎이 여리므로 물이 상대적으로 차가워야 한다. 녹차는 아지랑이 물에, 백차는 이보다 더 차가운 74도가 적당하다. 일본의 녹차는 예외적으로 백차와 비슷한 온도에서 우려야 제 맛이 난다.

얼마 동안 우려낼 것인지, 그리고 몇 번 우려내는지도 차에 따라 다르다. 보이차는 3분 정도 우리며 차 맛이 날 때까지 계속 우려서 마실 수 있다. 백차나 녹차, 우롱차는 대체로 90초에서 2분 동안 우려내는 것이 좋고 서너 차례 마신다. 그렇지만 홍차는 3분 정도로 한 차례만 우린다. 그래야 끝 맛이 깨끗하다. 끝 맛이란 마시고 난 후에 입안에 맴도는 맛을 의미한다.

## ◎ 커피

"남성들이 영양도 없고 검고, 둔탁하고, 쓰고 냄새 나는 물을 마신다." 1674년 영국 여성들이 커피에 반대하는 청원을 내면서 그 맛을 폄하한 것이다. 우리나라에서도 개화기에는 커피를 '양탕국'이라고 불렀다. 서양의 검고 쓴맛이 나는 한약 탕국이라는 뜻. 그러나 오늘날 커피는 석유 다음으로 세계에서 가장 많이 거래되는 상품이 되었다. 물론 쓰디쓴 커피를 왜 마시는지 아직도 이해 못 하는 사람도 많지만.

사실 우리 몸에서 일어나는 체험은 지극히 개인적이다. 두 사람이 똑같은 커피를 마셔도 그 경험을 직접 공유할 수 없다. 그래서 주관적인 커피의 맛을 가능한 객관화하는 방법이 필요하게 되었다. 이처럼 커피의 맛과 향을 체계적으로 평가하는 과정을 커핑*cupping*이라고 한다.

우선 커피 맛을 살피면 다음과 같다. 첫째, 신맛은 산이 용해되면서 혀끝에서 느껴지는 강렬하고 싸한 맛을 일컫는다. 혀에 기분 좋은 활력을 가져다주는 맛으로서 원두를 가볍게 볶으면 신맛이 강하고, 많이 볶을수록 신맛은 부드러워진다. 둘째, 바디는 입이나 혀에 느껴지는 질감으로서 진하거나 연한 정도로 표현된다. 덜 볶거나 많이 볶으면 커피의 농도는 엷어진다. 적당히 천천히 볶아야 농밀해진다. 셋째, 쓴맛은 카페인, 퀴닌과 알카로이드 물질이 용해되면서 생성되는 맛으로서 볶은 정도에 따라 결정된다. 넷째, 달콤함은 당분이 녹으면서 발생한다. 그리고 커피를 마신 다음에 맴돌거나 머무는 맛을 피니시*finish*라고 한다. 혀에 남아 있는 맛과 증발하는 비율에 따라 피니시가 다양하다.

커피의 풍미를 평가할 때는 향을 빼놓을 수 없다. 커피 향기는 사람을 설레게 할 정도로 자극적이다. 맛과 마찬가지로 향도 주관적이다. 따라서 향의 주관적 애매모호함을 표현하고 공유하기 위해 종종 은유법을 사용한다. 커피의 향을 꽃향기, 흙내, 초콜릿 향, 풀 향기, 과일 향 등으로 비유하거나, 나무가 타는 듯 묘사하기도 한다.

커피의 종류에 따라 맛도 천차만별이다. 에스프레소는 중간 정도에서 진하게 볶은 커피로 만든다. 압축된 커피 7그램에 거의 팔팔 끓는 물을 약 25초 동안 통과시켜 1과 1/4온스를 얻는다. 에스프레소의 위에는 크리마의 거품 왕관이 놓여 있다. 이 왕관으로 제대로 된 에스프레소인지를 판별한다. 에스프레소는 뽑자마자 데미태스라는 작은 찻잔에 담아서 바로 마셔야 한다. 그렇지 않으면 아예 마시지 말거나. 시간이 지나면 모든 향을 담고 있는 크리마가 녹아 없어져 밋밋한 맛이 되기 때문이다.

에스프레소는 다양하게 변신할 수 있다. 에스프레소에 뜨거운 물을 부으면, 아메리카노. 에스프레소에 거품이 나는 뜨거운 우유를 섞으면 카푸치노. 거품을 낸다는 것은 공기를 주입한다는 뜻이다. 우유에 거품을 집어넣으면 양이 늘어나므로 이를 스트레칭이라고 한다. 거

중간 정도에서 진하게 볶은 커피로 만드는 에스프레소

품 우유 덕분에 카푸치노는 입안 가득 부드러운 느낌을 준다. 카푸치노보다 더 부드러운 사촌이 바로 라떼이다. 거품 우유는 조금만 쓰고 증기를 쐰 우유를 많이 사용하므로 라떼에 우유가 더 많이 들어간다.

다시 계속해서 에스프레소의 변형을 짚어 보자. 에스프레소에 코코아와 거품이 나는 뜨거운 우유를 섞으면 모카. 에스프레소에 거품이 나는 크림을 섞으면 콘파나. 에스프레소에 거품을 얇게 입히면 마키아토. 에스프레소를 담고 잔 둘레를 레몬 껍질로 문질러서 레몬과 함께 놓으면 로마노. 레몬의 신맛이 에스프레스의 달콤한 맛을 더욱 부각시켜 준다. 에스프레소에 우유, 설탕, 얼음을 섞어 놓으면 프라페. 스타벅스의 프라푸치노가 여기에 속한다. 이처럼 에스프레소는 칵테일의 보드카와도 같다. 혼합주의 기본처럼 커피 변형의 기본이기 때문이다.

커피에서 최적의 맛을 끌어내는 데는 물 온도가 결정적이다. 커피를 끓이는 데 적합한 온도는 90.6도에서 96.1도 사이다. 너무 뜨거우면 커피가 쓰거나 떫다. 너무 차가우면 커피 맛이 김빠지고 생기가 없어진다. 그리고 끓인 커피는 76.7도에서 82.2도 사이에 머무를 때 가장 맛이 좋다. 커피의 맛을 내는 화학 성분이 이 온도에서 가장 안정적이기 때문이다. 커피 잔을 미리 데워 놓는 것도 좋은 방법이다. 그래서 커피숍에서는 종종 에스프레소 기계 위에 컵을 올려 놓는다.

# ◎ 우유

엄마 젖은 아기가 처음 마시는 음료이다. 그렇지만 인류는 엄마 젖을 먹다가 점차 동물 젖으로 바꾸게 된다. 이러한 역사는 6000년 전으로 거슬러 올라간다. 동물의 우유를 짜서 사람의 음료로 광범위하게 사용하기 시작한 것이다.

특히 3500년 전에 인도에서는 동물의 우유 맛을 다음과 같이 평가하였다. 소의 우유는 달콤하고 부드러우며 약간 끈적인다. 버팔로 우유는 소 우유보다 묵직하고 차가우며 소화와 불면증에 도움이 된다. 낙타 우유는 따뜻하면서도 거칠고 짜지만 변비에 좋고, 말 우유는 따뜻하고 시큼 짭짤하지만 힘을 증진시키며, 염소 우유는 떫은맛이 난다.

우리가 주로 마시는 소 우유의 맛은 원유의 품질, 가공 처리 방법 등에 따라서 영향을 받는다. 그중에서도 중요한 내역을 살피면 다음과 같다. 첫째, 유지방의 함유량이다. 유지방이 많을수록 고소한 맛과 부드러운 질감이 나타난다. 그렇지만 4.5% 이상이면 느끼한 맛이 난다. 둘째, 유단백질이 풍부할수록 담백한 맛이 난다. 이 성분 역시 고소한 맛에 기여한다. 셋째, 유당 성분은 감미롭게 만들며, 우유의 농도를 진하게 만든다. 넷째, 살균을 위해 가열하는 온도와 시간에 따라서도 맛이 달라진다. 저온 장시간 살균(63도 내외에서 30분)은 우유 본래의 풍미를 살리는 반면, 초고온 순간 살균(135도에서 2~3초)은 가열로 인해 고소한 맛을 더한다.

가공 우유는 흰 우유에 향료와 당류를 첨가하므로 다양한 맛을 낸다. 바나나 우유, 초코 우유, 딸기 우유 등이 대표적 사례. 그러나 주지하다시피, 바나나 우유에는 바나나가 들어 있지 않다. 바나나 우유 240밀리리터를 만들려면, 흰 우유에 설탕, 합성착향료, 치자황색소, 유화제를 넣는다. 즉 바나나 우유는 바나나 맛 우유라는 뜻.

◎ 탄산 음료

1885년 미국의 펨버튼 박사가 의약품으로 제조했던 코카콜라. 그 맛을 내는 데는 두 가지 성분이 중요했다. 하나는 코카 잎에서 추출한 코카인cocaine. 그렇다. 처음에는 한 잔의 양에 9밀리그램의 코카인이 들어 있었다. 그러나 1903년부터는 코카인이 제거되었다. 그렇지만 아직도 코카 잎에서 성분을 추출한다. 다만 코카인이 없는 코카 잎을 사용한다. 그 잎은 뉴저지에 있는 스테판Stephan 회사를 통해서 구한다. 미국에서 유일하게 코카 식물을 수입하여 처리할 수 있는 회사이기 때문. 그리고 또 다른 성분은 콜라 견과류kola nuts에서 추출한 카페인이다. 코카콜라Coca Cola의 이름도 바로 이들 성분에서 유래된 것. 성분 이름을 그대로 사용하면 Coca Kola가 되어야 하겠지만, 마케팅을 위해 Coca Cola로 바꿨다.

펨버튼이 처음 코카콜라를 만들면서 여러 가지 원료를 배합하며 실험을 했는데, 그 제조 방식은 업계의 비밀로 되어 있다. 비록 오늘날에는 그 성분이 레몬 오일, 오렌지, 계피, 고수풀 등으로 되어 있다는 것은 알려졌으나 어떻게 배합하는지에 대해서는 아직 모르고 있다.

코카콜라 본사는 원액*concentrate*을 공급하고, 제조 회사인 보틀러 *bottler*는 정수된 물과 당류를 이용하여 코카콜라를 제조한다. 물이나 당류는 나라마다 다르므로 코카콜라는 나라마다 미묘한 맛 차이가 난다. 이를테면 멕시코에서는 사탕수수의 설탕을 사용하는 데 비해 미국에서는 옥수수 시럽을 사용한다.

그렇지만 코카콜라의 맛은 대부분 국경을 넘어 대동소이하다. 특히 입속이 따끔할 정도로 톡 쏘는 맛은 어디를 가나 똑같다. 이 맛은 바로 인산과 이산화탄소에 기초한다. 인산은 산성으로서 신맛이 나며, 이산화탄소는 압력이 감소하면서 기체로 변해 신맛을 더하도록 만든다.

## ◎ 알코올

모든 알코올에는 에탄올(에틸알코올) 성분이 들어 있다. 에탄올이 들어 있는 비율은 맥주는 3~4%, 와인은 12~14%, 증류주는 45~50%가 된다. 맥주나 와인은 모두 발효된다는 점에서 공통적이다. 맥주는 곡물에서, 와인은 포도에서 발효된다. 이에 비해 증류주는 발효주를 끓여서 수증기를 응축하여 보다 농도가 높은 알코올을 포함한다. 그러면 맥주, 와인, 증류주의 순서대로 한 잔씩 돌아가며 맛을 보도록 하자.

### | 맥주
맥주를 만들 때는 곡물, 물, 효모가 기본 성분이다. 그런데 1400년대부터 홉*hop*이 첨가되었다. 홉은 덩굴성 식물의 암그루 꽃을 따서 말린 것이다. 홉을 사용함으로써 더 쓴맛이 나서 강한 맛을 낼 수 있고, 방부제 역할도 하기 때문이었다. 그래서 당시에는 홉을 넣지 않고 전통적인 방식으로 만든 것을 에일ale, 홉을 넣은 것을 비어라고 불렀다.

그러나 오늘날에는 홉의 사용 유무보다는 발효 방법에 따라 맥주를 두 종류로 구분한다. 에일과 라거lager. 에일은 15도에서 24도 사이의 상온에서 발효하는 방법이다. 상온이므로 빨리 발효되며, 그 과정에서 효모가 표면 위로 떠오르기 때문에 '상면 발효'라고 한다. 거품이 많이 나고 강한 맛이 난다. 여러 가지 과일 풍미가 나고, 어두운 색이 돈다. 밀을 첨가해 만든 휘트 비어, 포터porter, 스타우트stout가 이런 방식으로 만든다.

이에 반해 라거는 '하면 발효'를 거친다. 1단계에서는 7도에서 12도, 2단계에서는 0도에서 4도의 차가운 온도에서 오랫동안 발효 과정을 거친다. 이때 효모가 아래에 가라앉는 특성을 가진다. 에일보다 맑은 색을

2008년 영국의 겨울 맥주 챔피언 '포터'

띠며, 상쾌하고 드라이하면서도 가벼운 맛을 낸다. 보통 라거의 알코올 함유량은 4%에서 6%. 세계 맥주의 2/3가 여기에 속한다. 체코에서 시작된 필스너pilsner가 대표적 사례다.

그렇다고 이러한 이분법으로 모든 맥주를 구분할 수 있는 것은 아니다. 이를테면 독일의 콜쉬Kolsch 맥주는 1단계에서는 상면 발효, 2단계에서는 하면 발효를 거치기 때문이다.

나라마다 즐기는 맥주의 유형도 다르다. 벨기에는 과일을 첨가하여 맥주의 맛이 다양하다. 그래서 맛과 향이 강할 뿐만 아니라 알코올 도수도 높다. 독일은 필스너 계열을 즐기는데, 맛과 색이 모두 상쾌하며 알코올 도수가 낮고 뒤끝의 쓴맛이 적다. 영국은 흑맥주나 에일 계통의 맥주가 대중적이다. 미국에서는 홉의 풍미를 좋아한다. 그래서 알코올 도수는 낮지만 쓴맛이 강하다.

우리는 오랫동안 라거에 익숙해 있다. 그렇지만 라거도 브랜드에 따라 그 맛이 약간씩 상이하다. 맥주에 일가견이 있다는 주당들의 평가를 들어보면 다음과 같다. "맥스는 쌉싸름한 맛이 강하면서도 구수한 맛이 난다." "카스는 톡 쏘는 맛이 강해 상쾌하게 느껴졌다." "하이트는 맛이 부드럽고 목 넘김이 좋다."

맥주의 맛을 즐길 때는 색상도 중요하다. 그리고 맥주의 색은 맥아에서 비롯된다. 맥아malt란 발아가 되어 당이 포함되어 있는 보리를 뜻한다. 1900년부터 맥주를 대량 생산하기 위해 보리(대맥)를 사용했던 것. 대체로 엷은pale 맥아를 사용하므로 엷은 라거나 엷은 에일이라고 지칭한다. 그러나 짙은 색의 맥아를 사용하면 흑맥주인 포터 맥주가

된다. 포터 맥주는 말 그대로 18세기 런던의 짐꾼들이 마시던 데서 유래한다. 포터의 강한 버전을 스타우트라고 한다. 아일랜드의 기네스 Guinness가 스타우트 맥주의 대명사.

그리고 맥주라고 하면 잔 위로 수북이 올라오는 탐스런 거품도 빼놓을 수 없다. 맥주의 꽃이라고 불릴 정도이니까. 탄산 가스가 새어나가는 것을 막아줄 뿐만 아니라 공기 접촉으로 인한 산화를 방지해 준다.

또한 맥주의 맛에는 온도 역시 중요하다. 일반적으로 맥주는 차가워야 된다고 생각하는 사람들이 많다. 그렇지만 너무 차가우면 혀의 감각이 둔해지므로 오히려 맛이 싱거워진다. 섭씨 8도 내외가 맥주 맛을 즐기는 데 적당한 온도.

## ▌와인

와인은 화이트 와인과 레드 와인으로 대별된다. 화이트 와인을 만들 때는 청포도나 보랏빛 포도를 으깨어서 차가운 탱크에 몇 시간 넣어둔다. 향과 풍미가 우러나오도록. 그런 다음에 포도 껍질과 씨를 제외하고 과즙만을 추출하여 발효를 한다. 그래서 맛이 비교적 부드럽고 상큼하다. 이에 비해 보랏빛 포도로 만드는 레드 와인에는 포도 껍질과 씨가 중요하다. 떫으면서도 드라이한 맛을 생성하는 탄닌이 있기 때문이다. 더욱이 껍질은 와인의 색상을 결정한다. 화이트 와인과는 달리 오랫동안 발효된다.

와인을 즐기는 과정은 다섯 단계로 구분된다. 먼저 보면서 즐긴다. 와인의 색상을 감상하는 것이다. 둘째, 와인 잔을 돌린다. 공기에 많이 접촉시킴으로써 향을 더욱 피어오르게 만들기 위해서다. 돌릴 때 와인 잔에 묻었다 흘러내리는 흔적을 '다리leg' 또는 '눈물'이라고 하는데 이것도 즐김의 대상이다. 다리가 길수록 알코올과 풍미가 강하다는 뜻이다. 셋째, 냄새를 맡는다. 잔을 돌릴 때 숨을 깊이 들이마셔 향을 느낀다. 넷째, 홀짝거리며 입안의 감촉을 느끼고 맛을 본다. 꿀꺽 삼키지 말고 입안에 머금고 씹으면서 풍미를 끄집어낸다. 마지막으로 삼킨다. 목 넘김은 물론이고, 마시고 나서 입안에 맴도는 풍미도 음미한다.

이러한 단계에서 풍미에 결정적 영향을 끼치는 것은 향, 입안의 감촉, 그리고 맛이다. 이들을 차례대로 살펴보자. 우선 와인의 향은 전술한 커피처럼 은유법으로 묘사된다. 과일 향(오렌지, 베리, 과일 나무, 열대 과일, 말린 과일), 풀 향기(신선한, 요리된, 마른), 땅콩 향, 캐러멜, 나무 향, 흙냄새, 화학 약품, 통렬함, 산화됨, 생화학, 꽃 향, 매운 향.

다음으로 입안에 닿는 감촉도 다양한 풍미를 자아낸다. 감촉은 두 차원으로 구분할 수 있다. 하나는 바디로서 '짙다full bodied'와 '옅다light'로 표현된다. 와인이 잘 용해되거나 알코올 함량이 많을수록 바디는 짙어진다. 짙은 바디는 '풍부한,' '두꺼운,' '깊은,' '무거운,' '강한'으로 표현한다. 이와는 반대로 옅은 바디는 '가냘픈,' '섬세한,' '미묘한' 등으로 묘사한다. '맛이 두드러지지 않는다flat'는 표현은 산도가 충분하지 않거나 거품이 사라졌을 때를 의미한다. 또 다른 차원은 바탕 결인데 이는 '부드럽다' 또는 '거칠다'로 묘사된다. 기분 좋은 촉감은 매끄럽거나 여리다고 하며, 벨벳이나 비단과 비교하기도 한다. 거친 촉감은 떫은맛 때문에 느껴지는데, 이는 '딱딱하다,' '날카롭다,' '떫다,' '탄닌이 많다,' '입을 오므리게 만든다' 등으로 묘사한다.

그렇다면 와인 종류별로 그 맛은 어떨까? 먼저 화이트 와인을 살펴보자. 샤도네이Chardonnay는 프랑스의 부르고뉴(버건디)가 원산지이다. 오렌지나 사과 같은 풍미가 나는데, 가볍고 상큼한 맛을 비롯하여 파인애플처럼 숙성한 맛도 난다. 쇼비뇽 블랑Sauvignon Blanc은 신맛이 강하고 풀처럼 강한 초록 풍미가 난다. 자극적인 냄새 때문에 고양이 오줌과 같다고도 묘사되지만. 리즐링Riesling은 주로 춥고 돌이 많은 지역에서 생산되는데, 신맛이 강하고 드라이하다. 미네랄도 풍부하다. 피노 그리지오Pinot Grigio는 중간 정도의 신맛을 지녔다. 배, 아몬드, 헤이즐넛, 꿀과 같은 맛이 난다.

다음에는 레드 와인. 캐버네이 쇼비뇽Cabernet Sauvignon은 탄닌이 많아서 오래 숙성될 수 있다. 또한 탄닌은 단백질과 붙는 성질이 있어서 스테이크와 궁합이 잘 맞는다. 멀로Merlot는 화이트 와인의 샤도네이처럼 보편적인 레드 와인이다. 탄닌은 부드러울 정도로만 함유하고, 체리나 자두 같은 풍미가 난다. 피노 느와르Pinot Noir는 포도 껍질이 얇아서 밝은 빛을 띠고 있으며 흙냄새나 송로 냄새가 난다. 부드러운 질감과 신맛이 강해서 고기나 생선에 다 잘 어울린다. 프랑스에서는 시라Syrah, 호주에서는 시라즈Shiraz라고 불리는 레드 와인은 자두나 블랙베리, 후추와 같은 풍미가 난다.

와인 품평가들은 와인의 맛을 묘사할 때 다양한 언어를 구사한다. 와인을 사람과 비교하여 와인의 성격을 얘기하기도 한다. 그러면 와인을 보다 풍부하게 설명할 수 있고, 얘기하는 재미를 더할 수 있다. "흠, 이 와인은 성격이 복잡해." 와인의 다양한 성분과 풍미가 드러난다는 뜻. "왜 이렇게 단순하지?" 풍미가 흥미롭지 못하다는 얘기다. 여러분도 한번 성격을 얘기해 보라. "이 와인은 수줍은 새댁 같아." "아니야, 바람기가 있어."

## | 증류주

증류주*distilled*는 곡물을 원료로 발효한 것을 다시 증류하므로 알코올 도수가 높아진다. 그래서 증류주를 마시면 타는 듯한 감각이 즐기는 대상이 된다. 그 느낌은 순수한 정도를 나타내거나 마시는 사람의 용기를 나타낸다고도 여긴다. 원래 아랍어인 알코올은 매우 순수한 가루를 말하는데, 일반적으로 물질의 정수나 물질의 정신을 의미한다. 스피릿*spirit*이 증류주를 대신해서 사용되는 이유이기도 한다. 나라마다 이용 가능한 곡물을 주원료로 하므로 증류주의 종류가 다양하다.

　우리나라의 대표적 증류주는 소주이다. 소주는 증류식과 희석식으로 구분한다. 이들은 모두 곡물을 발효한 후에 증류를 거친다는 점은 똑같으나 증류 방법에서 차이가 있다. 전통적으로 만들었던 방법은 증류식. 알코올과 물이 끓는 온도가 각각 78도와 100도로 차이가 나는 것을 이용해서 알코올을 얻는다. 증류식의 알코올 농도는 10%에서 75% 사이로 희석식보다 상대적으로 낮다. 숙성 과정을 거치면 좀더 부드러운 향미를 띤다. 전통주인 문배주나 이강주가 대표적이다. 문배주는 누룩, 조, 수수와 물로 빚는다. 알코올 함량이 40%이지만 부드러우며 곡물의 향이 강하다. 이강주는 쌀과 보리를 발효시켜 증류한 후에 배, 생강, 계피, 울금, 벌꿀을 넣어 숙성시킨다. 알코올 도수가 25%로 낮은 편이다.

이에 비해 요즈음 우리가 흔히 마시는 소주는 희석식이다. 희석식은 곡류(쌀, 보리)와 전분질(고구마, 타피오카)을 발효한 후에 연속 증류함으로써 에틸알코올을 95% 이상 농축한다. 이를 주정이라고 하며, 주정을 물로 희석하여 40% 내외를 만든다. 불순물이 없는 대신 원료나 발효물의 풍미도 없다. 그래서 사탕이나 솔비톨, 꿀벌, 아스파탐 등을 첨가해서 맛을 낸다.

중국에서는 증류주를 백주 또는 백간아白幹兒(바이간얼이라고 발음, 배갈)라고 부른다. 수수를 원료로 하므로 고량주高粱酒라고도 한다. 고량은 바로 수수라는 뜻이다. 귀주성에서 나오는 마오타이주가 대표적. 독하면서도 뒤끝이 없는 것으로 유명하다.

사탕수수가 많은 브라질이나 카리브 섬에서는 당밀을 사용한 럼주가 유행한다. 당밀은 사탕수수를 달여서 설탕을 분리하고 남은 당액을 뜻한다. 특히 럼주의 삼각 무역은 역사적 주인공이다. 18세기에 서아프리카의 흑인 노예들은 카리브해의 서인도로 끌려오고 당밀과 교환된다. 당밀은 미국의 뉴잉글랜드 지방으로 운반되어 거기에서 럼으로 만들어져 서아프리카로 보내진다. 이러한 삼각 무역은 대영제국의 울타리에서 분업에 기초한 것이었다. 그렇지만 미국은 영국에서 독립하자 옥수수를 이용하여 버번 위스키를 만들기 시작한다.

멕시코에서는 용설란을 이용해 증류주를 만든다. 바로 테킬라 지방 이름을 딴 테킬라tequila다. 멕시코에서는 스트레이트로 마시지만 다른 나라에서는 소금과 라임을 곁들여 마신다. 이를 테킬라 쿠르다cruda라고 하는데, 검지 밑의 손등에 침을 바른 후에 소금을 묻힌 다음에 먹는다. 그리고 테킬라를 들이킨 후 라임을 깨문다. 소금은 테킬라의 독한 맛을 줄여 주고, 라임의 신맛은 조화로운 맛과 풍미를 더한다. 테킬라를 이용한 칵테일이 마가리타이다.

진은 증류주에 노간주나무 열매인 두송실juniper berries을 넣어서 특이한 맛과 향이 난다. 다른 증류주에 비해 드라이한 맛을 지닌다. 진을 이용한 대표적 칵테일이 진 토닉gin and tonic. 진에 토닉워터, 그리고 라임이나 레몬을 섞어 만든다.

위스키는 맥아, 옥수수, 호밀 등을 발효하여 증류한 후에 다시 숙성하는 과정을 거친다. 증류만을 거친 원액은 맑고 투명해서 특별한

테킬라 선라이즈 칵테일 만드는 법: 2½온스 데킬라, 5온스 오렌지 주스, 2티스푼 그래나딘 시럽, 으깬 얼음

향도 없다. 그러나 떡갈나무(오크) 통에서 숙성되는 동안 위스키의 맛과 향, 독특한 색을 지니게 된다. 특히 불에 그을린 나무통의 내부가 숯 역할을 하면서 불순물을 흡착하고, 목질과 위스키가 상호 작용해 향이 부드러워진다.

위스키는 산지에 따라 스카치, 아메리칸, 캐나다, 아이리시로 구분된다. 먼저 대표적인 스카치. 스카치 위스키란 용어를 사용하려면 스코틀랜드에서 제조되어야 하며 3년 1일 이상을 숙성해야 된다. 스카치 위스키는 맥아를 사용하는 싱글 몰트 위스키, 옥수수와 맥아를 사용하는 그레인(곡물) 위스키, 그리고 몰트와 그레인 위스키를 혼합해서 만드는 블렌디드 위스키로 세분된다. 이중에서 스카치 위스키의 97% 정도가 블렌디드 위스키로 20~40종류의 위스키 원액을 혼합해서 만든다. 따라서 숙성 연도를 표기할 때 30년이면 위스키를 만들 때 사용하는 모든 종류의 위스키 숙성이 30년을 넘어야 한다. '발렌타인,' '로열 살루트,' '조니 워커' 등이 모두 블렌디드 위스키에 속한다. 싱글 몰트 위스키로 유명한 브랜드는 '글렌피디치.' 그레인 위스키는 그 자체가 판매되지 않고 대체로 블렌디드 위스키에 사용된다.

아메리칸 위스키는 옥수수를 주원료로 한다. 켄터키 주 버번에서 생산되는 버번 위스키로는 '짐 빔'이 대표적이며, 테네시 주의 테네시 위스키로는 '잭 다니엘'이 유명하다. 캐나다 위스키는 옥수수와 호밀, 대맥을 사용하며, 아일랜드는 옥수수와 보리를 사용한다.

보드카는 호밀로 만들기 시작했으나 대맥이나 옥수수, 감자도 사용된다. 특히 러시아에서는 보드카 한 병을 따면 뚜껑을 멀리 던져 버린다. 한 방울도 남겨 두지 않을 것이며, 대취하겠다는 뜻이 있다. 자작나무 숯을 이용해 여과하므로 투명함이 뛰어나다.

포도주 또는 복숭아나 사과 같은 과일을 사용한 증류주를 브랜디라고 한다. 즉 발효주인 와인을 다시 증류한 것. 특히 코냑은 브랜디의 대명사로서 증류 후에 오크통에서 다시 숙성한다. 숙성 기간이 2년 이상이면 VS, 4년 이상이면 VSOP, 6년 이상이면 XO로 표시한다. 보통 식사 후에 많이 즐긴다. 꽃향기가 풍부하여 잔을 손바닥으로 감싸 체온으로 데워 향을 음미하면서.


## 3. 음료와 음식의 궁합

마시는 즐거움은 음료 자체의 맛에만 국한되지 않는다. 음료와 음식의 짝짓기를 통해서도 즐거움을 얻는다. 나아가서 음식과 음료의 조화야말로 예술이라고 여기기까지 한다. 이를테면 많은 사람들이 술은 음식이자 식사의 중요한 부분이라고 생각한다. 특히 칠레, 스페인, 포르투갈, 이탈리아, 그리스에서는 와인 없이는 어떤 식사도 완전하지 않다고 믿는다. 오죽하면 프랑스의 화학자 파스퇴르는 "와인 없는 식사는 햇빛 없는 날과 같다"고 했을까?

사실 음료는 음식과 떼려야 뗄 수 없다. 음식만 삼키면 목이 메기 십상이니까. 밥을 물이나 국에 말아 먹듯이, 시리얼은 우유에 말아 먹는다. 게다가 음식과 음료의 제대로 된 궁합은 커다란 즐거움을 가져

다준다. 그러므로 우리는 알게 모르게 음식을 선택할 때, 음료의 궁합을 맞춘다. 홍어회에는 탁주를, 피자에는 탄산 음료를 곁들인다. 종종 음료가 먼저 결정되기도 한다. 맥주를 들이키고플 때는 통닭집으로, 소주를 홀짝거리고플 때는 삼겹살집에 간다.

　그러면 사람들은 식도락을 만끽하기 위해 음식과 음료의 궁합을 어떻게 선택하고 있는가? 음식과 음료의 짝짓기는 크게 두 가지 방법이 있다. 우선 지리적으로 결정한다. 각 나라의 음식과 그 나라의 음료를 배합하는 방법이다. 예를 들면 중국 음식점에서는 식사를 주문하기 전에 뜨거운 차를 내온다. 차가 음식에서 필수품이라는 것을 알 수 있다. 로마에 가면 로마법을 따르는 방식이다. 초밥을 먹을 때는 사케를 선택하고, 파스타나 피자를 먹을 때는 끼안티Chianti와 같은 이탈리아 레드 와인을 선택한다. 일종의 신토불이라고 할 수 있다. 그러나 우리 몸에는 우리 것만 좋다는 식이 아니라 그 지역의 음식에는 그 지역의 음료가 잘 어울린다는 코스모폴리탄적인 신토불이라고나 할까?

　다음으로 감각에 기초하여 결정한다. 오감이 이끄는 대로 선택하는 것이다. 예를 들어 시각에 초점을 맞추면, 붉은 살 고기에는 레드 와인을, 흰 살 고기나 생선에는 화이트 와인을 선택한다. 미각을 기준으로 할 때는 바디, 볼륨, 조화가 중요하다. 먼저 바디(무게감)란 맛보았을 때 혀의 가운데에서 느껴지는 중압감이라고 할 수 있다. 물처럼 느껴진다면 라이트 바디, 진한 우유와 같다면 풀 바디, 저지방 우유처럼 느껴지면 미디엄 바디. 그래서 음식과 음료의 무게감을 비교하여 서로 짝짓기를 한다. 해산물처럼 가벼운 식사에는 가벼운 풍미가 나는

리에즐링(화이트 와인)이나 피노 노르(레드 와인)를, 육류처럼 무거운 식사에는 풀 바디인 샤도네이(화이트)나 캐버네이 쇼비뇽(레드)을 선택한다. 닭고기처럼 중간 정도면 미디엄 바디인 쇼비뇽 블랑(화이트)과 멀로(레드)가 적격이다. 알코올 도수가 높은 것도 바디를 결정한다. 와인의 도수가 12% 이하면 가벼운 반면, 13%나 14%면 무겁다.

청각에 기초해 결정할 수도 있다. 음식의 볼륨을 스피커에서 흘러나오는 소리로 비유하고 그에 맞춰 음료를 택하는 것이다. 생선은 육질이 부드러워 씹을 때 소리가 별로 나지 않아 조용한 편이다. 따라서 부드러운 라거나 필스너 맥주가 제격이다. 이에 비해 돼지고기나 닭고기는 약간은 소리가 나므로 페일 에일이나 복bock(강한 라거)이 적당하다. 그리고 씹을 때 비교적 소리가 크게 나는 쇠고기나 양고기에는 브라운 에일이나 흑맥주가 좋다. 독주에서는 진이나 보드카 같은 화이

스테이크와 어울리는 와인

트가 조용하고, 버번이나 위스키처럼 브라운 색 계열이 와자지껄하다. 커피로 따지면 볶는 정도에 비교될 수 있다. 많이 볶을수록 목소리가 커진다. 차에서는 녹차가 조용하다면 우롱차는 중간, 홍차는 시끄러운 편이다.

마지막으로 풍미의 조화에 기초한 결정이다. 맛의 조화를 이루기 위해서는 비슷한 맛끼리 짝짓기하거나, 거꾸로 차별되는 맛으로 짝짓는다. 전자의 사례는 쿠키를 먹을 때 우유를 마시는 것이다. 달콤함과 고소함이 입안 가득 어우러져 그 풍미를 더해 준다. 이에 비해 후자는 오징어와 맥주의 궁합이다. 짠맛과 시원한 맛이 주거니 받거니 어울린다. 그래서 하루 종일 먹고 마실 수 있게 된다.

## 4. 쾌락 추구

사람들은 쾌락을 추구하고 고통을 피하려 한다. 이러한 원칙은 고대 그리스에서부터 오늘날에 이르기까지 사람의 행동을 이해하는 데 가장 많이 사용된 논리 중의 하나였다. 심지어 그리스의 철학자 에피쿠로스는 즐거움과 고통을 선악의 기준으로 삼았다. 술을 마셔서 행복하면 선행을 한 것이다. 과도한 음주로 심신이 고통을 받는다면 악행을 저지른 것이고.

심리학에서도 쾌락과 고통은 인간 동기의 전제 조건이다. 조건 반사 학습에서는 보상과 처벌이 중요하지 않던가? 아이는 엄마 말을 잘 들으면 주스를 마실 수 있지만, 그렇지 않으면 국물도 없다는 것을 안다. 주스를 마시는 보상은 쾌락이고, 마시지 못하는 처벌은 고통인 것이다. 사람들과의 관계에서도 쾌락 추구와 고통 회피의 원칙은 유용하다. 나는 경은이를 좋아하고 재식이를 싫어하는데, 경은이는 희한하게 재식이를 좋아한다. 이러한 불균형 관계는 나에게 고통을 준다. 그러면 나는 고통을 줄이기 위해 내 감정을 바꾼다. 재식이를 좋아하든가, 아니면 경은이를 덜 좋아하든가. 이처럼 마음의 일관성을 유지하는데도 쾌락과 고통이 작용한다.

음료의 선택과 소비에서도 마찬가지다. 소비자는 쾌락을 추구하기 위해 음료를 마신다. 무엇보다 오감을 기분 좋게 자극하는 것은 즐겁다. 차의 은은한 향, 탄산 음료의 톡 쏘는 맛, 우유의 고소한 맛. 어느 와인 애호가의 인터뷰는 쾌락을 단적으로 보여 준다. "와인과 음식이 절묘하게 맞을 때, 감각은 고양되고 맛은 극으로 치닫지요. 온몸에 전율이 흐르고 영혼이 일깨워져요. 어쩔 수 없이 신음도 나와요. 이런 즐거움은 오르가즘이라고 할 만해요."

특히 사람들은 단맛을 즐긴다. 인류가 오래전부터 기아에 굶주렸기 때문에 당분과 기름기가 있는 음식에 자연히 끌리기 때문이다. 따라서 달콤한 음료를 마시면 대체로 긍정적인 얼굴 표정이 나온다. 입술로 입맛을 다신다든가, 혀가 날름 나와서 입술을 핥는다든가. 이런 표정을 지을 때는 얼굴의 가운데 근육들이 편안해지며, 어떤 때는 눈가의 웃음을 동반하기도 한다. 반대로 쓴맛을 느끼면 우리는 삼킨 것을 내뱉듯 입을 쩌억 벌린다. 게다가 얼굴은 복잡하게 일그러진다. 입

술을 오므리거나, 눈썹과 코를 찌푸린다. 심지어 손사래를 치거나 머리를 절래절래 흔들기도 한다.

즐거움은 감각 차원 이외에 다양한 형태로 다가온다. 탄산 음료를 통한 상쾌한 정신. 커피 한잔으로 만끽할 수 있는 심신의 여유. 술 한 잔으로 한껏 고양되는 기분. 소비자는 이처럼 음료를 마심으로써 편안하고 즐겁고 행복하다. 즉 상품 소비로 얻을 수 있는 다양한 긍정적인 결과를 기대하고 선택, 소비한다.

아울러 고통을 피하는 것도 쾌락을 추구하는 것만큼이나 중요하다. 그리스 철학자인 에피쿠로스 역시 방만한 쾌락을 추구한다기보다는 심신의 고통이 없는 상태를 이상적인 삶이라고 하지 않았던가? 사람에 따라 어떤 음료 맛은 고통으로 다가올 수 있다. 단맛을 싫어하는 사람도 있다. 커피는 쓰게만 느껴지고, 술이 아예 몸에서 받지 않는 사람한테는 이들 음료는 회피 내상이다. 또 다른 혐오 원인 중 하나는 역겨움이다. 인공 첨가물이 들어간 음료를 마셨을 때 위장이 뒤틀리는 듯한 불편함. 따라서 싫어하는 음료를 잘 피하는 것도 행복의 길이다.

## 즐기는 음료와 원하는 음료

즐기는 것과 원하는 것에는 차이가 있다. 원한다고 반드시 좋아하는 것은 아니기 때문이다. 잠을 쫓기 위해서 커피를 원하지만 커피를 즐기지 않을 수 있으니까. 그렇지만 일상 생활에서 즐기는 것과 원하는 것은 종종 중복된다. 식후에 커피를 원하는 사람들은 커피를 즐기는 사람이고, 하루 일과 후에 한잔하기를 원하는 사람은 알코올을 즐긴다고 볼 수 있다. 그만큼 즐기기 때문에 원하는 셈이다.

나아가서 음료는 고통을 해소하는 데도 기여한다. 무더운 여름날 갈증을 해소하고플 때, 나른한 오후 몸은 무겁지만 정신을 차려야 할 때, 늦은 밤 곤하게 자고 싶은데 말똥말똥할 때, 세상만사를 잊고 싶을 때. 우리는 어떤 음료를 선택해야 할지를 알고 있다. 고통스러운 상황을 벗어나는 데 음료가 문제의 해결책이 된다.

　　이처럼 음료를 통해 쾌락을 가까이 하고 고통을 멀리하는 것은 우리의 생존뿐만 아니라 웰빙에 기여하기 때문이다. 따라서 우리의 뇌는 어떤 선택이 좋은지를 판단한다. 즐거운 음악을 듣거나, 기분 좋은 마사지를 받거나, 가족이나 친구와 정담을 나누고 있을 때는 뇌의 전두엽 부분이 활성화된다. 쾌락을 관장하는 뇌의 부위이다. 맛있는 식품이나 음료를 섭취할 때도 마찬가지다. 좋은 향이나 냄새를 맡아도 똑같은 부위가 반응을 보인다. 그리고 맛있는 식음료를 보기만 해도, 또는 먹을 것이라고 기대만 해도 보상과 관련된 뇌가 활성화된다.

　　그러나 뇌가 대부분의 음료 맛을 저절로 아는 것은 아니다. 다도를 즐기는 사람이나 와인 애호가나 모두들 한때는 그 아름다움을 알지 못하였다. 그러다 어느 순간 음료의 매력에 눈을 뜨게 된다. 희한한 경험을 하는 것이다. 장소가 아늑하거나 화기애애한 분위기에 녹아든다. 함께 있는 사람들이 즐겁다. 그러다가 음료를 마신다. 그것이 커피든, 맥주든. 그때 당신의 감각은 전율한다. 그 음료에 도취하여 놀라며, 그로 인한 즐거움은 자극적이며 최면적인 효과까지 있다. 입속에 퍼지는 느낌, 마시고 났을 때에 맴도는 풍미와 향. 그 순간 정지하고 싶고, 그 느낌에 모든 것을 집중하고 싶어진다. 몸 안에 황홀함이 들어

온다. 그런 기운에 몸과 마음이 들뜬다. 비록 그 순간은 짧지만 영원히 기억된다. 그때부터 그 사람의 인생은 바뀐다. 음료를 마시는 즐거움을 뒤쫓게 된다.

# 사랑은 맥주와 똑같다

김영철 | 개그맨

서현진 — 평소 즐겨 마시는 음료수는요?

김영철 — 칠성사이다.

서현진 — 특별한 이유라도?

김영철 — 어릴 때 콜라 마시지 말라는 얘기를 너무 많이 들어서.(웃음) 콜
라 대신 마시기 시작한 게 사이다. 콜라와 비슷한 톡 쏘는 맛이
정말 좋아요. 어린 시절 잔칫집에 갔다가 집에 올 때 싸주시는
수육과 찐 계란에 늘 사이다가 함께 했던 기억이 나요. 아마도
체하지 말라고 주신 것 같은데, 어린 시절 넉넉했던 잔칫날의 추
억인 셈이에요.

서현진 — 어릴적 습관이 요새도 이어지나 봐요?

김영철 — 그렇죠, 어른이 된 지금은 사우나 후에 마시는 칠성사이다의 목
넘김이 정말 좋아요. 깨끗한 맛이 으뜸이지요. 참고로 킨과 칠성
의 차이는 펩시랑 코카콜라의 차이라고나 할까요. 정통 사이다
의 느낌이 좋아 칠성만 고집해요. 아, 잠깐만. (인터뷰 도중 갑자기 근
처 냉장고로 다가가더니 사이다를 꺼내서 한 모금 마신다) 사이다가 떠올라
서.(웃음)

서현진 — 또 음료에서 특별한 맛을 느낄 때가 있나요?

166

김영철 _ 주종을 가리지 않고 술을 잘 마셔요. 그렇지만 맥주는 첫맛이 좋아서 즐겨 찾죠. 물론 저렴하다는 이유도 있지만. 워낙 후배들이나 주변 사람들을 챙길 일이 많거든요.

서현진 _ 사람 좋은 영철 오빠의 성격이 엿보이네요. 그 첫맛에 대해서 좀 더 설명해 주세요.

김영철 _ 드라마 〈부모님 전상서〉를 촬영할 때인데, 극 중 한 인물이 소개팅을 한 후에 다음과 같은 대사를 읊어요. "사랑은 맥주랑 똑같아. 첫 목 넘김은 정말 좋지만, 두 번째 모금부터는 그 첫맛이 안 난단 말이야. 사랑도 처음에는 너무 설레고 좋지만, 나중엔 아무리 노력해도 처음에 느꼈던 그 설렘은 잘 생기지 않아." 사랑이란 감정의 변화를 식어 버린 맥주에 비유한 대사였는데, 드라마가 끝난 지금도 맥주를 마시면 종종 생각이 나요. 딱 첫 잔에 따랐을 때만 느낄 수 있는 그 맛. (웃음)

서현진 _ 그러면 오늘도 그 맛 때문에 맥주를 찾아 헤매시겠네요. (웃음)

5

이미지에 빠지다

"인생이란 취향에 대한 논쟁이
다. 당신의 취향을 담고 있는 음
료 브랜드는?"

## 달콤 쌉쌀한 '아포가토'

난 거울 보는 걸 좋아한다. 아니, 사랑하는 수준이다. 방송할 때도 거울을 무릎 위에 놓고 수시로 본다. 좋은 사람들과 얘기 중에도 화장실에 종종 간다. 볼일을 보려는 것이 아니라 거울 속의 나를 보려고. '나르시시즘'인지도 모르겠다. 좀 더 생각해 보면 그보다는 거울 속의 나를 보면서 순간순간의 감정을 확인할 수 있기 때문이다. 내 꿈에 대한 기대감을, 내 일에 대한 흥분을, 사람과의 만남에서 사랑을.

그런 면에서 나는 스타벅스의 '아포가토'를 즐긴다. 연한 바닐라빛의 아이스크림 위로 끼얹어지는 부드럽고 까만 에스프레소. 쿨과 핫의 조화로운 만남. 아이스크림의 달콤함과 에스프레소의 쌉싸름함. 나긋나긋할 것 같으면서도 톡톡 쏘는 나의 발랄함을 그대로 간직한 것 같지 않은가? 호호. 게다가 달콤하면서도 진하게 나를 감싸 안는 것 같으니. 듬뿍 사랑을 받고 있는 느낌이 절로 들 수밖에.

여기서 팁! 좋은 감정을 나누고픈 사람과 함께 있다면 '아포가토'를 하나만 시키는 건 어떨까? 스푼을 두 개 얻어서 함께 나누면 컵 속의 아이스크림이 사라지는 속도만큼 서로에 대한 거리는 금세 좁혀질 것이다.

# 1. 브랜드를 의식하다

우리는 브랜드에 민감하다. 값비싼 브랜드를 구입하면 왠지 우쭐해진다. 유명 브랜드 속옷을 입으면 기분이 좋아진다. 비록 남들이 볼 수 없어도. 게다가 명품을 소유한 사람을 보면 은근히 부러워할 뿐만 아니라 그 사람을 대하는 태도도 조금은 달라진다. 음료도 마찬가지다. 에비앙 생수를 마시면 품격이 있어 보인다. 스타벅스 커피를 들고 다니면 남들의 시선에 당당해진다. 프랑스산 와인을 마시면 그 술자리는 뭔가 있어 보인다.

소비자가 브랜드에 주목하는 현상은 명품 브랜드의 열풍에서도 쉽게 찾을 수 있다. 커피빈 커피는 한 잔에 4000원이 넘지만 매장은 항상 만원이다. 우리나라 주당들의 고급 위스키에 대한 열정도 남다르다. 발렌타인 21년산은 국내 면세점에서 10만 원 내외. 그래도 값비싼 위스키는 날개 돋친 듯 팔린다. 오죽하면 세계의 위스키 회사가 한국을 주요 시장으로 손꼽고 있을까? 일부 브랜드는 우상시되고 있을 정도. 사무엘 아담스 유토피아 맥주나 샤토 무통 로칠드 와인은 경외감을 불러일으키기까지 한다.

많은 유명 브랜드는 동시에 글로벌 브랜드이기도 하다. 글로벌 브랜드는 판매를 극대화하고 생산비를 최소화한다. 국경과 문화를 넘어 세계를 대상으로 표준화된 상품과 서비스를 판매함으로써 규모의 경제를 꾀하기 때문이다. 어느 나라에 가나 일정 수준의 서비스와 품질을 보장하는 맥도널드나 코카콜라가 대표적 사례다.

이러한 글로벌 브랜드는 세계적으로 문화를 공유하면서 더욱 성장할 수 있었다. 여기에는 다음과 같은 요인들이 기여하였다. 지난 20년 동안 국경선 안에서만 맴돌던 커뮤니케이션이 세계적인 색채를 띠기 시작했다. 각 나라가 세계 경제에 편입되고 해외 여행이 빈번해지며 노동력은 국경을 넘어서 이동하였다. 또한 방송, 영화, 음악은 매스 미디어를 통해 지구촌에 유통되고, 최근에는 인터넷 매체의 가세로 대중 문화의 세계화는 더욱 심화되었다.

이와 같은 글로벌 문화의 등장으로 소비자들은 세계적으로 공통적인 상징과 의미를 공유하게 되었다. 스포츠나 엔터테인먼트 상품과 마찬가지로 글로벌 브랜드 역시 공통 언어로 자리잡은 것이다. 그리고 소비자들은 글로벌 브랜드라고 하면 세 가지 특성을 연상한다. 첫째, 좋은 품질이 떠오른다. 많은 사람들이 사용하므로 그만큼 품질이 좋다고 여기는 것이다. 오죽하면 예전에는 원산지 효과를 강조했지만 이제는 글로벌 브랜드임을 알리는 것이 보다 효과적이게 되었을까? 둘째, 글로벌 브랜드는 '세계인(코스모폴리탄)' 신화를 창출한다. 소비자는 글로벌 브랜드를 사용하면서 스스로를 지구촌의 일원으로 생각하는 것이다. 자본주의 경제가 세계적으로 파급되면서 코스모폴리탄의 삶이 숭배된 탓이다. 셋째, 글로벌 브랜드의 사회적 책임감에 주목한다. 세계적으로 영향력이 큰 만큼, 사회적으로 책임 있는 기업이 될 것을 요구하는 것이다. 그래서 환경이나 노동 문제와 같은 사회적 이슈나 사회 복지에 대해 높은 의무감을 부여한다.

그렇지만 모든 소비자가 글로벌 브랜드를 좋아하는 것은 아니다.

다국적 기업의 활동이 특정 국가의 문화를 식민지화한다고 우려하는 사람도 있다. 시장 중심의 대중적인 소비 문화가 팽배하고, 지역의 독특한 문화는 설 자리가 없어진다는 것이 비판의 이유다. 이처럼 소비자는 글로벌 브랜드에 대해 다양한 태도를 지니고 있다.

그럼에도 불구하고 현대인의 삶에서 어떤 브랜드를 소유했느냐는 주목할 만한 현상이 되고 있다. 그만큼 우리가 물질주의에 심취해 있는 탓도 있다. 풍요로움을 숭배하므로 상품의 소유와 소비가 우리의 행복을 결정한다고 보는 것이다. 성공도 무엇을 성취했느냐가 아니라 사람들이 소유한 물건의 양과 질로 판단된다. 그러므로 국내 맥주보다는 수입산 맥주를 마실 때, 소주보다는 위스키를 마실 때 삶이 더욱 만족스럽게 느껴진다.

물론 이런 소비자 행동에는 기업의 마케팅 활동이 기여하는 바가

## 글로벌 브랜드에 대한 태도

글로벌 브랜드에 대한 태도에 따라 소비자를 네 집단으로 구분할 수 있다. 먼저, 글로벌 브랜드에 반대하는 집단. 이들은 글로벌 브랜드를 혐오하고 신뢰하지 않는다. 다음으로는 글로벌 브랜드에 무덤덤한 집단. 글로벌 브랜드나 현지 브랜드나 차별하지 않고 똑같은 구매 결정 기준을 적용한다. 이에 반해 글로벌 브랜드를 꿈꾸는 집단. 좋아하는 정도를 넘어서 존경한다. 마지막으로 글로벌 시민 집단. 이들은 글로벌 브랜드의 품질은 좋지만 글로벌 기업이 과연 사회적 책임을 다하고 있는지에 관심을 두고 있다. 12개국을 조사한 결과를 살피면, 평균적으로 반대 집단이 14%, 무덤덤 집단이 8%, 꿈꾸는 집단이 23%, 시민 집단이 55%에 이른다. 여러분은 어느 집단에?

적지 않다. 상품 차별화나 포지셔닝 전략을 통해서 자사 브랜드의 이미지를 끊임없이 인식시키기 때문이다. 같은 차 음료이지만 옥수수 염차는 V라인을, 류는 신체 순환을 강조한다. 소다 음료에서도 상품에 부여하는 의미는 브랜드마다 상이하다. 칠성사이다는 순수함을, 코카콜라는 신남을, 펩시콜라는 젊음을 판매한다.

그러나 소비자가 브랜드에 열광하는 보다 중요한 이유는 바로 브랜드가 문화적 아이콘이기 때문이다. 즉 소비자는 브랜드와 연관된 상징성과 의미를 소비한다. 브랜드는 소비자에게 삶의 배경을 제공하는 것이다. 그리고 소비자는 브랜드를 선택함으로써 자신이 추구하는 가치를 체험한다. 그래서 자신에게 중요한 음료는 비싼 값을 치르고서라도 소비한다. 이에 비해 별로 의미가 없는 음료는 싼 가격의 브랜드나 아예 무명 브랜드를 사기도 한다. 그렇기 때문에 구매한 음료가 그 사람의 소득 수준과 맞아떨어지는 것은 아니다. 물은 아리수를 마실지언정 커피는 4000원짜리 스타벅스를 마시는 된장녀가 인구에 회자되는 것도 이런 이유에서다. 심지어는 불경기도 아랑곳하지 않는다. 유명 음료는 자신의 라이프스타일과 정체성을 지켜 주는 토대이기 때문이다. 과연 음료 브랜드가 어떤 이미지를 제공하길래?

## 2. 음료 브랜드의 이미지

◎ 생수

물은 다 똑같은 물일 것 같지만 브랜드 가격이나 종류는 천차만별이다. 소비자가 생수를 까다롭게 고르는 까닭이다. 심지어는 맥주나 청량 음료, 또는 커피보다 더 비싼 값을 지불하기도 한다. 평범하기 그지 없는 물을 이처럼 색다르게 만드는 것이 바로 브랜드 파워이다. 더욱이 물은 공기처럼 생존에 절대적으로 필요하므로 특별한 상징성을 지닌다. 과연 생수 브랜드는 어떤 의미를 지니고 있는가?

먼저 브랜드에 따라 강조하는 맛은 다양하다. 볼빅Volvic은 독특한 맛을, 쿼젝은 소금기 없는 맛을 강조한다. 미네랄 함유량도 서로 다르다. 몽 루쿠Mont Roucous는 유럽에서 미네랄이 가장 적다고 광고하는가 하면, 쿠르마예르Courmayeur는 마그네슘과 칼슘의 양이 많다고 자랑한다. 그런가 하면 다음과 같은 생수는 미네랄을 제거했다고 알린다. 로자나Rozana는 철분을, 오레 뒤 부아Oree du Bois는 플루오라이드를 뺐단다. 이러한 맛의 차이는 수원지와 직결된다. 게다가 수원지는 소비자가 주목하는 중요한 내용이다. 볼빅이나 에비앙은 모두 프랑스 알프스를, 피지는 피지섬의 열대 우림을, 삼다수는 제주도를 라벨에 그려 넣었다.

생수 브랜드는 자신의 물을 마시면 활력과 에너지를 준다고 호소하며(비텔Vittel), 당신의 몸에 젊음을 준다고도 한다(에비앙). 볼빅이나 아쿼럴Aquarel은 아기의 우유를 타는 데 적합하다고 주장할 정도로 순수성을 내세운다. 거꾸로 미네랄이 풍부해서 아기한테 적합하지 않다고 경고하기도 한다(타유핀). 이러한 혜택 이외에 물을 마셔서 다이어트에 좋다는 주장도 빼놓을 수 없다. 아예 타유핀Taillefine은 브랜드 이름 자체가 가느다란 허리선이라는 뜻이다. 콘트렉스Contrex는 '내 체중을 줄이는 파트너'라는 슬로건을 사용하기도 한다.

생수의 병 모양과 색도 중요하다. 맛보기 전에 시각적으로, 그리고 물리적으로 먼저 느낀다는 점에서 그 중요성은 더하다. 네슬레 회사는 애로우헤드와 같은 자사의 생수 패키지가 즐거움과 유혹을 전달할 뿐만 아니라 브랜드의 정체성을 구축한다고 홍보한다. 에비앙은 인체 공학적인 측면을 보완하고 미끄럼을 방지하면서 현대적 감각을 살리려고 한다. 쿠르마예르는 가느다랗고 긴 모양을 통해 우아함과 여성성을 지향한다. 핑크색과 보라색의 조화와 함께 비너스 여신상으로 따뜻함과 육감적인 면모를 전하면서.

브랜드 이미지에는 회사의 이미지도 작용한다. 아쿼럴의 모회사는 네슬레Nestle로서 세계적인 영양 전문가를 내세운다. 그리고 다사니는 코카콜라 회사임을, 타유핀은 다농의 자회사임을 강조하고.

그럼 구체적으로 생수 브랜드의 이미지를 살펴보자. 이를 위해 피지 생수를 선택했다. 그 까닭은 1996년에 출시된 피지 생수가 불과 11년 만에 미국에서 수입 생수 2등을 차지했기 때문이다. 오랫동안 부동의 1위였던 에비앙 브랜드를 바짝 추격하면서. 그렇다면 피지 생수의 매력은 무엇일까?

무엇보다 피지 생수는 생수병 안에 들어 있는 물에 초점을 맞춘다. 남태평양 피지의 섬 비티레부Viti Levu의 화산 고지대에 400년 전에 비가 내렸던 물을 수맥까지 파내려가 채수한 것이다. 문명 세계의 대륙과 수백 마일 멀리 떨어져 있으며, 소비자에 전달할 때까지 사람의 손을 하나도 거치지 않는 원시 그대로의 물임을 강조한다. 워낙 깨끗한 물이어서 병에 담아 소비자에게 전달할 만한 가치가 있다는 것이다. 따라서 '머나먼 곳에서' '손때가 타지 않은' 순수함이 차별적인 요인이다. 워낙 물 자체가 독특하므로 패키지에 신경을 쓰는 다른 브랜드와는 차별적일 수밖에. 예를 들어 물보다 패키지에 초점을 맞추는 사례 하나. 할리우드 제작자가 만드는 블링 h2O는 젖빛 유리에 담겨져 있고 브랜드 이름에는 스와로브스키Swarovski 크리스털을 박아 넣었다. 그러니 750밀리리터에 5만 6000원이나 하지.

스와로브스키 크리스털을 박아 넣은 블링 h2O

피지 생수는 연간 40%의 성장률을 보이는데, 여기에는 구전 효과를 노린 홍보 전략도 기여한다. 일류 레스토랑이나 세계적인 요리사의 부엌에 피지 생수가 등장하도록 주력한 것이다. 아울러 최고의 휴양지나 호텔에서 미니바를 열면 피지 생수를 만날 수 있도록 하는 등 장소에 기초한 마케팅 전략을 구사하였다. 그래서 끊임없이 화젯거리를 제공하였다. 이를테면 미국 대통령에 당선된 오바마도 선거 당일에 가족과 함께 호텔방에서 담소를 나누고 있었던 사진이 공개되었다. 그리고 그 테이블 위에 놓여 있던 생수는? 바로 피지.

나아가서 피지 생수는 생수 제조 과정에서 이산화탄소 배출을 최소화하기 위해서 국제 보존 기구Conservation International와 파트너십을 형성하였다. 이 기구는 지구 온난화에 가장 영향력이 있는 단체인데, 생수 업계에서는 세계 최초로 공동 전선을 구축해 주목받고 있다. 피지 생수의 강점인 천연 생태계를 더욱 부각시키면서.

◎ 차 음료

우리나라에서 '차 음료'하면 예전에는 녹차였으나 이제는 혼합차가 주류를 이룬다. 여기에는 2005년 초 페트병에 담겨 출시된 남양유업 '17차'의 역할이 컸다. 녹차의 떫은맛을 없애고 구수하면서도 담담한 맛을 내는 데 주력해서 소비자의 입맛을 사로잡았기 때문이었다. 그리고 건강과 다이어트를 브랜드의 주요 개념으로 강조하였다. 이들 개념은 17차의 성분으로 뒷받침되었다. 체력에 좋다는 뽕잎, 섬유소

함량이 높은 메밀, 눈이 맑아지는 결명자, 칼슘과 철분이 함유된 구기
자, 녹차 성분인 카테킨, 지방산 대상에 작용하는 L-카르니틴 등.

뿐만 아니라 이러한 성분의 효과를 눈에 띄게 표현한 광고의 호소
력도 컸다. 음료의 핵심 타깃인 20대 여성들에게 건강한 아름다움을 전
하기 위해 전지현을 모델로 기용한 것이다. 그녀는 광고에서 S라인 몸
매를 마음껏 과시했다. 한 여대생, "전지현이 광고해서 호기심에 사먹
었어요. 왠지 그런 몸매를 가질 수 있다는 느낌이 들기도 해요." 원래
17차의 이름은 "몸이 가벼워지는 시간 17차." 차 음료가 미용 음료로
포지셔닝되면서 주 소비층의 연령대를 낮추는 효과도 가져 왔다.

2006년에 출시된 광동제약의 옥수수수염차도 혼합차의 위치를 튼
튼하게 해준다. 무엇보다 재료의 독특성이 눈에 띤다. 옥수수 차의 구
수한 맛과 옥수수 수염의 기능성이 어우러져 상승 효과를 자아낸 것이

20대 여성이 선호하
는 모델을 기용해 광
고 효과를 높인 남양
유업의 '17차.' 17차
홈페이지 메인 화면.

다. 한의학에서는 예로부터 옥수수 수염이 소변을 잘 나오게 하며, 몸이 부었을 때 부기를 완화할 수 있다고 하였다. 그리고 실제로 요로 수축을 억제하고 요로 결석 형성을 차단하는 물질이 있음을 확인하였고.

이러한 사실에 힘입어 옥수수수염차는 부기 완화를 제품의 컨셉트로 내세웠다. 이를 광고에서는 V라인 얼굴로 표현하였고. 사실 원래의 브랜드 이름도 'V라인 얼굴 광동 옥수수수염차.' 특히 전통 미인은 얼굴선이 고왔다는 점을 강조하기 위해 제품의 패키지에 전통 여인상을 그려 넣었다. KBS 드라마 〈황진이〉의 타이틀을 광고에 사용한 것도 같은 맥락.

## 차 음료의 이미지 변천

차 음료는 시대와 지역에 따라 그 의미가 사뭇 달랐다. 유럽에 중국 차가 처음 소개되었을 때 차 음료는 사회적 신분을 나타냈다. 동양의 새로운 맛이었으므로 패션과 현대성의 지표였던 것이다. 그래서 상류층의 눈에 띄는 소비 현상으로 자리잡았다. 특히 1660년 영국의 찰스 2세가 포르투갈의 여왕 캐서린과 결혼하면서 차는 귀족 사회에 본격적으로 등장한다. 차는 주로 여성층에서, 그리고 가정에서 많이 소비되었다. 부유층에서는 차를 마시면서 자신의 부를 과시하였다. 도자기로 만든 차 주전자와 찻잔, 접시는 물론 마호가니로 만든 차 테이블과 이에 걸맞는 의자, 그리고 우유 잔, 설탕 통, 스푼 통에 이르기까지.

그러나 차는 1730년대 들어서면서 한층 다양한 의미를 지닌다. 상업 계층과 전문직에서는 차 음료가 진지한 삶이나 신뢰와 존경을 나타낸다고 보았다. 맑은 정신을 유지할 수 있기 때문이었다. 특히 금주 운동이 벌어진 1830년대와 1840년대의 영국에 사실 차 음료는 기본적으로 그 맛이 그 맛일 가능성이 높다. 더욱이 전달하는 메시지도 모두 건강과 다이어트, 미용 일색이다. 따라서 브랜드를 소비자에게 차별적으로 전달하는 일이 쉽지 않다. 그러므로 브랜드의 이미지를 구축하는 데 광고 모델의 역할이 중요해진다. 소비자의 혼동을 줄이고 브랜드를 더욱 명확하게 인식시킬 수 있기 때문이다. 그래서 인기 스타들이 음료 광고에 총출동한다. 줄넘기하는 김아중, 그네 타는 전지현, 물 위에 누운 보아, 헐렁한 옷차림의 비 등. 그렇지만 모델에 앞서 맛이나 기능에서 경쟁력을 갖추는 일이 급선무다. 소비자의 입맛을 속일 수는 없으니까.

---

서는 술 대신에 차를 권장하곤 하였다.

　　19세기 중반부터 차는 거의 모든 식사에 동반하였을 뿐만 아니라 에너지를 제공하는 중요한 음료였다. 값이 저렴해진 설탕으로 맛을 냈기 때문이었다. 찻집이 19세기 후반부터 등장하였지만 대부분은 집에서 소비되어 가정이라는 의미도 강조되었다. 또한 중산층에서 상류층의 낭비와 사치, 그리고 비도덕에 대항하는 상징의 의미도 덧붙였다. 이후에는 모든 계층에서 마시게 되었다. 특히 아침 식사 시간에는 모든 계층에서 차가 80% 이상의 음료로 자리를 잡았다.

　　그러나 20세기에 들어서면서 차 음료는 구시대적이라고 취급받는다. 점심 식사를 패스트푸드나 스낵으로 때우면서 커피나 청량 음료를 마시게 된 것이다. 따라서 점심 식사와 함께 차를 마시던 관행은 줄었고, 차는 맥 빠진 라이프스타일로 인식되었다. 17세기에는 현대성의 상징물이었는데.

# ◎ 커피

스타벅스는 세계의 커피 문화를 바꿔놓았다. 무엇보다 일부 멋쟁이들의 심벌이었던 고급 커피가 대중적인 소비재로 되었다. 그리고 커피숍이라는 소매점 시장을 창출했다. 일례로 미국에는 1990년 200여 개의 커피하우스만 있었지만, 2006년에는 2만 2000개로 늘어났다. 그중 40%가 스타벅스의 소유다. 스타벅스 모델은 미국뿐만 아니라 다른 나라에도 적용되었다. 심지어는 커피의 메카인 이탈리아까지 진출했을 정도.

그러다 보니 스타벅스는 세계적으로 확장되고 있는 기업 자본주의를 나타내는 문화적 아이콘이 되었다. 그래서 욕도 많이 먹는다. 이를테면 탐욕스런 확장으로 비난의 대상이 된다. 하긴 스타벅스 매장끼리 서로 시장 잠식을 할 경우도 종종 있으니까. 그리고 동질적인 문화를 팽창시킨다고 비난받기도 한다. 이른바 미적 동질성을 전파한다는 것이다. 그리고 지역의 소규모 커피숍을 문 닫게 만들고, 커피 재배업자의 경제에도 악영향을 끼친다고 공격받았다. 공정한 거래로 커피를 구매한다는 스타벅스의 항변에도 불구하고 그러한 구매량은 전체의 1%에도 미치지 못한다고 반박한다. 그래서 프랑켄슈타인과 스타벅스의 합성어인 프랑켄벅스라는 악명까지 얻었다.

그렇지만 스타벅스의 인기는 높다. 일례로 한 대학교 캠퍼스 안에 스타벅스가 오픈되었을 때 일부 학생들은 심하게 반대하였다. 그렇지만 우여곡절 끝에 개장한 스타벅스는 전국 매장 규모 대비 판매율에서 몇 손가락에 꼽힐 정도로 많은 학생들이 이용한다. 그렇다면 왜 이렇게 인기가 있을까?

스타벅스의 매장은 무엇보다 시각적으로 뚜렷하게 다르다. 배경 음악은 세련되었거나 반항적이면서 인기 순위에 올라 있지 않다. 메뉴는 탐닉할 만큼 풍요롭다. 큼직하면서 맛있어 보이는 머핀이나 쿠키, 베이글도 놓여 있다. 실내 장식도 독특한 미적 감각과 어우러진 따스함이 배어 있다. 원래 커피점은 역사적으로 지적인 교류, 그리고 문화적 풍요로움과 연관되어 있다. 이를 반영하듯, 일간지와 읽을거리가 준비되어 있으며 인터넷 연결도 가능하여 세계와 연결하고 대화를 촉진한다. 세계와의 일체감은 커피의 국제적인 무역을 알리는 데서도 드러난다. 커피의 주요 생산국이나 커피 생산지 현장을 그려 놓거나 원두를 진열해 놓는 것이 그런 사례에 해당한다.

이러한 스타벅스의 핵심적인 구조는 지역마다 차별성을 연출한

글로벌라이제이션의 상징인 스타벅스가 인사동에 한글 간판을 달았다. 글로컬의 상징인 셈.

다. 지역에 따라 인디 음악(소규모의 독립적인 음반사에서 제작한 음악), 테크노 음악, 하드코어나 재즈가 흘러 나온다. 바리스타의 의상이나 디자인도 지역마다 상이하다. 이른바 글로컬 전략을 펼치는 셈이다. 즉 현지화를 가미한 세계화 전략을 채택한다. 기술과 생산은 세계화에 기초하고 상품의 특성이나 마케팅, 커뮤니케이션은 지역 소비자의 취향에 맞춘 것이다.

이처럼 인기 좋은 스타벅스도 최근에는 거센 풍파를 만난다. 맥도널드나 던킨도넛과의 경쟁이 치열해졌고 불경기 여파로 주가도 하락했기 때문이다. 뿐만 아니라 예전의 친밀감도 사라지면서 상업적인 냄새가 나고 자유로운 영혼을 상실했다는 비판도 받고 있다. 더구나 소비자는 매출의 15%를 차지하는 프라푸치노에 식상하기 시작했다. 스타벅스는 이에 자극받아 바리스타를 재훈련하는 등 커피 체험에 다시 활력을 쏟고 있다.

1999년에 개장한 이래 292개의 매장을 확보한 국내의 스타벅스도 후발 주자의 공격을 받고 있다. 무엇보다 토종 커피 전문점인 할리스 커피의 성장이 주목할 만하다. 합리적인 가격과 좋은 맛을 강조하며 한국적인 특성을 인테리어에 반영하고 있다. 국내 커피 전문점의 점포 수에 따른 순위는 다음과 같다(2009년 봄 기준). 이디야(314개), 스타벅스(292개), 로즈버드(274개), 할리스 커피(196개), 커피빈(166개), 엔제리너스 커피(157개), 탐앤탐스 커피(120개), 파스쿠찌(60개). 이외에도 체인점이 아닌 전문 커피점들이 커피 맛에 승부를 걸고 도전한다. 체인점들이 커피 원두를 너무 볶을 뿐만 아니라 에스프레소의 체험을 살리지 못한다는 데 초점을 맞춰, 볶은 지 얼마 되지 않은 신선한 원두로 커피 애호가를 끌어들인다.

사실 커피점 브랜드마다 목표로 설정하는 주 고객층은 상이하다. 이를테면 스타벅스 커피는 맛과 여유를 즐길 줄 아는 사람들을 대상으로 한다. 스타벅스 매장에 앉아서 신문을 읽으며 커피를 마시며 시간을 보내는 심신이 여유로운 사람들이다. 이에 비해 던킨도넛의 커피는 바쁜 직장인들을 주된 고객으로 설정한다. 바삐 이동하고, 할 일이 많은 사람들이다. 그러므로 추구하는 브랜드 이미지나 마케팅 역시 상이하다. 스타벅스는 바리스타나 입소문을 통한 마케팅에 주력한다. 매스 미디어를 이용해 광고를 하더라도 소비자와의 감정적인 연결에 초점을 맞춘다. 그것도 차분하고 따뜻한 분위기를. 이에 비해 던킨도넛의 커피 광고는 역동적인 에너지를 강조한다.

◎ 우유

우유는 음료이면서 중요한 식품이다. 특히 미국에서는 가정의 필수품으로 당연시되어 왔다. 그러나 패스트푸드의 영향으로 우유 소비는 감소하기 시작하였다. 우유의 90%가 집에서 소비되는데, 사람들의 식습관이 패스트푸드로 옮겨가면서 우유를 자연스럽게 소비할 기회가 적어졌기 때문이다. 더구나 우유는 전통적으로 어린이들의 키가 크고 튼튼해지는 데 필요한 건강에 좋은 음료라는 점을 강조해 왔다. 그러나 이런 우유의 장점을 모르는 사람들은 없다. 다만 이제는 마실 이유

가 없어졌다는 것이 문제였다. 오히려 우유의 영양 과다를 걱정하게
되었다. 그래서 우유 소비는 이래저래 어려움에 직면한다.

이러한 상황을 타개하기 위해 1993년 캘리포니아 우유 가공업자
들이 모여서 1갤론의 우유를 판매할 때마다 3센트씩 우유 판촉 기금을
모으기로 결정하였다. 그리고 캘리포니아낙농위원회California Milk
Processor Board를 결성하고, '갓 밀크_got milk?_' 브랜드를 선보인다. 이 브랜
드는 특정 우유 상품을 지칭하는 것이 아니라, 우유 상품의 전체 품목
을 지칭한다. 우유의 전반적인 소비를 촉진하기 위해 고안한 것이다.

처음에는 소비자들에게 우유를 마실 것을 상기시키는 캠페인을
진행하였다. 예를 들면, 라디오의 퀴즈쇼에서 전화가 걸려온다. 그 전
화를 받은 남자는 질문에 대한 답을 분명히 알고 있다. 그러나 입에 잔
뜩 샌드위치를 물고 있어서 답을 제대로 말할 수 없다. 우유가 있어야
하는데……. 이처럼 우유가 없을 때의 난감한 상황에 초점을 맞춰서
우유를 미리 사둬야 한다는 점을 전달하였다. 이 광고는 칸 광고제에
서 상을 받을 정도로 인기가 있었다. 더구나 이 광고가 방영된 후에 캘
리포니아 우유 소비는 1% 증가하였다.

이런 효과에 힘입어 1995년에는 전국낙농위원회National Milk Processor
Board를 비롯하여 머천다이징 업자들에게 이 브랜드의 라이선스를 발
급하였다. 이어서 옥외 광고를 비롯해 전국적으로 광고가 집행되었
다. 어린이 대상의 광고에서는 쿠키 몬스터가 등장하였으며, 바비 인
형과도 공동 마케팅이 진행되었다. 항상 위트가 넘치는 광고 덕분에
'갓 밀크?' 브랜드는 인구에 회자되었다. 코스비, 로잔, 제이 르노와

같은 텔레비전 쇼는 물론, 영화와 만화 등에도 종종 등장함으로써 팝 문화를 형성하였다.

　2005년부터는 치열한 경쟁을 벌이고 있는 음료 시장에서 우유의 위상을 굳건히 하기 위해 브랜드 전략이 바뀐다. '슈퍼 드링크' 개념을 내세운 것이다. 운동을 한 후에 근육을 키워 주며, 충치를 예방하고, 숙면을 취할 수 있고, 건강한 머릿결과 피부를 보장해 준다는 건강 혜택을 강조하였다. 비록 주제는 바뀌었으나 즐거운 톤은 항상 유지하였다. '우유 수염milk mustache' 광고도 여기에 한몫 한다. 우유를 마신 흔적인 하얀 콧수염을 묻힌 유명인이 광고에 등장하면서 소비자에게 우유 마실 것을 일깨웠다. 유명인은 목표 시장에 따라 다양하였다. 십대를 위해서는 축구 선수 베컴이나 배트맨이 등장하였으며, 여성들을

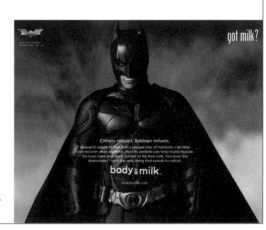

10대를 겨냥해 등장한 배트맨 '갓 밀크?' 광고

위해서는 가수 비욘세나 테니스 선수 윌리엄스가 선보였다.

최근에는 십대들을 겨냥하여 모바일 판촉도 꾀하고 있다. 휴대 전화로 우유 웹사이트에 연결해서 음악을 듣거나 다운로드받을 수 있도록 한 것이다. 또한 스타벅스와도 공동 마케팅을 전개하여, 커피와 우유의 조화로운 만남을 유혹하고 있다.

이러한 일련의 마케팅 커뮤니케이션은 우유 구매 충동을 불러일으켰다. 물론 우유 판매에 직접적인 도움이 되었다는 증거가 없어서 실패한 광고라는 지적도 제기된다. 그렇지만 광고 효과를 어찌 판매의 잣대로만 측정할 수 있겠는가? 광고는 커뮤니케이션이다. 소비자에게 정보를 전달하므로 소비자의 인지나 감정 또는 태도에 대한 변화가 있었는지가 일차적인 측정 대상이 된다. 그런 측면에서 보면 '갓 밀크?' 브랜드는 성공한 셈이다. 우유에 대한 정보나 화제를 넘어서 팝 문화 수준으로까지 확대되었기 때문이다. 2005년에는 텔레비전 방송 역사상 가장 인기 있는 태그라인(이야기 끝에 던지는 한 마디)으로 손꼽힐 정도였다.

우리나라도 패스트푸드의 확산으로 우유 소비가 줄고 있다. 더욱이 풍부한 우유의 영양이 다이어트에 해롭다고 여기는 트렌드도 일조한다. 특히 경기가 악화될 때 주부는 허리띠를 졸라매고, 가계부에서 우유를 먼저 정리 대상에 포함하곤 한다. 그래서 이에 대응하여 우유업계가 합심하여 우유 소비를 촉진하려는 공동의 노력을 전개한다. 일례로 한국낙농육우협회에서 낙농 자조금 사업을 실시하면서 광고나 홍보 활동을 펼치고 있다. 과연 우리나라에서는 어떤 팝 문화가 그려질까?

## ◎ 청량음료

### | 코크

세계적으로 브랜드 가치가 가장 높은 브랜드는? 코카콜라다. 어느 나라에 가나, 남녀노소를 막론하고 인지도와 평판도가 제일 높기 때문이다. 그 역사는 코카에서 시작된다. 코카는 페루와 볼리비아에서 2000년 동안 사용되었던 식물이다. 자극제이면서 배고픔을 견디게 하고, 소화제와 최음제 역할도 했다. 잉카족에게는 신이 내린 식물이었던 셈이다.

1863년 프랑스에서는 그러한 코카 잎에 와인을 섞어서 뱅 마리아니Vin Mariani 음료를 선보였다. 이 음료는 빅토리아 여왕이나 교황이 마신다는 증언식 광고로 유럽과 미국에서 인기가 높았다. 더구나 의사들까지도 코카의 주요 성분인 코카인을 약으로 처방하고, 심리학자이자 의사인 프로이트 역시 놀라운 약으로 묘사하였다. 1870년대와 1880년대 당시 세계적인 음료였던 셈이다.

이후 1885년 미국 애틀랜타의 펨버튼 의사는 감기와 두통 치료제로 '프렌치 와인 코카French Wine Coca'를 선보인다. 프랑스의 '뱅 마리아니'에 서아프리카의 콜라 열매를 포함한 아류였다. 그러나 같은 해 애틀랜타가 금주법을 채택하자 와인을 빼고, 다른 과일과 오일을 첨가하여 금주를 위한 음료이자 의약품인 코카콜라를 만든다.

1889년 펨버튼이 사망한 후에 캔들러가 코카콜라를 사들여 적극적인 광고 캠페인을 벌였다. 음료의 치료적인 측면보다는 즐거움을 점차 강조하면서. 더욱이 1906년에는 식품의약법Pure Food and Drugs이 발효되면서, 코카인의 성분을 없앴다. 대신에 레저 음료의 이미지를 부각시킨다. 1915년에는 여성의 몸매(또는 무릎 폭이 좁은 호블 치마)를 닮은 병 모양을 선보여서 코카콜라의 상징으로 자리잡는다.

미국에서는 1933년까지 금주법이 채택되면서 소다 음료의 판매가 성장하였다. 여기에는 패스트푸드의 원조 격인 소다 가게soda fountain (1870년대부터 급성장한 음료수 상점)가 기여한다. 청소년들은 소다 가게에서 코카콜라를 마시며 이성 교제를 하곤 했다. 그래서 그런 만남을 코크 데이트라고 하거나, 코카콜라 병 모양을 닮은 소녀를 코크 프레임Coke Frame이라고 부르는 속어도 생겨났다. 겨울철 판촉을 위해 등장한 빨간 옷의 산타클로스가 이후 세계의 산타클로스를 대표하게 된 것도 1930년대부터였다. 그런데 코카콜라의 인기 때문에 너도나도 콜라 제

겨울철 판촉을 위해 등장한 산타클로스 코카콜라 광고

품을 만들면서 콜라라는 이름이 상품 카테고리를 나타내는 일상적인 용어가 되어 버렸다. 이에 따라 코카콜라에서는 상표의 반쪽이었던 콜라를 잃어버리고 닉네임이었던 코크를 강조하기 시작하였다.

미국이 진주만 공습으로 2차 대전에 참전하면서, 코카콜라는 세계 시장으로 뻗어나갔다. 코카콜라 사장이 세계 어느 곳에서든지 미군이 코카콜라를 1병에 5센트씩 살 수 있도록 하겠다고 약속한 것이다. 이에 따라 코카콜라 공장은 미군이 주둔하는 곳이면 쫓아갔다. 유럽이든, 북아프리카든, 극동이든. 원액만을 보내고 나머지는 현지에서 제조하는 방식도 이때 고안되면서 코카콜라를 세계적으로 확산시킬 수 있었다. 이와는 대조적으로 영국에선 2차 대전이 일어났을 때 소다 회사들이 모두 소다음료산업협회Soft Drinks Industry Association로 통합되었다.

1941년 미군이 있는 곳에는 코카콜라를 5센트에 살 수 있도록 약속하였다. 이에 따라 해외 공장은 1939년 5곳에서 1975년 64곳으로 증가하였다.

그리고 모든 음료는 SDI의 레이블을 붙여서 고정 가격에 판매되었다. 그러니 코카콜라와 같은 명성을 얻을 수 있는 기회를 스스로 박탈한 셈이다.

전후에, 미국 사회로 돌아온 군인들은 잊지 않고 코카콜라를 찾았으며, 시민들도 전쟁 영웅들이 마시는 음료에 환호했다. 코카콜라는 1950년대에 사교성과 행복을 강조하면서 젊은 층을 공략하였다. 그리고 1950년대 중반부터는 젊은 층에 더 쉽게 도달할 수 있는 새로운 통로가 개척된다. 바로 맥도널드였다. 햄버거 체인점이 고속도로의 주행 인구를 유인하면서 급증하였던 것이다. 당시에 맥도널드와 맺은 관계는 지금까지도 유지되고 있다. 코카콜라는 특히 1958년부터는 미국의 십대를 대상으로 춤과 음악의 활동 무대를 제공하는 '하이 파이 클럽Hi Fi Club'을 조직, 후원하였다. 지역의 유명한 라디오 방송국 디제이와 협조함으로써 청소년의 회원 수가 200만 명이 넘기도 하였다. 1971년에는 세계의 어린이를 이탈리아의 힐탑 지역에 모아 놓고 코카콜라 광고를 촬영했다. 음악은 바로 'I'd like to teach the world to sing…….' 이 광고가 방영된 후 노래에 대한 주문이 폭발하자 코카콜라라는 단어를 빼고 노래를 배포하였다. 그 결과, 비록 코카콜라는 언급되지 않았지만 세계적으로 그 노래를 들으면 코카콜라가 절로 연상될 수밖에 없었다.

1960년대와 1970년대를 거치면서 펩시콜라와 주스 음료가 경쟁자로 부상하였다. 이에 코카콜라는 다이어트 코크, 체리 코크를 선보였다. 아울러 펩시 챌린지의 영향으로 1985년에는 포뮬러를 변경하여

'뉴 코크'를 내놓기에 이르렀다. 그러나 원조 코크에 익숙한 소비자가 반발함으로써 뉴 코크는 20세기 최대의 마케팅 실수로 회자된다. 중단하려고 했던 원조 코크를 다시 시장에 내놓지 않을 수 없었다. 비싼 원료를 빼고 약간 변형시킨 '코크 클래식'을. 이후 1989년 베를린 장벽이 무너지면서 코카콜라는 동유럽, 러시아, 그리고 중국에 진출한다. 최근에는 비타민과 미네랄을 강화한 '코크 플러스'를 선보였다. 그리고 이제는 '코크 클래식'의 이름이 다시 코크로 변경되었다. 뉴 코크의 생산이 중단되었기 때문이다.

코카콜라의 마케팅은 소비자의 마음에 호소한다. 스포츠와 같이 신나는 활동이나 일에서의 해방감 또는 편안한 휴식에 필요한 음료라고 강조하기 때문이다. 1928년부터 올림픽 게임, 1978년부터는 FIFA 월드컵의 스폰서가 된 것도 그 궤를 같이 한다. 또한 즐거움, 만족과 보상을 느끼고 싶을 때 음료를 찾으라고 설득한다. 친구들의 행동에 많은 영향을 받는 청소년층을 향해서 함께 즐긴다는 주제를 강조한다. 그리고 근래에는 다이어트에 신경을 쓰는 젊은 층을 대상으로 저칼로리 또는 무칼로리를 선보였다.

코카콜라의 마케팅 커뮤니케이션에서 코크는 항상 주인공으로 등장한다. 이를테면 "코크와 함께 모든 일이 잘 되죠Things go better with Coke"라는 슬로건이 대표적 사례. 비록 소비자의 멋있는 라이프스타일을 곁들이고는 있지만, 스타는 코카콜라임을 강조한다.

## | 펩시

펩시의 역사도 약사가 만든 음료수에서 시작되었다. 1890년대에 약사 칼렙 브래덤이 노스캐롤라이나에서 자신의 이름을 따서 '브래드 음료'라는 이름으로 판매하다가, 1898년에 펩시콜라로 이름을 바꾸고, 1903년에 상표를 등록하였다. 1936년에는 코카콜라에 대항하여 "싼 값에 두 배의 양"이라는 슬로건으로 가격 전략을 펼쳤다. 실제로 부엌에서 펩시를 잔에 따라서 거실에 가져가 코카콜라인 것처럼 마시곤 하는 상황이 왕왕 벌어졌단다. 저가였으므로 자연히 노동자와 흑인 계층들이 주된 목표 시장이었다. 그리고 1940년대에는 인종차별법이 있었음에도 불구하고 흑인을 대상으로 공개적이면서 공격적인 마케팅을 전개하였다. 그래서 인종주의자들이 흑인 음료라고 폄하하기까지 하였다. 사실 백인 소비자가 외면할 것을 우려하여 펩시의 흑인 지향적인 노력은 1950년에 중단되었지만.

그런데 1950년대에는 텔레비전이 등장하면서 펩시에게 유리한 국

펩시 챌린지 이벤트 광고

면이 전개된다. 사람들이 공공 장소보다는 텔레비전 앞에 모여들기 시작했던 것이다. 집에 가져가서 마시는 사람들이 늘어나면서 대용량에 주력하고 있던 펩시가 우세하였다. 코카콜라도 이러한 시장의 움직임을 쫓아 뒤늦게 대용량을 출시하면서 콜라 전쟁은 가속화된다.

1975년에는 펩시 챌린지라는 판촉을 전개한다. 눈을 가린 채로 맛을 시험하는 이벤트*blind taste test*를 통해 펩시 맛의 우수성을 알리기 시작했다. 이벤트의 인기에 힘입어 텔레비전 광고도 만들었다. "코카콜라를 좋아한다고 말한 사람의 50%가 펩시를 선택했습니다." 통계적으로는 맞출 확률이 50%에 불과하므로 소비자는 코카콜라와 펩시콜라의 맛을 구분하지 못한다는 뜻이었지만.

1986년에 펩시는 유통에도 눈길을 돌린다. 켄터키프라이드치킨을 인수한 것. 그렇지만 음료 회사가 패스트푸드 회사로 변신하면서 다른 패스트푸드 회사의 반발을 초래했다. 웬디스나 도미노피자가 펩시콜라와 거래를 끊은 것이 대표적 사례. 1996년에는 '펩시 스터프

코카콜라 판매 직원이 펩시콜라를 몰래 마시는 광고

*Stuff*'라는 판촉전을 세계적으로 펼친다. 이는 펩시 제품의 패키지에 있는 포인트를 모아서 다른 상품을 구매할 수 있는 판촉이었다. 오늘날에야 포인트 적립 등을 흔히 보지만 당시로서는 충성 구매를 촉진하는 혁신적인 전략이었다.

펩시 역시 코카콜라와 마찬가지로 많은 유명인이 광고 모델로 등장하여 젊음에 호소하였다. 1984년에는 마이클 잭슨이 등장하여 "새

## 마운틴 듀의 아이콘

그 시대를 지배하는 가치는 모든 문제를 치유할 수 없다. 갈등은 항상 표출되기 마련이며, 사회 내면에는 짙게 드리워져 있는 불안과 욕망이 있다. 이에 대한 대안으로 사회의 모순을 드러내며 지배 문화의 문제를 치유할 수 있다는 이상향이 등장한다. 마운틴 듀Mountain Dew 탄산 음료는 바로 그러한 하부 문화에 초점을 맞춰 그 시대의 대중에게 희망을 불어넣는다. 그러면 마운틴 듀가 어떻게 상부의 지배적인 문화에 대응하며 소비자의 마음을 사로잡았는지 살펴보자.

2차 대전이 끝나고 냉전 시대를 거치며 미국에서는 과학과 기술이 밝은 미래를 보장해 준다는 이데올로기가 팽배하였다. 전문적인 관료주의와 기업주의가 사회의 지배적인 가치였으며, 사람들은 기업 환경에 잘 적응해야 했다. 남성들은 이러한 사회 분위기가 강압적이라고 느껴졌다. 그래서 이에 대한 반작용으로 자연 그대로의 야생 개념이 사회 저변에서 선호되었다. 두메산골에서 거칠게 생활하는 산사람이 대표적인 케이스다. 직장인과는 대조적으로 동물적인 본능을 표출하면서. 원시적인 흑인 음악

로운 세대의 선택the Choice of a New Generation"이라는 슬로건을 사용하였다. 1997년에는 스파이스 걸스가 "다음 세대GeneratioNext"를, 1999년에는 브리트니 스피어스가 "젊다고 생각하는 사람들을 위해For those who think young"라고 노래했다. 목마른 사람을 위해 항상 나타나는 펩시맨도 젊은이들의 호응을 받았다. 게임까지 등장할 정도로. 펩시는 코카콜라와는 달리 주인공은 소비자다. 펩시는 소비자의 보조 역할을 하는

을 통해 성적 본능을 전달하였던 엘비스 프레슬리가 성공할 수 있었던 배경도 이와 같은 두메산골의 이미지였다.

그리고 마운틴 듀의 탄생 역시 애팔래치아 산맥의 야성에 바탕을 두었다. 원래 마운틴 듀는 불법 양조주라는 뜻을 지녔는데, 그 이름을 따서 카페인과 설탕을 잔뜩 넣어 심장이 뛰고 흥분을 느끼는 음료를 만들었던 것이다. 펩시 회사가 1964년 이 음료를 사들이면서, 그러한 이미지를 더욱 강화하였다. 마운틴 듀를 마시면 당신 속에 감춰져 있던 야성이 폭발한다고 광고하였다. 인기는 폭발적이었다. 특히 조직 사회에 몸담고 있는 현대 젊은이들에게 호소력이 있었다. 스스로의 야성을 분출시키고픈 욕망에서.

그러나 1970년대로 접어들면서 사회 분위기는 반전되었다. 일본 기업이 미국 기업을 앞서기 시작했으며, 아랍의 오일이 미국의 경제력을 취약하게 만들었다. 베트콩은 미군을 우스개로 전락시켰고, 워터게이트 사건은 정치 신뢰도를 떨어뜨렸다. 그러면서 반란적인 이데올로기가 사회의 지배 가치로 자리잡았다. 흑인 민권 운동, 히피, 환경주의, 페미니즘이 새로운 문화였다. 그러면서 반항적인 마운틴 듀의 주장이 매력적이지 않게 되자 마운틴 듀는 반항에서 벗어나 자연을 강조하며 변신을 꾀했다.

1980년대는 레이건 대통령이 소련의 공산주의와 일본의 경제력에 대항하던 때.

셈. 이를테면 새로운 세대는 펩시를 마신다고 유혹한다.

현재 미국에서 코카콜라는 43.1%, 펩시콜라는 31.7%의 시장 점유율을 차지하고 있다. 브랜드별로는 코크 클래식 17.9%, 펩시콜라 11.5%, 다이어트 코크 9.7%, 마운틴 듀(펩시 소유) 6.3%의 순이다. 세계적으로도 코카콜라가 펩시콜라에 비해 시장 점유율이 높다. 다만 캐나다의 퀘벡, 사우디아라비아, 파키스탄 등에서는 펩시콜라가 우세하

---

그는 서부 개척 시대의 카우보이 이미지로 미국 사회를 이끌었다. 또한 이 시기는 람보와 터미네이터의 시대였다. 도널드 트럼프와 같은 월가의 경영인들도 경제계의 카우보이였던 셈이다. 마운틴 듀는 이러한 시대적 흐름에 맞춰 대안 문화를 강화시킨다. 사무실에서 땀을 흘리는 것이 아니라 자연 속에서 모험적이며 위험한 활동을 거침없이, 그러면서도 멋있게 행하는 젊은이들을 묘사함으로써 야성 개념을 유지했다.

1980년대 후반에 사회의 지배적인 이데올로기가 또 반전되었다. 기업은 세계를 넘나들며 치열한 경쟁을 해야 했고, 시장의 자유는 연공서열을 무시하고 능력과 업적주의가 강조되었다. 격렬한 경쟁을 통해 생존하는 영웅들만이 칭송되었다. 마이클 조던과 같이. 그러나 많은 사람들이 그와 같은 경쟁력을 갖추지는 못하였다. 이러한 불안을 대변해 주는 새로운 인물이 필요했다. 바로 느슨하거나 돈키호테처럼 기상천외한 행동을 하는 사람이었다. 음악에서는 랩, 테크노, 얼터너티브 록이 대표적 사례에 속한다. 사람들은 정해진 규칙을 따라야 하는 스포츠보다는 스케이트보드처럼 즉흥적인 스포츠나 위험한 익스트림 스포츠에 더 열광하였다. 마운틴 듀 역시 변신하지 않을 수 없다. 익스트림 스포츠의 스턴트를 창의적이고 자기 기분을 표현하는 예술로 추구하는 젊은이들을 내세우면서. 매우 독특한 취향을 가진 이들이 진정한 힘을 지녔음을 내비치면서.

지만.

그러나 세계적으로 탄산 음료는 위축되고 있다. 건강과 다이어트에 신경을 쓰는 소비자들이 늘어났기 때문이다. 사실 코카콜라와 펩시콜라는 건강 이슈로 항상 시달려 왔다. 이를테면 카페인은 중독 현상을 유발하고 칼로리가 너무 많아서 어린이들에게 많이 섭취하지 말도록 권고되었다. 1985년부터는 값비싼 설탕 대신에 콘 시럽을 사용했는데, 콘 시럽은 비만과 당뇨를 유발한다고 지적받아 왔다.

그렇기 때문에 펩시에서는 발 빠르게 대응하여 탄산 음료의 매출 비중을 줄여나갔다. 그리고 음료 부문에서는 트로피카나와 같은 과일 주스의 비중을 보다 강화하기 시작했다. 아울러 프리토레이Frito-Lay나 퀘이커Quaker의 식품과 스낵 부문을 통해 포트폴리오를 구축했다. 이와 같은 사업 다각화 덕분으로 회사 차원에서 보면 펩시의 매출액이 코카콜라를 앞선다. 100년을 넘게 세계인의 대표 음료 역할을 했던 탄산 음료도 시대적 흐름 앞에서는 변신하지 않을 수 없었던 것이다.

◎ 주스

한국인 1728명에게 물었다. 가장 좋아하는 과일 주스는? 오렌지(43%), 토마토(11.7%), 딸기(8.6%), 포도(7.4%), 사과(5.7%)의 순이다. 오렌지 주스가 압도적이었다. 그러면 우리 시장에는 어떤 오렌지 주스가 있을까? 코카콜라에서 나오는 미닛메이드, 펩시콜라의 트로피카나, 매일유업의 썬업 등 다양하다. 그렇지만 우리나라의 대중적인 주스 시장을 이

끌어 온 것은 해태음료의 썬키스트와 롯데칠성의 델몬트다. 해태음료와 롯데칠성이 각각 라이선스 계약을 맺고 들여오는 이들 썬키스트와 델몬트는 과연 어떤 회사들일까?

먼저 캘리포니아의 오렌지 재배업자의 단결에서 시작된 썬키스트를 살펴보자. 캘리포니아의 오렌지 재배는 1880년대부터 본격적으로 시작되었다. 당시 오렌지 재배 농가는 도매상에 오렌지 판매를 위탁하였고, 도매상이 판매 후에 넘겨주는 수익만을 받을 뿐이었다. 대부분의 이윤은 도매상이 챙겼으며, 재배 농가는 판매비를 포함한 모든 위험 부담을 감수해야 했다. 이런 상황을 타개하기 위해 재배 농가가 단결하였다. 1893년 남부캘리포니아과일교환협회가 발족했으며, 1905년에는 5000명의 재배 농가가 참여하여 캘리포니아과일재배협회로 발전시킨다. 1908년에는 자신들의 상표로 '썬키스트'를 채택한다. 1916년에는 오렌지 주스를 판매하면서 "오렌지를 마시자"라는 광고를 내보낸다. 1920년대에는 영양 연구를 후원하여 오렌지에 비타민C 함유량이 많다는 것을 밝혔다. 그리하여 1922년에는 오렌지와 오렌지 주스에 함유되어 있는 비타민C를 광고하기 시작했다. 과학 시간에서나 만날 수 있었던 비타민 용어를 일상 생활로 끄집어낸 것이다. 1926년에는 오렌지에 썬키스트 마크를 찍어서 판매하기 시작하였다. 그리고 1990년대에는 캘리포니아와 애리조나에 있는 6500명의 재배 농가가 회원으로 가입할 정도로 성장했다.

이런 역사를 통해 알 수 있듯이 썬키스트는 재배 농가의 협동 조합이다. 그리고 세계적으로 오렌지를 공급하는 리더였기 때문에 썬키스트하면 오렌지를 연상하게 된다. 무엇보다 좋은 품질의 신선한 과일에 초점을 맞춰 마케팅이 전개되었으며, 건강한 라이프스타일을 지향하였다. 캘리포니아의 태양도 곁들여서.

썬키스트는 1950년대 초반부터 상표의 라이선스를 판매하기 시작했다. 지금은 전 세계 45개국에 걸쳐 허가받은 제조업자가 썬키스트 제품을 판매하고 있다. 우리나라에서는 해태음료가 파트너. 최근에는 생과즙이 일부 함유되어 있는 썬키스트 NFC를 선보이고 있다.

이에 비해 썬키스트의 맞수인 델몬트를 살펴보자. 델몬트 브랜드가 선보이기 시작한 것은 1892년. 과일을 깡통에 담아서 판매하는 가공업자로 출발하였다. 1916년에는 샌프란시스코의 식품 가공 회사들과 연합하여 '캘리포니아 패킹 회사,' 즉 '캘팩Calpak'을 창설하였다. 그렇지만 이들 회사 중에서 델몬트 브랜드가 가장 선도적이었다. 예를 들면, 1917년에 미국 전역에 걸쳐 광고를 시도한 것도 델몬드였다. 과일 야채를 가공하는 식품업자로서는 첫 번째 전국 광고 기록을 세웠던 것이다. 이러한 성장에 힘입어 1967년에는 캘팩의 이름이 델몬트로 바뀐다. 이어서 1971년에는 미국에서 처음으로 식품의 영양 정보를 패키지의 라벨에 제공했다.

델몬트는 과일과 야채 등을 효과적으로 저장하는 농업 기술이 주된 경쟁력이었다. 그래서 농산물을 안전하게 포장하는 데 역점을 두었다. 아울러 식품 라벨에 영양 정보를 자발적으로 제공함으로써 식품 가공업자의 윤리성을 제고하고 있는 점도 눈에 띈다.

우리나라에서는 롯데칠성이 델몬트와 라이선싱 계약을 체결하여 주스를 판매하고 있다. 냉장 차량을 이용하여 신선한 주스를 배달하고 있음을 강조한다. 최근에는 영화 배우 장미희가 모델로 등장하여 "콜드가 아니면 입에도 부끄럽잖아"를 외친다.

그런데 부끄러운 사실은 다른 데 있다. 일부 음료 회사에서 NFC임을 강조하고 있지만 원래의 NFC와는 거리가 멀기 때문이다. NFC란 Not From Concentrate의 약자로서 비농축 과즙이란 뜻. 원래는 오렌지 생주스를 비타민 등이 파괴되지 않도록 순간 고온이나 저온 살균을 거쳐 용기에 담는 것이다. 그렇지만 실제로는 NFC의 비율이 적어서 농축 환원 주스인데도 NFC 이름을 버젓이 붙이고 있다. 농축 환원 주스는 다음 과정을 거치므로 NFC와는 상이하다. 먼저 오렌지 즙을 내서, 이를 가열해 1/7로 농축한 뒤에 냉동 보관했다가 현지 공장으로 옮긴다. 이 농축액*concentrate*에 물을 다시 7배 타고, 살균해서 원래의 오렌지 농도로 환원한다. 제품에 걸맞는 이미지여야 부끄럽지 않을 텐데.

## ◎ 알코올

### ▮ 기네스 맥주

맥주는 기본적으로 비슷한 상품이다. 그렇기 때문에 맥주를 차별화하고 소비자의 선호도를 만들기 위해서는 브랜드 이미지가 필요하다. 포지셔닝이 명확한 맥주 사례로 기네스를 살펴보자.

기네스GUINNESS는 아일랜드에서 제조되는 포터 종류의 흑맥주다. 1862년부터 하프 악기를 트레이드마크로 사용하여 왔다. 사실 하프는 16세기 헨리 8세부터 사용되기 시작한 아일랜드의 상징이었다. 따라서 하프는 기네스를 아일랜드와 연결시키는 고리가 되는 셈이다. 그리고 아일랜드인은 술을 잘 마시기로 유명하다. 기네스 – 하프 – 아일랜드 – 술꾼의 연결고리가 형성된다.

아울러 기네스 로고 형태도 혁신적이었다. 글자 G는 다른 글자에 비해 약간 크며, N은 붙여 쓰지 않고 중간이 끊어져 있다. 초기에는 크림 색 바탕에 빨간 글씨체였으나, 이후에는 흰 바탕에 검정 글씨였다. 1997년부터는 검정 바탕에 흰 글씨로 변경되었다. 검정과 하양은 상품의 색깔을 나타낸 것이었다. 검정은 흑맥주를, 하양은 흰 거품을.

또한 포터 맥주가 영국의 짐꾼들에게 인기가 있었던 것처럼, 기네스 역시 힘을 강조하고 있다. "Guinness for Strength," "Guinness make you strong," "Guinness is good for you"와 같은 슬로건이 사용되었나. 실세로 1999년에 제직된 텔레비전 광고, "서퍼" 편을 보면 역

혁신적인 로고 형태를
사용한 기네스 맥주

동성이 절로 느껴진다. 폴리네시안 서퍼가 몇 초 동안 아무 말도 없이 뭔가를 기다리고 있다. 해변에서 저 멀리 대단한 파도가 오는 것을 기다리는 중. 그러다 마침내 다른 서퍼들과 함께 바다로 뛰어든다. 거대한 파도를 향해. 갑자기 파도는 엄청나게 큰 백마로 변한다. 주인공 서퍼는 마침내 파도타기에 성공하여 바닷가에서 동료들과 축하한다. 광고 중간에 화면 밖의 목소리는 내뱉는다. "나는 당신이 누구인지 신경 쓰지 않는다. 다만 당신의 꿈에 건배할 뿐이다." 그리고 마지막에는 기네스의 검은 맥주와 흰 거품이 등장한다. "좋은 일은 기다리는 자에게 온다"라는 슬로건과 함께. 여기에서 백마는 기네스의 흰 거품을 상징하며, 폴리네시안 서퍼는 흑맥주를 뜻한다. 하얀 거품을 내뿜는 까만 승리라고나 할까. 무서울 정도의 힘을 느끼게 만드는 이 광고는 다음 해 클리오 광고상과 칸 광고상을 휩쓴다. 그리고 영국에서 지금까지 만든 텔레비전 광고 중에서 가장 훌륭한 광고라는 평가를 받았다.

## | 동 페리뇽 샴페인

프랑스 와인은 값비싼 명성을 누린다. 특히 부르고뉴 지역의 와인은 비싸기로 유명하다. 마치 디자이너 의상처럼. 부르고뉴 지역 내에서도 와인 지역appelation이 좁을수록, 포도는 귀하고, 가격이 비싸질 수밖에 없다. 이를테면 부르고뉴 지역의 로마네 콩티(Domaine de la Romanee-Conti)는 1년에 약 450병만 생산한다.

그렇지만 여기에서는 부르고뉴 지역의 와인이 아니라 부르고뉴 와인에 도전했던 '샹파뉴 지역의 와인,' 즉 샴페인을 얘기하고자 한다.

샴페인은 수많은 결혼식, 파티, 그리고 연인의 만남에서 터뜨려진다. 즐거움과 축제를 뜻하는 축하의 와인이기 때문이다. 튤립 모양의 잔 위로 무수히 많은 작은 기포들이 올라와서 꿈과 희망을 그려 준다. 그래서 샴페인을 마시면 젊은이는 지혜롭게 되고, 나이든 사람은 청춘을 되찾는다고 하던가. 마치 별을 마시는 것과 같다는 찬사도 듣는다. 그 중에서도 동 페리뇽Dom Perignon 샴페인은 다른 어떤 샴페인이 따를 수 없는 진정한 럭셔리를 의미한다. 007 영화에서는 제임스 본드가 본드 걸을 위해 선택하고, 마릴린 먼로와 같은 유명인이 즐겨서 화젯거리가 되었다. 그렇지만 보다 큰 명성은 샹파뉴 지역 와인업자와 동 페리뇽 수도사가 추구해 온 빼어난 맛, 그리고 그런 전통을 오늘날에도 계속하는 노력에 기초한다.

그러면 이제부터 샹파뉴 지방과 페리뇽 수도사 얘기부터 시작해 보자. 샴페인은 프랑스 북부의 샹파뉴 지방에서 비롯된다. 원래 이

샴페인 중 최고의 찬사를 받고 있는 동 페리뇽

지역에서는 상파뉴 남쪽에 위치한 부르고뉴 지역과 견줄 수 있는 레드 와인을 만들려고 했다. 그렇지만 추운 날씨 때문에 풍부함이나 색상이 뒤처졌다. 그래서 부르고뉴 와인과 차별할 수 있도록 화이트 와인을 만들기 시작하였다. 그러나 화이트 포도에서 만든 화이트 와인은 풍미가 덜하고 빨리 상했다. 그래서 레드 포도로 화이트 와인을 만들기 시작했다. 다만 화이트 색상은 드물었고 회색이나 핑크색이 난다는 것이 문제였지만. 바로 이 문제를 해결하고 레드 포도에서 밝은 색의 화이트 와인을 만든 것이 베네딕트의 수도사 페리뇽이었다.

1668년부터 애비Abbey 수도원 지역의 와인 제조를 담당하게 된 페리뇽은 와인 품질을 개선하는 데 온 힘을 쏟았다. 특히 당시에는 기포

### 미국의 와인: 캔달-잭슨

미국의 초기 와인은 프레미엄과 항아리 와인으로 대별되었다. 전자는 유명한 포도 농가에서 재배하여 품질이 좋고 비싼 반면, 후자는 질은 떨어지지만 양이 많고 값이 싸다. 1965년부터 미국의 와인 판매는 연 8%씩 증가하는데, 당시에는 항아리 와인이 주류였다. 켄달-잭슨 Kendall-Jakson 와인은 바로 항아리와 프레미엄 와인의 틈새를 노리면서 등장하였다.

원래 잭슨은 샌프란시스코의 성공한 변호사였는데, 1980년대부터 와인에 관심을 가졌다. 그리고 와인을 제조하는 혁신적인 방법을 생각해 냈다. 포도 농가에 신경을 쓰기보다는 와인의 맛에 초점을 맞춘 것이다. 와인 맛의 프로파일에 맞춰 어떤 포

가 있는 와인은 품질이 나쁘다고 판정받아서 기포를 없애는 데 주력하였다. 기포 발생은 상파뉴의 추운 날씨 탓이었다. 겨울이 일찍 시작되면 이스트가 동면하여 발효를 멈춘다. 그러다 봄이 되면 이스트는 다시 깨어나서 발효를 또 시작하게 된다. 발효를 하면 이산화탄소 가스가 분출되는데, 병 안에서 발효되므로 압력이 증가하여 병뚜껑을 밀어내거나 병이 폭발한다. 연쇄 반응이 일어나면 와인 창고에 있는 옆의 병들이 순차적으로 모두 깨지는 불상사가 벌어진다. 이런 이유로 샹파뉴의 와인 제조업자나 페리뇽은 거품을 덜 나게 만들려고 노력하였던 것이다. 오늘날의 샴페인과는 달리.

뿐만 아니라 페리뇽은 포도알이 다치지 않도록 세심한 신경을 썼

도들을 배합하는 것이 좋은지를 결정한 후에 여러 포도 농가에서 포도를 구입하는 방식이었다. 즉 포도 농가에 따라 와인을 만든 것이 아니라 오픈 소싱을 채택하면서 맛에 따른 와인을 만든 것이다.

이런 접근으로 많은 포도 농가와 계약을 체결하고 맛을 블렌딩하는 데 집중하였다. 그래서 고급 와인을 대량 제조할 수 있었다. 1982년 처음 생산한 켄달-잭슨의 와인은 5달러였다. 당시 프리미엄 와인은 1병에 10달러였으며, 항아리 와인은 2달러. 그리고 켄달-잭슨은 그 해 미국 와인 품평회에서 1등을, 2002년에는 미국에서 판매 1위를 차지하였다. 오늘날 미국에서 테이블 와인이 전체 와인의 85%를 차지하는 데도 기여하였다.

다. 이를테면 포도를 농장에서 공장으로 갖고 올 때도 말을 쓰지 않고 노새나 당나귀를 이용했다. 말보다 덜 흥분해서 운반 과정에서 포도가 상하지 않는다는 것이 이유였다. 그리고 와인을 만들 때도 사람의 피부가 가능한 닿지 않도록 하였다.

그런데 상파뉴 지역의 화이트 와인은 유럽에 수출되면서 영국의 영향을 많이 받게 되었다. 영국인들은 병을 따면 거품이 솟아오르는 샴페인을 즐겼던 것이다. 점차 발포성 샴페인이 부유층과 왕실에서 인기를 얻기 시작하자 샹파뉴에서는 와인을 일부러 거품을 많이 나게 만들었다. 다만 그 방법을 잘 몰라서 압력에 견딜 만한 영국의 유리병으로 와인 병을 만들거나, 코르크의 튀어오름을 방지하는 장치를 이용하였다. 19세기에 이르러서는 버블을 통제하고 대규모로 스파클링 와인을 양산할 수 있는 상파뉴 방법을 개발하기에 이른다.

동 페리뇽 샴페인을 만드는 회사 역시 오랜 전통을 자랑한다. 그 역사는 클로드 모에Claude Moet가 모에 에 샹동Moet et Chandon 샴페인을 제조하기 시작한 1743년으로 거슬러 올라간다. 당시에도 엘리자베스 2세에게 샴페인을 공급하는 왕실 허가권을 갖고 있을 정도로 인기가 좋았다. 1792년에는 동 페리뇽 수사가 있었던 포도원을 구매하여 샴페인 제조를 더욱 확장한다. 그리고 세월이 흐를수록 거듭 발전하였다. 1971년에는 코냑 회사인 헤네시Hennesy와, 1973년에는 명품 회사인 루이 뷔통Louis Vuitton과 합병하여 오늘날의 루이 뷔통 모에 헤네시Louis Vuitton Moet Hennesy(LVMH) 회사가 된다. 지금은 한 해에 2600만 병의 샴페인을 생산하는 세계에서 가장 규모가 큰 샴페인 하우스다.

동 페리뇽 샴페인은 바로 LVMH 하우스에서 제조하는 빈티지 샴페인이다. 즉 가장 좋은 해에 수확되는 포도로만 제조된다는 뜻이다. 많은 샴페인이 여러 해의 포도를 혼합해서 만들지만, 이 샴페인은 같은 해에 수확된 포도만을 사용한다. 1936년부터 판매가 되었는데 그 때의 빈티지는 1921년이었다. 각 빈티지에 약 5만 병을 제조하는 데 최소 1년은 숙성해야 실크처럼 부드러운 맛을 자아낸다. 그래서 동 페리뇽 샴페인은 이름만 들어도 황홀함에 휩싸인다.

## | 앱솔루트 보드카

독주*spirits*는 술의 색상에 따라 브라운과 화이트 계열로 나눌 수 있다. 브라운 계열은 다시 블렌드 위스키와 싱글 몰트 위스키로 세분된다. 전자는 2개 이상의 원액을 섞어서 맛의 조화에 초점을 맞추는 데 비해 후사는 단일 원액을 사용함으로써 풍부함을 강조한다. 조니워커, 발렌타인, 로열 살루트는 전자에, 글렌피딕Glenfiddich이나 매캘런Macallan이 후자에 속한다. 전자나 후자 모두 원액 주령이 12년 이상이면 프리미엄, 21년 이상이면 울트라 프리미엄이라고 한다. 주령이 오래될수록 원액이 증발하므로 값이 비싸지는 것은 불문가지. 더욱이 숙성하는 과정에서 맛과 향이 뛰어나게 되며, 빛깔도 고와진다.

이에 비해 화이트 계열은 증류 과정만을 거치므로 색상이 투명하다. 바카디와 같은 럼, 스머노프와 같은 보드카, 우리나라의 소주 등이 여기에 해당된다. 이들은 브라운 계열에 비해 상대적으로 제품을 차별화하기 힘들다. 숙성을 거치지 않기 때문이다. 따라서 광고나 홍보 등 이미지 작업이 중요하다. 더욱이 세계적으로 가장 많이 마시는 스피릿은 화이트 계열인 보드카다. 2위가 위스키고. 특히 러시아, 미국, 영국에서 보드카가 인기다. 그런 맥락에서 화이트 계열인 앱솔루트 보드카의 이미지를 살펴보았다.

서구에서 만드는 보드카의 60% 이상을 미국에서 소비한다. 그런데 앱솔루트는 1979년에 미국 시장에 진출한 후발 주자였음에도 놀라운 시장 성장률을 보였다. 1982년에는 핀란드 경쟁자 핀란디아, 1985년에는 러시안 경쟁자 스머노프를 추월하였고 현재는 미국 시장의 40% 이상을 차지하였다. 과연 어떤 이미지이길래?

먼저 앱솔루트를 탄생시킨 주인공인 스웨덴의 스미스. 청소년 때부터 기업가 재질을 발휘했던 그는 진취적이면서도 창의적이었다. 그는 1879년 Absolut Rent Bravin(완벽하게 순수한 보드카Absolute Pure Vodka)을 시장에 내놓는다. Bravin은 태운 와인burnt wine이란 뜻으로 당시 의약품을 제조하는 데 사용한 방법이었다. 그렇지만 당시 스톡홀름 시에서 증류주를 독점 판매하였으며 스미스는 이러한 시 정책에 반대하였다. 그래서 시내에서는 판매할 수 없는 상황을 피하고 자신이 만드는 술을 직접 판매하기 위해 시 외곽의 섬에 상점을 열었다. 그리곤 시와 섬을 오가는 배를 무료로 운영하면서 보드카를 판매하여 크게 성공하였다. 여기서 그치지 않고 스웨덴의 술을 만드는 본산지인 남부 지방에도 손을 뻗어 주류업자와 유통업계를 적극적으로 공략하였다. 비록 1913년 죽었을 때는 무일푼일 정도로 파란만장한 삶이었지만 보드카의 순수한 품질과 혁신적인 마케팅 개념을 남기고 떠났다.

1917년 스웨덴 정부는 알코올 산업을 독점 운영하면서 앱솔루트 보드카는 정부 소유의 V&S 회사가 제조하게 된다. 1979년부터는 미국 수출을 꾀하는데 이를 계기로 브랜드 작업을 대대적으로 벌인다. 우선, 브랜드 명. 일반 형용사인 absolute를 사용하면 상표 분쟁이 일어날 것이므로 e를 빼고, pure 단어 역시 상표명으로는 부적절해서 제외되었다. 그래서 결정된 브랜드 명이 바로 Absolut Vodka. 다음으로는 병 모양. 초기의 보드카가 의약품으로 사용되었듯이 스웨덴의 전통 의약품 병에 착안하여 독특하게 디자인하였다. 특히 철분이 낮은 모래를 사용함으로써 더욱 투명한 병을 만들 수 있었다. 그리고 흰색 병과 무색의 보드카에 브랜드 이름은 선명한 파란색을 사용하였다.

　　무엇보다 앱솔루트의 이미지에 결정적이었던 것은 광고. 1980년부터 시작된 광고 캠페인은 지금까지도 진행되는 장수 캠페인이다. 형식도 일관된다. 포스터 중앙에는 앱솔루트 병 모양을, 포스터 밑에는 Absolut와 1~2개의 단어로 구성된다. 그 카피는 보드카나 소비자에 대한 찬사로 이뤄진다. 예를 들면, 포스터에 붉은 립스틱의 입술 자국이 찍혀 있다. 입술 자국 가운데를 찬찬히 보면 앱솔루트 병 모양이 선명하다. 그리고 카피는 Absolut Passion. 전혀 어울릴 것 같지 않았던 그림과 카피가 서로 연결되어 순간적으로 '아' 하게 만든다. 정렬적인 키스, 키스 세례를 받는 앱솔루트, 열정. 주제 역시 초지일관이다. 뜻밖의 놀라움과 기쁨.

　　이러한 창의성은 광고와 예술의 교류라는 큰 틀에서 이뤄진다. 광고를 예술로, 예술을 광고로 끌어들여 그 경계를 허물어뜨린 것. 일례로 1985년에는 팝아트의 대가인 앤디 워홀에게 그림을 부탁하였다. 앱솔루트를 팝아트의 대명사로 만든 것. 그리고 1991년에는 미국에서 예술 후원 프로그램을 진행하였다. 50개 주와 워싱턴 시에서 51명의 미술인을 선발하여 2주마다 한 번씩 〈USA 투데이〉 신문에 전면 광고를 게재한다. 그리고 해당 작품을 300점씩 복사, 판매하여 디자인협회

앱솔루트 보드카

의 AIDS 퇴치 기금으로 내놓는다. 지역의 바에서 판촉할 때도 예술은 항상 빠지지 않는다. 그 지역의 예술인에게 한정판 앱솔루트 보드카 티셔츠를 그리도록 하여 판촉 행사에 이용하곤 한다. 최근에는 앱솔루트 시티 시리즈를 진행하고 있다. 〈뉴스위크〉에 유럽의 시티를 연재하는 것이 대표적 사례. 잡지 맨 뒷장에 앱솔루트 광고를 게재하고, 그 반대 지면에는 〈뉴스위크〉의 기자가 취재한 그 도시의 레스토랑이나 바를 소개하는 식이다.

앱솔루트의 창의성은 작품에만 머물지 않는다. 목표 시장의 포용력도 남다르다. 게이 집단을 일찍부터 주요 고객으로 설정하였기 때문이다. 1981년부터는 게이 미디어에 광고하였을 뿐만 아니라 게이 이벤트도 후원하였다. 보드카만을 판매하는 것이 아니라 혁신적 태도도 함께 판매하는 셈이다.


## 3. 어떤 브랜드에 빠질 것인가?

브랜드 이미지를 강조했다고 유명한 음료 브랜드를 선택하라는 뜻은 아니다. 우리가 음료를 선택할 때는 브랜드 의미도 함께 포함되므로, 그 의미를 알면 더욱 풍부한 소비를 즐길 수 있다는 뜻이다. 아는 만큼 보인다고 하지 않던가? 아는 만큼 음료의 맛과 멋이 깊어진다.

더욱이 삶이란 자신이 이상적으로 그리는 라이프스타일을 추구하는 데 그 매력이 있다. 어떤 의미에서 보면, 내가 아닌 사람이 되고 싶어 하고 내가 할 수 없는 것을 하기를 원하는 것이 삶이다. 그런 맥락에서 음료를 통한 일상 생활의 작은 사치가 자신감을 심어 주거나, 꿈과 희망을 그려 준다면 마다할 까닭이 없다. 까다롭게 주문한 커피로 자신을 좀 더 트렌디하게, 와인을 마시면서 좀 더 품위 있게 살려는 모습은 아름다울 수 있다.

그러나 맹목적으로 이미지에만 몰두하면 꼴불견이다. 물질주의와 속물주의에 빠지기 때문이다. 특히 속물근성이 있는 사람은 외향을 보고 실체를 판단한다. 그래서 자신보다 취향이 저급한 사람들을 무시하거나 주눅들게 한다. 더 중요한 폐해는 자기 자신을 다른 사람의 시선으로 결정한다는 점이다. 다른 사람이 자신을 어떻게 볼 것이냐에 더 신경을 쓴다. 이와 같은 타자 의식은 자신을 브랜드 이미지로 치장하게 만든다. 또는 대화하는 도중에 명품 브랜드의 이름을 대수롭지 않다는 듯 언급하면서 조예가 있음을 과시한다.

그렇지만 짜라투스트라가 얘기하지 않았던가? 인생이란 취향에 대한 논쟁이라고. 취향은 나라마다, 사회 계층마다, 사람마다 차이가 있기 마련이다. 러시아에서는 보드카를, 체코에서는 맥주를, 영국에서는 홍차를, 우리나라에서는 폭탄주를 매일 마신다. 누구는 취하기 위해 와인을 마시고, 누구는 담소하기 위해 위스키를 마신다. 혹자는 와인과 위스키가 바뀌었다고 생각할지 모른다. 취향이 각양각색임을 부각시키려 일부러 그렇게 선택했을 뿐이다.

취향이란 결국 무엇을 좋아하느냐에 관한 내용이다. 따라서 음료 브랜드 역시 자신의 취향을 담고 있어야 한다. 특히 자신이 지향하는 삶의 가치를. 더욱이 음료는 남을 위해 마시는 것이 아니라, 자신을 위해 마시는 것이 아니던가? 남을 위해서 마시기 싫은 것을 억지로 자기 입 안에 털어 넣는다고 생각해 보라. 살신성인적인 자세이기는 하지만 스스로 건강과 복지를 훼손하는 셈이다. 자신의 이미지를 담고 있는 브랜드를 마실 때, 행복감은 더욱 만끽될 것이다.

# 탄산수는 나랑 닮은 꼴

금나나 | 미스코리아

서현진 — 안녕, 나나. 음료수를 잘 마시는 편인가요?

금나나 — 20대 초반에는 음료수를 잘 안 마셨어요. 선배님도 아시다시피 미스코리아 100일 다이어트 작전(웃음). 그러다 미국에 유학 가서는 탄산 음료를 마시기 시작했어요. 별로 마시고 싶지 않아도 친구들이 모두 마시니까요. 특히 시험 기간에는 레드 불을 마셨어요. 마시고 한 시간 후 집중력이 바로 높아지는 각성 효과가 있어요. 한번은 하루 네 병을 마신 적이 있어요. 그랬더니 하늘이 팽팽 돌더라구요. 아마 카페인 성분이 너무 농축되어 있어서 신장에 무리를 줬기 때문인 것 같아요. 권할 만한 음료는 아니지만 하버드에서의 고된 나날을 버티게 해준 음료에요.

서현진 — 나나가 가장 좋아하는 음료는요?

금나나 — 탄산수를 잘 마시는 편이에요. 하버드에 있을 때는 페리에를 즐겨 마셨는데, 우리나라에서는 롯데에서 나오는 트레비를 좋아해요.

서현진 — 왜 그런데요?

금나나 — 사실 다른 음료수는 칼로리 때문에 부담스러워요. 다이어트 콜라도 첨가물 때문에 싫고요. 그래서 첨가물 없이 청량감을 줄 수 있는 게 저한테는 좋아요.

서현진 — 또 다른 이유가 있나요?

큼나나 — 탄산수에 매실즙이나 식초, 정확히는 홍초예요, 그런 것을 넣어 마시면 나만의 음료수를 만들 수 있어요. 그런 점이 탄산수의 큰 매력이에요.

서현진 — 그렇게 마시면 어떤 느낌이 드는데요?

큼나나 — 상큼하면서도 정신을 바짝 차리게 만드는 느낌. 강하게 한 방을 터뜨리는 느낌. 그래서 가슴속까지 시원해요.

서현진 — 탄산수를 좋아하는 게 혹시 자신의 이미지와도 연관이 있나요?

큼나나 — 그렇네요, 생각해 보니까 저랑 탄산수랑 닮은 꼴이네요. 탄산수 는 상황에 따라 늘 변하잖아요. 얼음이나 레몬처럼 뭔가 다른 물 질이 들어오면 자기 색깔을 내세우기보다는 그 물질의 특성을 받아 주잖아요. 그렇지만 톡 쏘는 맛은 늘 남아 있고요. 즉 본질 은 잃어버리지 않죠. 제가 어디를 가든 자신의 주장을 강하게 펴 기보다는 다른 사람 이야기를 들어주는 편이거든요. 그렇다고 주위에 쉽게 휩쓸리지는 않고요.

서현진 — 지금까지 톡 쏘는 나나 양이었습니다. (웃음)

더불어 마신다

"음료 선택에는 경제성이나 도
덕성도 중요하지만 공간이나 주
변 사람 같은 환경의 영향도 받
는다."

## 취중진담 불만

　"약한 모습 미안해도 술김에 하는 말이라 생각지는 마." 내가 중학생 때 즐겨 들었던 김동률의 〈취중진담〉이다. 학교와 무용학원을 오가는 쳇바퀴 생활이었지만 이 노래를 들을 때만큼은 얼른 대학생이 되어 술김에 얼굴이 빨개져서 고백하는 귀여운 남친이 생겼으면 좋겠다는, 나도 술을 맘껏 마시는 날이 왔으면 좋겠다는 낭만을 키우며 마냥 행복했다.

　드디어 대학생이 된 후 몇 번의 미팅. 대체로 신촌의 호프집에서 우리들은 인근 대학의 오빠들과 어색한 만남을 생맥주 500cc 한 잔에 날려 버린다. 술이 살짝 들어가면 '공공칠빵,' '디비디비딥'을 하며 허물을 벗고, 술자리의 끝에는 항상 약속이라도 한 듯 진실 게임이었다. 늘 나오는 짓궂은 질문들. 첫 키스는? 이 자리에서 마음에 드는 사람은? 대답하기 싫으면 맥주 500cc 한 잔을 단번에 마셔야 했다. 힘들면 흑기사를 부르고, 구원을 요청한 사람은 흑기사의 소원을 들어주고. 한 커플이라도 연결이 되면 그날의 미팅은 대성공이다. 이런 술자리의 놀이로 우리는 술에 취했고, 분위기에 취했고, 젊음에 취했다.

　하지만 난 이상하게 미팅에서 커플이 된 적이 한 번도 없었다. 술김에 서로 몰아주는 분위기로 커플이 되는 데 거부감이 있었던 것 같다. 아마도 술을 마시지 않았을 때 점잔을 뺐던 사람이 술을 마시고 풀어지는 모습이 못마땅했을지도 모른다. 1학년 시절, 사귀던 오빠도 그렇게 내 맘 속에서 떠나갔다. 〈취중진담〉을 좋아했던 소녀는 어느덧

술 먹고 하는 고백을 절대 믿지 않는 깍쟁이 여대생이 돼버렸다.

지금은 대학을 졸업하고 회사에 입사한 지 어느덧 5년째다. 직장인이 되면 무언가 더 내밀한 어른들의 세계가 있으려니 기대했건만 별로 달라진 것은 없다. 사람들은 여전히 하루하루를 숨 가쁘게 지내며, 상처 주고 상처 받는다. 그리고 이 모든 관계를 술에 담는다. 바로 그런 그들 속에 나도 있다. 술 먹고 하는 남자의 말은 쌀로 밥을 짓는다 해도 믿지 않겠노라 다짐했고, 지금도 취중진담이라고 늘어놓는 남자가 내 취향은 아니지만, 어느샌가 나는 이런 허풍쟁이들과의 와자지껄한 술자리에서 하루의 피곤을 녹여 내는 즐거움을 알게 되었다.

이제는 더 이상 중학교 시절 들었던 〈취중진담〉 속 가사처럼, 오래 벼르고 별러서 술의 힘을 빌 수밖에 없었던 힘겨운 사랑 고백을 기대하거나 꿈꾸지 않는다. 그 대신 다음날 아침이면 잊어버릴 상대방의 넋두리를 듣고 그 사람의 어깨를 토닥토닥 두드려 줄 만큼의 공간이 내게 생겼다. 그래서 난 오늘도 또 사람들과 어울려 술을 마신다.

지금까지 음료 문화의 중요성과 함께 음료 소비의 주요 가치를 생존, 삶의 활력, 맛, 이미지로 정리하였다. 그런데 이번 장에서는 앞에서 못다 한 이야기를 몽땅 털어놓아야 한다. 마지막 장이니까. 그러다 보니 음료를 마시는 이런저런 이유가 종합적으로 제시되었다. 합리성, 도덕성, 공간의 매력, 그리고 함께 마시는 즐거움을 살펴보자.

## 1. 합리성

인간은 이성적이다. 갈증이 나면 물을 들이키고, 상한 우유는 마시지 않는다. 더울 때는 찬 음료로 열기를 식히고, 추울 때는 뜨거운 음료로 몸을 덥힌다. 그리고 혀가 꼬부라질 지경이 되면 술잔을 내려놓는다. 우리 자신을 위해 올바른 판단과 결정을 내리는 것이다. 이러한 합리성은 인간의 행동을 설명하는 경제학이나 심리학, 마케팅, 커뮤니케이션 등 모든 학문 분야의 기본이기도 하다.

### ◎ 합리성의 추구

합리성에 따르면, 사람은 선택 가능한 대안들의 값어치를 평가하여 가장 좋은 결정을 내린다고 전제한다. 즉 의사 결정을 할 때는 비용 대비 효용성을 극대화시키려 한다. 소비자가 음료를 선택할 때도 합리성은 작용한다. 예를 들어, 편의점에서 생수를 구매한다고 하자. 봉평샘물은

280원, 삼다수는 330원, 에비앙은 1130원. 이런 선택에 직면하면 소비자는 생각한다. 봉평보다는 제주도의 물맛이 좋을 것 같다. 더구나 가격 차이도 별로 나지 않고. 그렇다고 비싸게 수입 생수까지 마실 필요까지야? 이런 식으로 지불한 비용과 그 비용으로 얻는 혜택을 산출해서 최적의 선택을 한다.

그런데 어쩌다 들른 편의점에서의 구매 결정이 아니라, 일 년 내내 어떤 물을 마실 것이냐를 따진다면 비용과 가치의 산출은 달라진다. 하루에 권장되는 물 섭취량은 2리터이다. 에비앙으로 내 몸을 채운다고 해보자. 1.5리터 에비앙 1병의 값은 2250원, 2리터를 마신다고 했을 때는 3000원이 든다. 1년이면 109만 5000원의 물 값이 든다. 2리터에 820원 하는 삼다수를 마시면, 1년에 29만 9300원을 지불해야 한다. 그렇지만 수돗물을 마시면? 1세제곱미터에 320원이다. 따라서 1리터에 32전이므로, 2리터에 64전. 1년이면 234원이다. 병에 담긴 생수를 피하고 수돗물을 선택해야 될 강한 재정적 동기가 있는 셈이다.

그러나 수돗물의 맛에 대한 불신은 여전하다. 그래서 많은 사람들이 수돗물을 그대로 마시지는 않는다. 정수기나 필터를 설치해서 수돗물을 정제해서 마신다. 그렇게 하는 것이 생수를 사먹는 것보다는 저렴하니까. 나아가서 물의 깨끗함이나 위생에 까다로운 계층은 더 비싼 값을 지불하고 생수를 사마신다. 그만한 가격의 가치가 있다고 믿는 것이다. 이런 행동은 모두 나름대로의 합리성에 기초한다.

이러한 가치 판단의 토대에는 상품의 품질이 자리잡고 있다. 품질이 좋으면 그만한 혜택을 제공하므로 이에 상응하는 가격을 지불하게 된다. 이를테면 스타벅스의 커피 값이 비싼 이유는 커피 맛과 함께 매장 분위기도 만족스럽기 때문이다. 그러므로 유명 브랜드는 자신의 품질을 지렛대로 내세워 프리미엄 가격을 요구한다. 심지어 우리는 상품의 품질을 잘 모를 때 가격을 보고 품질을 판단하기도 한다. 값이 비싸면 그만한 값어치를 할 것으로 믿으니까.

음료의 품질을 판단하는 데는 여러 요인이 작용한다. 음료의 원료, 브랜드 유명도 등이 대표적 사례다. 그런데 문제는 일부 음료 상품은 품질을 평가하기가 쉽지 않다는 데 있다. 특히 와인은 맛을 봐도 좋은지 나쁜지 분간되지 않을 때가 있다. 더욱이 와인의 원산지 증명 제

---

**와인 품질과 로버트 파커**

일반적으로 와인 품질을 평가할 때는 외부적 요인과 내부적 요인으로 구분한다. 전자는 사용된 포도의 품질, 제조 과정, 와인에 결격이 있는지의 여부 등이다. 실용적인 요인도 여기에 속한다. 그만한 가격의 값어치를 해야 한다는 믿음이다. 와인이 병에 오래 담겨 있을수록 더욱 좋은 와인으로 숙성될 것이므로 이 역시 좋은 품질로 여겨진다. 그리고 후자는 와인의 실제 맛에 대한 평가를 포함한다. 미각에 관한 내용으로 맛, 부드러움, 바디, 입의 촉감, 조화, 강도(와인 풍미의 강렬함과 와인을 마시고 나서 풍미가 남아 있는 시간) 등이 여기에 해당된다.

그런데 초보자가 이런 요인에 기초해서 와인의 품질을 매기기는 힘든 노릇. 여기에 착안한 사람이 바로 한때는 변호사였던 로버트 파커. 미국 가게에서 와인을 구매하려면

도는 나라마다, 지역마다 차이가 있다. 이를테면 프랑스의 부르고뉴 지역은 포도밭의 품질을 중시하여 등급을 매기지만, 보르도 지역은 포도원의 전문성에 따라 구분한다. 이에 비해 미국산 와인의 90% 이상을 차지하는 캘리포니아는 원산지의 호칭을 포도원과 와인 제조원의 관계에 기초한다. 그래서 와인의 품질은 더욱 헷갈린다. 이런 문제를 해결하기 위해 미국에서는 로버트 파커가 100점 만점의 와인 점수를 매기고 있다. 즉, 이 점수에 따라서 소비자들은 와인의 품질을 평가하고 그만한 가격을 지불할 것인지를 합리적으로 판단할 수 있다.

이처럼 품질에 기초하여 비용 대비 혜택을 계산하는 것이 합리성

---

100점 만점의 점수가 붙어 있는 것을 볼 수 있다. 이는 로버트 파커가 스스로 와인에 대한 평가를 내린 점수이다. 어떻게 미국 와인 업계에서 그의 점수 제도를 받아들였을까?

로버트 파커는 4만 명 이상이 구독하는 잡지 *Wine Advocate*를 발행하는 데 어떤 광고도 받지 않는다. 그의 와인 평가 제도는 100점에 기초한다. 그의 명성은 영국 전문가들이 혹평한 1982년산 보르도 와인을 좋게 평가하면서 부상한다. 왜냐하면 세계의 소비자들은 그의 평가에 따라 와인을 구매했기 때문이다.

그의 평가는 전문가 집단이나 산업계의 로비에 흔들리지 않는 것으로 정평이 나 있다. 즉 일반 소비자의 신뢰를 얻고 있는 것이다. 스스로를 소비자가 임명한 와인 품평가로 자처하고 있다. 포도원의 초청이나 와인업계의 선물을 모두 거절한다. 와인 시장에 투자하지도 않으며 집에서 혼자 와인을 음미한다. 이처럼 업계와 거리를 두고 있기 때문에 소비자들의 신뢰를 받을 수 있다.

에 기초한 음료 선택의 대표적인 유형이다. 합리적인 선택은 가치를 평가하면서 여러 형태로 나타난다. 예를 들어, 누가 '쏜다'고 하면 대체로 사람들은 더 많이 마신다. 삶은 주고받는 것이므로 나중에는 자기 역시 그만큼 사야 된다는 것을 비록 알고는 있지만, 지금 당장은 내 주머니가 안전하니까. 그래서 술자리는 더 오래가고, 과음하기 마련이다. 바로 이런 상황에도 우리는 가치를 평가하고 있다. 즉 교환 가치가 작용하고 있는 것이다. 내가 한 번 사면, 다음에는 '네가 한 번 사라'는 뜻이 함축되어 있다. 거꾸로 술로 호의를 베푸는 사람들은 종종 상대방으로부터 반대급부를 기대한다. 술이 뇌물인 셈이다. 특히 술을 빼놓고 호사스런 향연을 상상하기 힘들다는 점에서 술의 역할을 확인할 수 있다.

사실 이런 상호 호혜적인 관계가 형성되지 않고 너는 계속 사고, 나는 계속 얻어 마시는 사례가 벌어진다고 가정하자. 이처럼 불공평한 처우에 대해서는 불쾌함을 느낄 것이다. 따라서 교환 행위가 일어날 때는 정의감을 느낌으로써 '공정하다,' 또는 '불공정하다'를 판단한다. 그런 도덕적 감정과 합리적 판단 때문에 사회는 안정적으로 조화를 이룰 수 있다.

그렇지만 인간의 합리성은 정교하지 못하다. 논리적인 이론에 기초해서 합리성이 발전한 것이 아니라 시행착오를 거치면서 합리성이 진화했기 때문이다. 따라서 합리성은 완전하지 않다. 그렇지만 눈대중으로 빨리빨리 판단함으로써 나름대로의 실용성을 추구한다.

## ◎ 정보의 영향

사람들은 정보가 어떻게 구성되었느냐에 따라 영향을 받는데, 그러한 특징도 합리성이 불완전함을 보여 주는 흔적이다. 이른바 손실과 이익의 틀짓기에 따른 영향이다. 즉 가치에 대한 평가는 이익과 손실 중에서 무엇을 강조하느냐에 따라서도 달라진다. 예를 들어 '이 음료수는 99% 안전하다'와 '이 음료수는 1% 위험하다'는 똑같은 정보를 담고 있다. 그렇지만 어떻게 표현하느냐에 따라 소비자의 선택은 달라진다. 우리들한테는 위험을 회피하려는 속성이 훨씬 중요하므로 1%라도 위험을 언급하고 있으면 회피하고, 대신 안전을 강조하는 쪽에 좀 더 이끌린다.

메시지의 영향력을 보여 주는 또 다른 사례. A음료수를 마시면 체중을 10킬로그램 뺄 가능성이 40%다. B음료는 4킬로그램의 체중 감소 가능성이 100%다. 그렇다면 사람들은 어떤 음료를 선택할까? 대부분 B음료를 택할 것이다. 실제로는 똑같은 기대치인데도 살을 빼는 이익의 영역에 있으면 확실하게 안전한 가능성을 선택하는 것이다. 그런데 이번에는 C음료를 마시면 체중이 10킬로그램 늘어날 가능성이 40%, D음료는 4킬로그램 살찔 확률이 100%. 이 상황에서는 어떨까? 사람들은 C음료를 택한다. 두 음료 모두 어차피 살이 찔 것이고, 사람들은 손실의 영역에 있으므로 그때는 위험을 무릅쓰기 때문이다.

같은 맥락에서 정보가 제시되는 상황도 중요하다. 술집에서 위스키를 선택해야 된다고 하자. 그리고 20년산은 40만 원, 12년산은 18만

원, 8년산은 16만 원이라고 가정하자. 이런 경우에는 사람들은 대체로 제일 비싼 것 대신에 그 다음으로 비싼 것을 주문하기 마련이다. 가장 비싼 40만 원의 가격이 준거틀의 영향력을 행사하기 때문이다. 사실 술집에서도 가장 비싼 술을 팔 의도는 없다. 그렇지만 20년산이 없다면 12년산이 가장 비싸지므로 사람들은 8년산을 주로 주문하게 될 터이다. 그렇기 때문에 매우 비싼 술을 준거틀로 올려놓는다. 그러면 소비자는 상대적인 가격에 민감하게 반응하여 음료를 선택한다. 비록 그러한 합리성이 컴퓨터처럼 정교한 것은 아니지만.

## 2. 도덕성

사람들이 음료를 선택할 때는 도덕성도 고려한다. 도덕성이란 사회적 양심을 반영하는 행동 규범을 뜻한다. 기업이나 음료 브랜드에 대해서 '옳다' 또는 '그르다'를 판단함으로써 구매를 결정하는 것이다. 예전부터 소비자는 상품이나 서비스의 안전성이나 품질에 높은 관심을 갖고, 불만족스러울 때는 소비자 운동을 전개하였다. 음료 식품의 경우에는 원료나 첨가물의 안전성을 비롯하여 기업 경영의 윤리성, 친환경 등이 해당된다. 안전성은 2장에 전술되어 있으므로 여기에서는 윤리성과 환경에 초점을 맞춰 논의하였다.

## ◎ 윤리성

먼저 기업의 윤리성과 관련한 사례를 살펴보자. 쿠어스 맥주는 미국 콜로라도의 쿠어스 집안에서 제조한다. 그런데 그 회사는 오래전부터 흑인, 멕시코인, 여성, 동성애자들의 고용에 부정적이었다. 1969년에는 인종 차별로 소송을 당하여 이듬해에 유죄 판정을 받았으며, 흑인 차별, 여성 차별 등으로 계속 소송을 당했다. 심지어는 직원을 채용할 때 거짓말 탐지기를 사용하여 다음과 같은 질문을 했다. 속옷은 얼마나 자주 갈아입습니까? 부인과 비도덕적인 행동을 하지는 않았습니까? 이와 같은 질문으로 구성된 거짓말 탐지기는 사생활 침해로 공격을 받았으면서도 1986년까지도 사용되었다. 그후에도 동성애자를 공개적으로 차별하여 1993년에는 대대적인 보이콧 운동을 당하기도 했다.

이러한 차별의 배경에는 쿠어스의 집안 사람들이 자리잡고 있다. 이들은 막대한 자금을 극우 단체에 지원할 뿐만 아니라 1973년에는 헤리티지 재단을 직접 만들기도 했다. 이 재단은 레이건 대통령의 씽크 탱크로도 유명하다. 이처럼 기업이 정치색을 띠면 등을 돌리는 소비자가 생기기 마련이다. 영화 배우 폴 뉴먼은 촬영장에서도 쿠어스 맥주를 항상 즐겼었다. 그러나 쿠어스가 인종 차별적으로 나오자 진보적인 목소리를 내던 폴 뉴먼은 "쿠어스가 아무리 좋아도 사생활과 인간의 권리보다는 중요하지 않다"며 버드와이저로 바꿨다. 쿠어스에 대한 반기는 대학에서도 발견된다. 아이비리그 중의 하나인 다트머스 대학에서는 키스톤 맥주가 인기다. 그런데 이 맥주는 바로 쿠어스 회사에서 만든다. 그럼에도 불구하고 많은 다트머스 대학생들은 쿠어스의 경영 행태를 모른 채 키스톤 맥주를 마시고 있다. 여기에 분개한 몇몇 학생들이 2008년에는 대학 신문에 글을 올려서 "알고나 마시자"며 각성을 촉구하기도 했다.

경영의 윤리성은 공정한 무역 거래를 하는지에도 적용된다. 특히 국제적인 거래를 통해 소비자에게 전달되는 음료수의 경우에 이런 이슈가 종종 부각된다. 제3 세계의 노동자들이 정당한 근로 조건에서 일하는지가 관심사인 것이다. 일례로 소비자는 현지에서 커피나 차를 재배하는 농부들의 복지에 관심을 갖는다. 중간상이나 구매자에 의해 노동을 착취당하지 않는지, 그리고 생산물의 값을 제대로 받는지가 궁금하다.

이처럼 공정한 무역을 추진하는 제도를 앞서 갖춘 곳은 유럽이다. 1992년 유럽의 공정무역협회에 의해 국제공정무역레이블기관Fairtrade Labelling Organization(FLO)이 독일에 창설되었다. FLO는 현재 커피, 주스 등에 '공정 무역 인증'을 해주고 있다. 이 인증은 현지 생산자들이 민주적으로 운영하고 있을 뿐만 아니라 공정한 거래 가격을 받았음을 뜻한다. 미국에서는 트랜스페어USA TransFair USA라는 비영리 단체가 공정한 무역의 인증을 공식적으로 맡고 있다. 물론 이러한 인증이 커피 열매나 차 잎의 품질을 보장하는 것은 아니다. 이들 단체의 초점은 노동자들의 공정한 대우이기 때문이다. 그렇지만 인증받은 음료를 마실 때 소비자는 내 선택과 소비가 윤리적이었음을 의식하며 행복감을 느낄 것이다.

## ◎ 환경성

음료의 도덕성은 환경에 끼치는 영향도 포함한다. 음료를 제조하고 소비하는 과정에서 환경이 파괴되므로 음료를 선택할 때 환경을 고려하는 것이다. 먼저 음료 생산은 숲을 황폐화시킨다. 음료를 포장하거나 마실 때 종이를 사용하기 때문이다. 디지털 시대가 되면서 종이가 사라졌다고는 하지만 실제로는 1950년 이후로 종이의 사용량은 여섯 배나 증가하였다. 미국, 일본, 중국은 세계 인구의 1/3를 차지함에도 불구하고 종이는 세계 소비량의 2/3를 사용하고 있다. 세계적으로 생산된 종이의 10%만이 책을 만드는 데 사용되고, 50%는 패키지에 사용된다. 여기에 음료를 비롯한 종이 패키지의 공산품이 한몫하는 셈이다. 더구나 종이의 판매 가격은 실제 종이 원가보다도 저렴한 편이다. 왜냐하면 수요보다 공급이 더 많기 때문이다. 종이 공장은 일단 가동되면, 대출을 갚기 위해서 계속 가동되어야 하는 특성이 있다. 그러다 보니 종이를 많이 공급하여 가격을 떨어뜨리는 자충수를 범하고 있다. 일회용 종이컵을 보면 얼마나 종이를 낭비하는지 쉽게 공감할 수 있다. 그게 모두 숲에서 나오고 있으며, 덕분에 숲은 자꾸 없어지고 있다. 게다가 우리나라 종이팩의 재활용률은 30%에 불과하고.

커피도 숲을 없애는 주범이다. 원래 커피나무는 숲의 음지에서 자란다. 그러나 대규모로 생산을 시작하면서 커피나무가 햇빛을 잘 받도록 주변 숲을 없앴다. 여기에는 다음과 같은 이유가 있다. 커피나무가 햇빛을 받으면 스트레스를 받는다. 그리고 그 스트레스 때문에 커피 열매를 더 많이 생산한다. 그렇게 5년에서 7년간 커피 열매를 많이 생산한 후에는 생산량이 급격히 떨어지고 기운이 쇠잔해서 병충해에 약해진다. 그래서 커피나무를 새로 대체해야 할 뿐 아니라 그 땅 역시 황폐해진다.

음지에서 자란 커피나무가 왜 친환경적인지를 잘 알 수 있다. 주변의 숲은 물론 토양을 잘 보존할 수 있으며, 생태계에 거주하는 동식물도 보호할 수 있다. 최근에는 환경 단체나 커피 애호가를 중심으로 그늘진 커피 마시기 운동이 벌어지기도 한다. 일례로 미국의 스미소니언철새센터에서는 새들의 보금자리를 보호하기 위해 '조류 친화적'이란 레이블을 인증해 준다. 인증을 받기 위해서는 커피 농장의 하늘은 약 40%가 수풀로 덮여 있어야 한다.

음료와 환경의 관계에서는 물을 빼놓을 수 없다. 물은 30억 년 전

'조류 친화적'이란 레이블을 인증해 주는 스미소니언철새센터

에 지구에 생겨났다. 바다와 대기, 그리고 육지 사이를 오갔던 물은 태양 덕분에 계속 순환되고 있어서 무한한 것처럼 보인다. 더구나 하늘에서 공짜로 떨어지고 있으니.

그러나 지난 몇십 년 동안 사람의 영향으로 물에 대한 환상은 깨지고 있다. 세계 도처에서 수자원을 마구 쓰면서 물은 빠른 속도로 고갈되고 있으며, 많은 강과 호수들이 점차 말라가고 있다. 물을 정화시키는 습지도 세계적으로 절반이 줄었다. 그러면서 물에 대한 인식이 점차 바뀌고 있다. 물이 점차 오염되면서 물의 귀중함을 깨닫게 되었던 것이다. 깨끗한 물은 건강, 위생과 행복의 필요 조건이다. 그래서 물은 자유재에서 공공재로, 그리고 이제는 경제재로 변하였다.

페트병에 담겨 판매되는 생수는 물이 경제재임을 보여 주는 대표적 사례다. 물론 모든 생수가 수자원을 그대로 사용하는 것은 아니다. 펩시의 아쿠아피나 또는 코크의 다사니와 같은 생수는 수돗물을 정수하여 사용하니까. 그렇지만 많은 생수는 지하수를 고갈시키는 주범이 되고 있다. 관정을 뚫어 지하수를 퍼올리기 때문이다. 이런 과정에서 생수 공장의 관정으로 말미암아 마을의 공동 관정이 말라 버리는 등, 수자원에 영향을 끼치고, 지역 주민과 마찰이 생기기도 한다.

생수는 또 다른 환경 문제도 내포하고 있다. 생수를 만들고, 포장하고 운반하는 데는 많은 자원이 소비될 뿐만 아니라 지구 온난화에도 영향을 끼치고 있기 때문이다. 음료 회사가 페트병에 플라스틱을 적게 쓰려고 노력하지만 페트병은 세계적으로 34%만 재활용될 뿐이고 나머지는 계속 지구에 쌓이고 있다. 우리나라는 재활용률이 70%로 높은 편이지만 버려지는 페트병은 수백 년 동안 썩지 않고 남아 있게 된다. 소각해도 다이옥신과 같은 부산물이 남고. 게다가 페트병을 만드는 데 엄청난 양의 석유가 소비된다. 미국에서만 해도 290만 개의 페트병을 만들기 위해 1700만 배럴의 석유를 쓰고 있는데, 이는 자동차 100만 대가 한 해 소비하는 양이다.

또한 커피나 차를 재배할 때는 많은 화학물이 뿌려진다. 살충제나 제초제를 비롯한 화학 비료가 바로 그것이다. 그리고 제조 과정에서도 화학품 등이 포함된다. 실제로 커피는 면화와 담배 다음으로 가장 많은 화학 제품이 뿌려지는 제품이다. 이런 화학 제품은 노동자와 소비자에게 모두 질병과 건강 문제를 야기시킨다. 게다가 화학 물질로 곤충들이 죽을 뿐만 아니라, 공기가 오염되어 새들도 사라진다. 화학 물질이 땅속으로 흘러 들어가면 수질도 오염된다. 더욱이 생산성을 높이기 위해 사용되는 화학 비료는 토질을 고갈시킨다. 땅이 죽으면 커피도, 차도 죽는다.

그래서 지속 가능한 농경이 중요한 과제로 부상하고 유기농법이 강조된다. 오늘날 많은 소비자들이 유기농법에 의한 식음료를 찾고 있다. 특히 이탈리아와 일본에서 유기농이 인기를 얻고 있다. 사실 유기농 운동의 근원은 동아시아다. 미국 농경제학자인 킹은 1911년 《4000년 동안의 농부들 — 중국, 한국, 일본의 영원한 농경》이라는 책을 저술하였다. 여기에 바로 유기농이 소개되었던 것이다.

유기농의 기본 개념은 전체와의 조화다. 따라서 주변에 있는 토종 숲들도 잘 키워서 커피나 차나무에 그늘을 제공할 뿐만 아니라, 공기와 토양을 보존하게 해준다. 그리고 해충제가 아니라 친환경적인 방법을 사용한다. 예를 들면 무당벌레를 이용해 진디를 잡는다든가, 퇴비를 뿌리든가. 이런 환경에서 수확한 커피 열매나 차 잎에서 진정한 우주의 미묘함과 색조를 맛볼 수 있지 않을까?

## 3. 공간의 매력

소비자들은 음료를 마시는 공간도 소비한다. 장소에 따라 음료의 맛과 멋이 다를 뿐만 아니라 어떤 때는 음료보다도 공간이 더 매력적이기 때문이다. 그래서 많은 사람들이 단골 찻집이나 술집을 한 곳쯤은 갖고 있기 마련이다.

이러한 공간은 우리의 생활에 적잖은 영향을 끼친다. 정기적으로 방문하고, 사람들과 서로 교류하는 장소이므로. 이처럼 음료를 마시는 공간은 우리 삶에서 제3의 장소로 자리잡는다. 제3의 장소란 제1의 장소인 집이나 제2의 장소인 직장 이외에서 사람들이 서로 사귀면서 대화할 수 있는 공간을 뜻한다. 그런 장소는 커피숍, 술집에서 찜질방에 이르기까지 다양하다.

이러한 제3의 장소는 가정 공간의 사적이고 가족적인 친밀성과 작업 공간의 공식적이고 진지함 사이에 존재하는 중간 지대. 비공식적인 대화와 자연스런 친교가 사람 간의 갈증을 해소하고 활력을 불어넣는 셈이다. 사람들은 제3의 장소를 이용함으로써 동네의 편안함,

동료 의식, 사회적 연결망을 소비한다. 여기에서는 커피숍을 중심으로 제3의 장소를 둘러보자.

## ◎ 영국의 커피숍

커피하우스가 처음 생긴 곳은 1955년 터키의 콘스탄티노플이다. 그렇지만 유럽에 커피 문화가 전파된 것은 영국을 통해서였다. 1652년 옥스퍼드에 커피하우스가 생긴 이래로 이탈리아에 1654년, 파리에는 1689년에 각각 생기기 시작했다. 당시의 커피숍을 대표했던 영국의

### 남성적이었던 커피하우스와 여성적이었던 티하우스

17세기 영국의 커피하우스는 여성 통제 구역이었다. 남자들이 커피하우스에 뻔질나게 다니자 여성들은 집에 머무는 것에 불평하기 시작했다. 급기야 여성들이 "커피에 반대하는 청원" 이라는 제목의 팸플릿을 뿌렸다. 반대하는 대상은 커피였지만 실제 불평은 남성을 향하였다. "검고, 진하고, 역겹고, 쓰고 냄새나는 푸들 강아지의 소변" 을 마신다고 비난했다. 커피가 희생양이었던 셈이다. 1674년의 일이었다.

그러자 남성들은 "여성들의 커피에 반대하는 청원에 대한 남성의 답변" 이라는 글을 썼다. "커피는 정신을 모으고 안정시켜 준다. 그리고 원기를 보다 충만하게 한다." 이런 공방 속에서 남성들은 여전히 커피하우스에 다녔고 여성들은 계속 집에 머물렀다.

그러나 18세기 초에 차와 티하우스가 선보이면서 전세는 역전한다. 차의 등장은 남성 중심의 커피하우스에서 여성 중심의 변화를 가져왔다. 차를 중심으로 여성들이 사회 의례를 주도하기 시작했던 것이다. 티파티에 누가 초대되고, 누가 초대되지 않았느냐는 자체가 중요한 화제였다. 티파티가 일종의 사회적 신분을 나타내는 셈이었다. 티

사례를 살펴보자.

영국의 커피하우스는 음료를 마시는 습관은 물론 사회 생활도 바꾸어 놓았다. 1페니만 지불하면 따뜻한 음료는 물론 신문이나 소식을 커피하우스에서 접할 수 있었기 때문이다. 그래서 페니 대학이라고 불렸다. 커피하우스는 활발한 사회의 중심지였으며 런던 생활의 필수적인 요인이었다. 친구와 만나거나, 얘기하거나, 읽거나, 사업을 하는 장소였으며 머무르고 싶은 만큼 머물 수 있었다. 더구나 당시의 술집보다 깨끗하고, 술집과는 다른 에티켓이 강조되었다. 일례로 1674년에 커피하우스에 관한 규칙과 명령에 따르면, 욕설이나 싸움, 도박을

파티를 통해 사회적 신분이 결정되고, 혼담이 결정되기도 하였다. 물론 최근 소식도 공유되었지만, 급기야 여성들이 너무 많은 돈과 시간을 차에 쏟는다고 남성들이 불평하기 시작한다. "차는 게으름을 유발한다. 왜냐하면 여성들이 세 발 탁자에 앉아 끊임없이 재잘거리고 집안일이나 남편들을 돌보지 않기 때문에."

이탈리아의 화가 페데리코 안드레오티 (1847~1930)의 그림, 〈차 마시는 오후〉

티가든도 개장됨으로써 사회 활동의 새로운 무대가 선보였다. 여성들은 이곳에서 하이든이나 헨델이 최근에 작곡한 곡을 들으면서 차를 마셨다. 그리고 분수대의 물이나 불꽃놀이를 감상하거나 정원을 거닐었다. 18세기의 티가든은 중산층의 풍요로움과 여유로움을 나타냈다. 그리고 여성들이 중요한 후원자가 됨으로써 사회적 신분뿐만 아니라 성의 위상 변화도 동반되었다.

금지하였으며 대화는 활발하되 소란스러운 논쟁은 금지하였다.

커피하우스는 모든 사람에게 개방되어 있었다. 1페니만 내면 입장이 가능했으므로 저소득층에게도 열려 있었다. 사회 계층을 뒤섞는 것은 영국 사회에서 새로운 일이었다. 일종의 민주주의 역할을 한 셈이다. 그러니 찰스 2세는 걱정을 할 수밖에. 치안을 선동할 우려가 있다고 해서 1675년 12월 29일에 커피하우스를 통제하는 선언을 한다. "커피하우스가 매우 해롭고 위험한 영향을 끼치고 있다. 악의적이고 스캔들로 가득한 정보가 퍼지고 있으며 왕실을 폄하하고 있다. 커피하우스를 통제해야 하므로 커피나 차를 팔면 처벌한다." 그러나 시민은 자유로운 만남과 토론을 왕실이 통제한다고 빗발치는 항의를 했다. 그래서 다음 해 1월 8일, 그러니까 불과 며칠 만에 통제는 철회되었다. 커피하우스 소비자의 승리.

이후 1708년 런던에만 3000개의 커피하우스가 있었다. 초기에는 학자나 지식층 또는 유한층이 주 고객이었으나, 점차 대화의 즐거움과 함께 상업적 거래 장소로 이용되었다. 최근의 신문을 읽을 수 있고, 막 입항한 선장들의 새로운 소식을 접할 수도 있었으며, 우체국은 우편물을 수거해 가는 장소로도 활용하였다. 어떤 사람들에게는 커피하우스가 자신의 사무실이었다. 사업 주소를 아예 커피하우스로 적어 놓는 사람도 있었을 정도로.

이러한 영국 커피숍의 역사는 현대에 들어오면서 에스프레소 바로 변한다. 1950년대 등장한 에스프레소 바는 커피의 르네상스 시대를 열었다. 에스프레소 기계의 이름을 딴 에스프레소 바는 현대적인 장소로 치장되었다. 실내 식물과 현대적인 인테리어를 많이 사용함으로써 밝고 깨끗하며, 이국적인 풍이었다. 마치 18세기의 커피하우스가 새로운 라이프스타일을 나타냈던 것처럼, 에스프레소 바는 젊은 세대에게 유행의 중심지였다. 청소년이 커피 한 잔을 놓고 한두 시간씩 시간을 보내는 것이 유행이었다.

네드 워드Ned Ward의 책 《커피하우스 군중》의 권두화이다. 런던 정치를 풍자하는 내용을 다룬 이 책은 대화와 커피 마시기가 정치의 주된 활동임을 보여 준다.

## ◎ 우리나라의 다방

우리나라에서는 19세기 말 개화기에 호텔이 생기면서 부속 시설로서 커피를 파는 다방이 선보였다. 그리고 일제 강점기부터 본격적으로 다방이 우리 사회에 자리잡기 시작했다. 당시에는 커피와 다방이 서구화를 상징하였으므로 커피의 맛보다는 커피의 멋을 즐기는 때였다. 게다가 커피 한 잔이면 하루 종일 의자를 하나 세낼 수 있었다. 그러니 작가나 시인과 같은 예술가들은 다방을 일종의 사색 공간이나 집필실로 여겼다. 1927년 영화 감독이자 소설가였던 이경손이 운영하였던 '카카두' 역시 예술가의 아지트였다. 1928년 영화 배우 복혜숙이 개업한 비너스 다방도 마찬가지였다.

1930년대에는 소설가 이상의 다방 경력이 화려하게 펼쳐진다. 금홍이라는 아가씨와 동거하면서 '제비' 다방을 차렸고 그 내용이 소설 〈날개〉에 나오기도 했다. 제비 다방은 통유리로 되어 있어 아가씨들의 각선미를 볼 수 있었다. 늘씬한 각선미를 뽐내던 아가씨들 덕분에 커

### 동양의 찻집

찻집의 원조는 사실 유럽이 아니라 중국이었다. 송나라 시대부터 찻집이 성행하였다. 더 이상 가족이나 몇몇 친구들이 사적으로 모여서 마시는 것이 아니라, 일반인들이 공공 장소에서 차를 마실 수 있는 기회를 제공하게 된 것이다. 사람들과 만나 사교하고 사업을 하며 게임을 즐기고 시와 이야기를 들을 수 있으며 소문을 주고받는 중요한 장소로 성장했다.

피를 마시면 다리가 날씬해진다는 소문이 나기도 했다. 이후 경영난으로 문을 닫았지만 이상은 다시 '쓰루(鶴)'라는 카페를 열었고, 또 문을 닫고 '맥' 다방을 개업한다. 다방 이름을 '69'로 신청했다가 종로경찰서에서 허락을 받지 못한 일도 있다. 묘한 분위기가 연상된다는 이유로.

해방 이후 사람들이 거리로 쏟아져 나오면서 만남의 장소는 더욱 절실해졌다. 다방이 그러한 욕구를 채워 주었다. 특히 문인들의 휴식처이자 비즈니스 공간이 되었다. 1947년에 생긴 '마돈나,' '문예살롱' 등이 대표적이다. 1950년대부터는 음악 다방이 생기면서 고전 음악 장르를 접할 수 있는 기회를 제공하였다. 1951년 대구에서 처음 문을 연 '르네상스'는 휴전 후에 서울로 옮겨와 1986년 폐업할 때까지 고전 음악을 들려주던 유명한 음악 다방이었다. 1956년에 대학로에 개업한 '학림다방'은 '문리대 제25 강의실'이라는 별명이 붙을 정도로 학생들이 많이 찾는 토론장이기도 했다.

반숙 계란을 먹을 수도, 도라지 위스키를 마실 수도 있었던 다방. 1960년대와 70년대를 거치면서 각양각색의 만남이 이곳에서 이뤄졌다. 다방은 사무실이자 청춘남녀의 데이트 장소이기도 했다. 그래서 당시 "커피 한 잔 하실래요?"라는 제안은 단순히 음료를 마시자는 의미가 아니었다. 사랑의 고백이 담긴 메시지였던 것이다.

## ◎ 미국의 커피숍과 스타벅스

미국에서는 커피하우스가 1990년에 200곳, 1992년에 525곳, 2003년에 1740곳, 오늘날은 2만 2000곳으로 증가하였다. 여기에는 스타벅스에 힘입은 바 크다. 미국 커피하우스의 40%를 차지하고 있으니까. 스타벅스의 모델은 미국뿐만 아니라 다른 나라에도 적용 가능했다. 심지어는 커피의 메카인 이탈리아까지 진출했으니, 스타벅스는 세계의 커피 문화를 바꿔 놓았다고 할 수 있다. 무엇보다 일부 멋쟁이들의 심벌이었던 고급 커피를 대중적인 소비재로 바꾸어 놓았다.

### 카페의 한량

도시의 한량이라는 개념은 19세기 작가 보들레르가 파리장의 도시 생활을 묘사하면서 사용한 이래로 대도시의 삶과 연관되어 있다. 도시의 한량이란 즐거움을 뒤쫓으며 감각적으로 충만한 세상에 푸욱 빠져 있는 사람이다. 시간이나 스케줄과는 상관없이, 그리고 생산적인 결과를 추구하지도 않는다. 이들은 대중의 끊임없는 움직임을 즐기고 시중의 잡담에도 귀를 기울인다. 그렇지만 이들은 길거리에 펼쳐지는 드라마에 직접적으로 참여하지는 않고 단지 관찰할 뿐이다.

이를 커피에 적용하면, 커피숍에서 커피를 즐기는 사람들을 카페의 한량이라고 부를 만하다. 생산성을 쥐어짜는 하루 일과에서 잠시나마 벗어나 한가롭게 노닐 수 있는 공간을 찾는다. 커피숍에서 여러 사람 속에 섞여 있지만 익명성을 지닌 채 거리감을 둔다. 함께 어울리는 유대감을 형성하지는 않고 커피숍 군중을 한껏 즐기며 시간을 보낸다. 어쩌다 고객의 얘기를 엿들으면서 다른 사람의 삶을 흘깃 엿보기도 하고.

그리고 스타벅스는 커피숍이라는 소매점 시장을 창출했다. 세계적으로 공통적이면서도 차별적인 제3의 장소를 만들어 낸 것이다. 특히 스타벅스는 커피숍의 이상적인 모습을 그려 놓았다. 사람들은 이제 커피숍이라고 하면 어때야 된다고 기대하게 된다. 그리고 그곳에 가면 사회적인 흥분을 얻을 수 있다. 이는 커피숍의 분위기를 즐기는 사람에게서 찾을 수 있다. "나는 사람들 사이에 있는 것이 좋다. 그래서 커피를 마시지 않더라도 커피숍에 간다. 사람들이 담소하는 소리, 바리스타가 끓이는 커피 향, 그곳에 있으면 활력이 느껴진다." 또 어떤 사람은 항상 즐겨찾는 커피숍에 자기 자리가 있다. 그곳에 앉아서 커피를 음미하며 삶의 여유를 만끽한다.

그렇지만 한편으로는 통일성으로 인해서 무미건조해진다는 지적

스타벅스에 대항하는 소규모의 전문 커피숍. 고려대 후문에 있는 보헤미안은 커피 원두를 직접 볶아 제공한다.

도 받고 있다. 디자인을 너무 계산적으로 접근해서 공간이 매력적이지 않다는 것이다. 기능이 창의성을 대신할 때 예술은 퇴폐한다. 스타벅스는 예술보다는 그래픽 디자인에 가깝다는 비판이다. 마치 사회적으로 대접받기 위해 억지로 세련되게 행동하는 사람처럼.

이에 비해 커피 애호가들이 찾는 지역 사회의 소규모 전문적 커피숍은 이윤보다 더 고상한 이상에 따라 운영됨을 강조한다. 제3의 장소로서 커피숍 위상을 지켜나간다는 것이다. 그래서 지역 사회의 공동체 역할을 자처한다. 물론 커피의 풍미도 전문화, 차별화함으로써 품질 경쟁을 앞세우기도 하고.

## 4. 함께 마시는 즐거움

예로부터 손님이 오면 음료를 권하는 것은 환대의 제스처이다. 서산대사는 "사람을 만나면 곧 차를 권한다逢人卽勸茶"고 시조를 읊었다. 이집트에서도 손님을 접대할 때 다양한 음료를 내놓는다. 정성을 들여 끓인 커피에서 과일 주스에 이르기까지. 몽고에서는 방문자에게 뜨거운 차를 대접하는 것이 관례였다. 사실 사회 활동에는 각종 접대가 필요하다. 그리고 접대에서 음료는 후의를 공고히 해주는 역할을 한다.

특히 환영의 뜻으로 술을 권하는 행동은 오래전부터 거의 모든 문화권에서 광범위하게 발견된다. 다만 언제 권하는지는 문화권마다 차이가 있다. 칠레나 스페인, 중국에서는 손님이 어느 시각에 오든지 술

술집 역시 공간의 매력을 한껏 느낄 수 있다. 역사적으로 고려 시대에는 관이 주점을 설치하고 운영했다. 화폐를 유통시키기 위한 수단이었다. 성종이 송도에 주점을 설치한 것이 그러한 사례에 속한다. 이후 숙종 때에 이르면 주점은 좀 더 서민층에 파고든다. 고려가요 〈쌍화점〉에 "술 파는 집에 술 사러 갔더니 그 집 주인이 내 손목을 쥐더라"는 구절이 나오는 것을 보면 술집의 성행을 엿볼 수 있다. 불교에서도 술을 파는 것을 허용했었다. 조선 시대에는 장터에 모여든 사람을 위해 주막이 생겨난다. 이른바 숙박업과 주점을 겸한 것이었다. 구한말에 이르러서는 목로주점이 선보이기 시작한다. 술잔을 놓는 긴 나무를 '목로'라 칭한 데서 유래되었다. 뒷골목에 목판을 벌여 놓고 술 한 잔에 술국을 곁들여 파는 선술집이었다.

오늘날 우리 주변에서 볼 수 있는 술집의 종류는 다양하다. 첫째, 바*bar*는 원래 맥주를 제공한다. 요즘은 각종 음료를 제공하고, 와인 바에서는 와인을 제공하지만. 주된 먹을거리는 스낵. 둘째, 펍*pub*은 바와 비슷하지만 별실이나 많은 테이블이 있어서 단체 손님을 배려한다. 원래 펍은 19세기에 유행했던 영국의 선술집인 퍼블릭 하우스 *public house*에서 유래하였다. 당시에는 제대로 된 음식을 서빙하지 않았기 때문에 부유층은 펍을 찾지 않았지만, 중하류층에게는 집 밖의 집이었던 셈이다. 주로 남성을 위한 사교 장소였으나 데이트 장소로도 이용되었다. 셋째, 살롱*saloons*은 일반적으로 외설적 냄새를 풍긴다. 원래 살롱의 어원은 이탈리아어 살로네*salone*(대저택에서 손님을 맞는 리셉션 홀)에서 비롯되었다. 16세기 이탈리아에서 성행했던 살롱은 프랑스로 넘어와 17세기와 18세기에 전성기를 구가한다. 여성이 자신의 침대에 누워서, 침대 주변의 의자에 앉아 있는 가까운 친구들과 담소를 나누는 관행이 그 시초. 지식인들 사을 권한다. 그렇지만 호주에서는 오후 2시 이후, 북미에서는 오후 4시 이후부터 맞이하는 손님에게 권한다.

여하간 후한 접대에는 술잔이 놓여 있고, 술잔을 들면 '건배'라는 외침이 있기 마련이다. 건배사를 외치는 사람은 자신의 느낌을 전달하며, 술자리의 분위기를 한껏 달아오르게 만든다. 예를 들어 중국에서는 성대한 식사를 준비할 때면 항상 건배가 빠지지 않는다. 술잔을 높이 들고 '얌싱飮勝 (광동어 발음)'이라고 외치면, 잔을 단숨에 비워야 한다. 혼

---

이에서 문학과 철학을 통한 계몽과 즐거움을 고양하는 것은 물론 뉴스나 생각을 교환함으로써 공공의 의견을 표현하는 커뮤니케이션 역할을 하였다. 넷째, 칵테일 라운지. 실내가 어둡고 조용한 피아노 연주가 있다. 이곳을 찾는 남녀들은 왠지 은밀한 관계가 있는 듯하다. 칵테일은 있지만 음식은 거의 없다. 다섯째, 나이트클럽. 실내 공간이 넓다. 연주자, 가수, 무희, 코미디언들이 다 들어가려면. 마지막으로 호프집. 이 '호프Hof'라는 단어는 맥주 맛을 내는 식물성 첨가제인 '호프Hop'가 아니고, 마당 혹은 정원을 뜻하는 독일어다. 사람들이 모여서 맥주를 마시고 이야기할 수 있는 장소라는 뜻으로, 독일의 바이에른 지방에 있는 호프브로이하우스Hofbrauhaus라는 옛 궁정 양조장에서 유래된 말이다.

그러나 이런 술집들은 나라마다 누가 이용하느냐에 따라 그 분위기가 상이하다. 스페인에서 바는 가족들이 친구나 이웃과 함께 즐기는 일종의 공동체 장소로 기능한다. 마치 영국의 펍처럼. 그리고 프랑스를 비롯한 유럽에서는 카페를 전통적으로 지식인들의 편안한 만남 장소로 여긴다. 즉 자유분방한 보헤미안 삶에서 중요한 역할을 한다. 그러나 미국의 카페에는 주로 뜨내기가 많으며, 오래 머무르지도 않는 편이다.

인식에서도 신랑과 신부는 식장에 온 손님들과 모두 돌아가며 건배한다. 그루지아 공화국도 건배하면 빼놓을 수 없다. 운문이나 과장법, 또는 다른 은유법을 사용하면서 진행되는 건배사는 가히 예술이라고 할 수 있다. 창의적이며 상황에 적절하고 흥미로워야 하고, 축하를 받는 사람을 제대로 칭송할 수 있어야 한다. 게다가 호스트, 지역 사회, 국가 또는 참석한 손님들을 개인적으로 모두 축하해 주면 건배 횟수가 50회를 넘기도 한다.

음료를 통한 접대는 사람들 사이에서만 중요한 것은 아니다. 국가와 국가의 관계에서도 빼놓을 수 없는 역할을 한다. 바로 외교에서 그러한 사례를 찾을 수 있다. 국빈이 방문해서 연회를 베풀 때, 세련된 건배는 외교의 중요한 부분으로 기능한다. 일례로 1972년 닉슨이 중국을 방문했을 때 마오타이주를 건배하는 것은 양국 외교의 하이라이

1972년 중국을 방문한 닉슨과 저우언라이가 건배하는 모습

트였다.

이처럼 사람들과의 교류에서 함께 마시는 행동은 사람들 사이의 사회적 거리나 문화적 거리를 줄여 준다. 특히 술을 같이 마시자는 제의는 장벽을 허물자는 의미가 담겨 있다. 여기에는 그만한 까닭이 있다. 첫째로, 술은 사람을 솔직하게 만든다. 옛말에 술에는 진실이 담겨 있다고 한다. 혀를 풀리게 만들고 격식을 흐트러뜨려서 술을 마시는 사람은 실체를 드러낸다는 것이다. 이는 그 사람이 진실하다는 뜻이 아니라 다른 사람에게 그 사람의 진면목을 보여 준다는 뜻이다. 그래

## 음주 의식

음주는 의식儀式이다. 그렇다고 성스럽다는 뜻은 아니다. 그런 측면이 아니라 술자리는 일정한 양식에 맞춰서 반복적인 행동으로 구성된다는 의미이다. 이러한 행동 양식이 없으면 술자리가 재미없거나 부적절하다고 여기게 된다. 일종의 술 마시는 에티켓이라고 할 수 있다. 서로 친교할 수 있는 공동의 장을 마련해 주기 때문이다.

물론 이러한 에티켓은 나라마다 상이하다. 영어권에서는 여럿이서 술을 마시더라도 과연 마실 것인지 또는 얼마나 마실 것인지는 결국 개인의 선택에 달려 있다. 그렇지만 아시아나 스페인 문화권에서는 여럿이 술을 마시면 일체감을 기대한다. 예를 들면, 멕시코에서는 술 마시는 것을 거부하면 그들과 동격이 되는 것을 거부하거나 그들을 존경하지 않는다는 뜻으로 내비칠 수 있다. 특히 몽고인은 적어도 네 번은 술잔을 돌려가며 마셔야 최소한의 예의를 갖췄다고 여긴다. 한두 차례는 권주를 거절할 수 있겠지만 계속 거절하면 인간 관계에 문제가 발생할 수밖에.

술을 따르는 행동에도 의미가 부여된다. 술잔에 술을 넘치게 따르면 풍요로움과 호의를 베푸는 것이며, 술잔이 넘치지 않도록 따르면 신중함을 나타낸다. 술을 마신

서 술은 사람을 속이지 않는다고 한다. 그러니 철학자 칸트도 술을 적당히 마시면 사람의 성격을 부드럽게 해주고 좋은 본성을 잘 드러내 준다고 믿었다.

아닌 게 아니라 역사적으로 와인은 심포지엄에서 마시곤 했다. 혀를 부드럽게 하고 토론할 용기를 북돋우기 때문이다. 더구나 마시는 술의 양과 내뱉는 말의 양은 비례한다. 즉 술을 마시면 말이 많아진다. 그런 맥락에서 술자리는 허물없이 담론할 수 있는 자리가 되곤 한다. 군말 없던 직장인도 상사에게 느꼈던 점을 토로할 수 있는 기회를 제공한다.

---

뒤에는 술잔을 뒤집어 잔이 비었다는 것을 보여 줘 일체감을 표한다. 몽고인들이 특히 그런 의례에 민감하다. 음주의 속도 역시 음주하는 사람의 경험과 감정에 영향을 끼치므로 음주 에티켓에 포함된다. 술을 홀짝거리며 마실 수도, 벌컥벌컥 단숨에 마실 수도 있다. 그렇지만 여럿이서 술을 마시면 마시는 속도는 대체로 비슷해진다. 특히 빨리 마시는 사람의 속도에 맞추는 경향이 있다. 일본의 게이샤는 손님들과 대화하고 흥겨운 분위기를 이끌지만 또 다른 역할은 바로 음주의 속도를 조절하는 것이다.

의식의 또 다른 중요한 특징은 의식적 행동에 가치가 내재되어 있다는 것이다. 음주 에티켓을 강조하는 궁극적인 까닭이다. 그런 맥락에서 음주 행동을 살피면 본문에서 설명한 진솔함, 환대, 집단 의식, 상호성 등의 가치가 포함되어 있다. 여흥도 중요한 가치 중 하나다. 예전에는 술자리의 참석자들이 번갈아 가며 술을 마시면서 시를 짓거나 읊었다. 오늘날에는 술 마시면서 게임을 한다든가, 노래를 부르든가, 술 마시는 게임을 하기도 한다. 폭탄주 제조도 여흥에 기여한다. 그래서 철학자 흄이 얘기했다. 철학이 우리를 좌절이나 절망으로 이끌 때면 한잔 하자고. 함께 마시면 즐거울 수 있으니까.

더구나 술자리에서의 취중 언행은 어느 정도 용인된다. 술자리에서의 비공식적이고 사적인 커뮤니케이션이 보다 효과적이게 되는 까닭이다.

둘째, 함께 마신다는 것은 동료가 되었다는 승인을 받는 것이다. 같은 음료를 공유하므로 서로 동질감과 집단 소속감을 느낀다. 직장인들이 일과 후에 근처의 술집에 가서 동료애를 키우는 것이 대표적 사례다. 터널 공사를 하는 미국 노동자들 역시 무절제한 폭음 의식을 통해 연대감을 고취시킨다. 호주인들도 술을 많이 마시는 편은 아니지만 대취함으로써 동료 의식을 북돋운다. 나이지리아의 농부들은 맥주 마실 때 동료들한테 배제되면 매우 심한 처벌로 여긴다. 술자리 참석 여부가 사회적 관계를 표출하는 중요한 매개체가 된다.

마지막으로 음료는 사회적 신의를 두텁게 하며 친선을 도모하는 사회적 윤활유다. 즉 사람을 보다 사교적으로 만든다. 물론 사교성은 많아도 탈, 적어도 탈이기는 하다. 거의 매일같이 회식 때문에 남편이 밤늦게 집에 오면, 부인의 불평은 늘기 마련이다. 가정 생활은 도외시한 채 사회 생활만 신경 쓴다고. 거꾸로 남편이 회사에서 집으로 매일같이 곧장 퇴근하면 부인은 오히려 걱정한다. 그래서 어디 승진은 제대로 하겠는지.

이와는 대조적으로 음주의 사교성을 문제 삼아서 술을 마시지 않는 사람도 있다. 이들은 다음과 같이 말한다. "사교적으로 되기 위해서 술이 필요하다면, 그런 사람들을 사귈 필요가 없다." 오히려 술에 의존할 때 진심이 솟아나는 사람이 불안하다는 지적이다. 맞는 얘기다. 환대와 사교에 술이 꼭 필요한 것은 아니다. 어떤 음료라도 친사회적인 촉매제가 될 수 있다. 사실 다른 사람들을 만나서 얘기할 때 뭔가 손에 들고 있다는 것 자체가 스스로를 편안하게 만든다. 흔히 누군가 찾아오면 차나 커피를 내놓는 까닭이다. 하다못해 물 한잔이라도 놓고 마주할 때 서먹서먹함이나 불안감은 잦아든다. 그래서 음료는 대화의 실마리를 풀어가게 해준다. 따라서 중요한 것은 같이 마신다는 행위 그 자체다. 무엇을 마시든.

# 공감의 장을 만드는 소주

지상렬 | 개그맨

서현진 ─ 지상렬 씨는 평소에 어떤 음료를 즐겨요?

지상렬 ─ 소독하는 건 잘 먹어요. 알코올. (웃음)

서현진 ─ 특별히 술을 좋아하시는 이유라도? 일에서 스트레스를 많이 받아서?

지상렬 ─ 아니에요. 남자들끼리는 그냥 소주 한잔 마시면서. 그 사람이 세 병을 먹든, 반 잔을 먹든, 대화의 돌파구가 될 수 있거든요. 그래서 먹죠. 남자끼리 예를 들어서 커피 마시면서 두 시간, 세 시간 얘기했어. 이거는 좀 거짓말이에요.

서현진 ─ 어, 그래요?

지상렬 ─ 잠깐 먹을 수야 있겠죠. 그렇지만 진실한 것을 끄집어내기 위해서는 일단 알코올로 조금 간을 소독을 해야죠.

서현진 ─ 그렇군요, 자주 마시는 주종은요?

지상렬 ─ 그냥 소주. 왜냐면, 소주는 가짜가 없으니까요. 양주는 가짜도 있고, 양주를 마시면서 모양도 떨 수 있잖아요. 그런데, 소주는 누구나 자연스럽게 먹을 수 있으니까요. 저는 자연스러운 걸 되게 좋아하거든요, 그래서 소주 되게 좋아해요.

서현진 ─ 그럼 애주가네요?

지상렬 _ 그렇지는 않아요, 제가 동료나 친구들이랑 어떤 공감의 장을 만들기 위해서 술도 먹고 그런 거지요. 우리가 얘기하는 그냥 '구리스' 같은 역할이지요.

서현진 _ 기름칠이라, 술상무가 떠오르는데요. 회사의 영업을 좀 더 원활하게 잘하기 위해서 마셔야 하는.

지상렬 _ 술상무는 금방 죽잖아요. (웃음)

서현진 _ 좀 그렇죠. 그보다는 하기 싫어도 해야 되는 경우.

지상렬 _ 제일 중요한 게 자연스러운 것인데, 그걸 억지로 하면 술맛도 안 나죠. 사람이 그냥 자연스러웠으면 되게 좋겠어요. 예를 들어, 오늘 2008년이 지나갔네, 2009년에는 무슨 플랜을 세워야지. 이건 사람이 만든 거잖아요. 자연에는 시작과 끝이 없다고 생각해요. 난 그냥 매일 충실하면 되는 거고.

서현진 _ 사람들과 만날 때 어떤 철학이 있나요?

지상렬 _ 다른 사람을 흉내 내면 자연스럽지 못하잖아요. 사람과 어울릴 때는 있는 그대로 자신을 드러내는 게 중요한 것 같아요. 그게 또 내 역할이라고 생각하고요. 그래서 사람과 사람의 만남도 소주 흐르듯이. (웃음)

# 음료와 삶을 축하하며

음료 소비의 문화를 밝히기 위해서 많은 자료를 참고했지만 가장 중요한 정보원은 그 동안 직간접으로 진행했던 일련의 연구에 기초하였다. 특히 래더링*laddering*과 은유 추출 기법*metaphor elicitation technique*의 인터뷰를 이용해서 많은 소비자를 만났으며 이들의 경험을 공유할 수 있었다. 전자는 소비자의 인지 구조가 선택과 소비에 중요하다고 본다. 이러한 맥락에서 인지 구조를 상품의 속성, 속성이 주는 혜택, 그러한 혜택으로 만족하는 가치를 그릴 수 있도록 해준다. 이들 속성—혜택—가치를 계층적으로 그릴 수 있어서 사다리 기법이라는 이름이 붙었다. 이에 반해 후자는 소비자의 무의식적 영역을 추출하는 데 역점을 둔다. 이를 위해서 소비자가 해당 상품의 소비와 연관이 있는 사진이나 물건 등을 가져오라고 요청한다. 그러한 물품은 일종의 은유로 기능하므로, 이를 대상으로 그 안에 내재되어 있는 의미를 끄집어낸다.

　　이러한 방법들을 사용해 다양한 음료 상품군을 조사한 주요 결과가 이 책에 정리되어 있는 셈이다. 일련의 연구를 되돌아보면, 소비 문화에서 습관의 중요성을 새삼 깨닫는다. 우리는 음료를 대부분 습관적으로 선택한다. 마실 음료를 매번 결정할 때마다 고민하며 심사숙고하지 않는다는 뜻이다. 그보다는 편안함이나 익숙함에 기초하거나, 무의식적으로 소비한다. 이런 맥락에서 첫 경험이 중요하다. 각인 효과로 인해 이후의 습관을 결정짓기 때문이다. 이를테면 부모님이나 선생님 몰래 음주하는 습관이 형성되면, 성인이 되어서도 부인이나 직장 상사 몰래 마시는 게 마치 음주의 덕목인 줄 착각하게 된다. 자신의 의견이나 감정을 쌓았다가 음주로 격하게 표출하는 습관을 들이면, 성인이 되어서도 취중진담이나 취중 사랑 고백이 멋있는 줄 안다.

게다가 음료 습관은 음료 문화 자체를 형성한다는 점에서도 중요하다. 개인의 습관은 집단의 관습을 낳고 그러한 관습은 사회 행동 규범의 잣대가 되기 때문이다. 즉 어떤 상황에서, 어떤 음료를, 어떻게 마시는지에 대한 규칙을 제공한다. 가정, 학교, 직장, 사회마다 어떤 음료 습관을 쌓는지가 해당 집단의 문화에 영향을 끼치는 것이다. 그러므로 행복한 삶과 사회를 원한다면 풍요롭고 의미 있는 음료 습관을 쌓는 것이 중요해진다.

그리고 우리는 음료를 소비하면서 알게 모르게 다양한 조화를 추구한다. 참말로 사람은 대단한 존재임을 인정하지 않을 수 없다. 무엇보다 맛에서 조화로움을 찾는다. 예를 들면, 커피에서는 쓴맛과 단맛의 조화가 적절히 이뤄져야 맛있다고 여긴다. 차 음료 역시 부드러운 맛과 떫은맛이 어우러져야 제맛이 난다. 오렌지 주스도 새콤달콤해야 맛있다. 음료의 맛을 넘어서 입맛의 조화를 이루는데도 음료는 한몫한다. 기름진 음식과 탄산 음료, 또는 기름진 음식 후의 따뜻한 차나 커피는 우리의 입맛을 원상회복시킨다.

조화는 맛에서뿐만 아니라 생활의 리듬에서도 찾을 수 있다. 음료를 통해 일과 휴식을 번갈아 취함으로써 율동적인 삶을 영위한다. 또한 하루를 시작하거나 일을 새로이 시작할 때는 음료가 동반하여 활력을 불어넣는다. 신체와 환경의 조화도 빼놓을 수 없다. 추운 날씨에는 온기를, 무더울 때는 상쾌함을 제공한다.

나아가서 음료는 마시는 식품이지만 우리의 생각에도 영향을 끼친다. 음료의 자극으로 정신을 집중시키거나, 음료의 여유로움으로 긴장을 풀어 주거나 휴식을 제공한다. 그리고 문제나 고민을 해결할 때 생각의 동반자가 되어 생각을 정리해 준다. 하루를 마무리할 때도 음료는 의례적으로 함께한다. 생각이 잘 풀리지 않을 때는 아예 생각을 잠시 덮어 주는 역할도 한다. 생각으로부터의 도피를 도와주는 망각제가 바로 그것이다. 그러니 어찌 음료를 예찬하지 않을 수 있겠는가?

사실 음료는 인간의 삶을 풍요롭게 한다. 인생에서 중요한 시점이나 의미 있는 일을 음료로써 축하하기 때문이다. 그런 면에서 음료는 우리 삶의 동반자인 셈이다. 삶의 처음과 끝에 음료가 함께한다.

무엇보다 세상에 태어났을 때 음료로 축하한다. 문화권마다 다르기는 하지만. 가톨릭에서는 성수를 뿌린다. 유대인들은 아이가 태어나서 8일째 되는 날, 할례 의식을 거행하면서 아이에게 와인을 맛보게 한다. 어떤 부모는 아이가 태어나면 과실주를 담거나 좋은 와인을 사놓는다. 딸이 결혼할 때나 아들이 성인이 되었을 때를 축하하기 위해 비축해 놓는 것이다. 물론 사람만 새로운 출발을 하는 것은 아니다. 배를 진수할 때도 샴페인을 깨뜨리지 않던가?

성인으로서의 출발에도 음료가 함께한다. 대부분 부모가 자식과 함께 술자리를 갖는다. 일종의 성인 의식인 셈이다. 영국의 아버지들은 아들의 성인됨을 축하하기 위해 술집에 데려가 아버지의 친구들 앞에서 아들을 취하게 만들었다. 사내다움을 보여 주는 상징이었다.

새로운 시작에는 혼인을 빼놓을 수 없다. 전통적으로 혼인할 때는 표주박을 반으로 쪼개서 합환주를 마셨다. 부부의 인연을 맺고 화합한다는 의미를 마시는 것이다. 사실 결혼은 두 사람뿐만 아니라 여러 가족들을 연합하는 이벤트이다. 새로운 멤버를 맞이하고 환영하는 데는 술이 제격이다. 집단 의식을 고양하기 때문이다. 이러한 현상은 어느 사회를 막론하고 보편적이다.

시간과 계절이 흐를 때, 음료도 함께한다. 태어난 지 백일, 만난 지 백일, 생일, 결혼기념일을 축하한다. 명절 역시 시간의 흐름을 축복한다. 그래서 설날이나 한가위에는 술이 빠지지 않는다. 함께 모인 친인척들이 모두 재회의 즐거움을 음주로 나눈다. 차례를 지낼 때도 마찬가지다. 원래 차례茶禮는 고려 시대 조상에게 차를 올리는 의식이었다. 조선 시대의 숭유억불 정책으로 인해 차 대신 술이 제사상에 자리잡게 되었지만. 술을 올리는 것 자체가 상징적 의미가 있다. 고인과 함께하며, 일체감을 느끼고, 소통하고, 그리고 존경하고 있음을 뜻한다. 더욱이 차례 지내던 술을 마시는 것을 음복이라고 하여 조상으로부터 복 받는 것을 강조하면서 술을 마신다.

시작이 있으면 끝도 있는 법. 한 해를 마무리할 때도 술을 빼놓을 수 없다. 연말에 술자리가 많은 까닭이다. 연줄을 강조하는 우리 사회에서는 특히 자신의 네트워크가 건재함을 술자리를 통해 확인한다. 새해의 전날 저녁도 술을 마시는 절호의 기회다. 일본인이나 미국인이나 모두에게 해당된다. 심지어 일 년 내내 금주했어도 이 날만큼은 술을 마시는 사람이 있을 정도다.

이외에도 중요한 마무리에는 다양한 음료가 자리를 빛낸다. 일부 스포츠 종목에서는 경기가 끝나고 승자를 축하할 때 음료가 피날레에 등장한다. 예를 들면 인디애나폴리스 500 자동차 경주에서는 승자가 전통적으로 우유를 마셨다. 투르 드 프랑스의 자전거 경기에서는 승자가 샴페인을 흔들어 관중에게 뿌리며 마서 댄다. 내셔널 풋볼 리그에서는 슈퍼볼을 이긴 코치들에게 차가운 게토레이드를 흠뻑 부어 버린다.

장례식도 마찬가지다. 비록 망자는 그 집단에서 빠지겠지만 남아 있는 구성원들은 계속 그 집단을 유지한다. 따라서 결속력을 다지는 술자리를 갖게 된다. 장례식장에서 흔히 술자리가 벌어지는 이유다. 아울러 고인의 즐거움을 위해서도 술은 제공된다. 생전에 고인이 좋아하는 술을 영전에 올리거나 무덤에 뿌리지 않던가?

이처럼 사람들은 크고 작은 일을 음료로 축하함으로써 삶을 더욱 즐겁게 만든다. 세상에 태어나고 떠나는 일은 물론, 살아가면서 자질구레한 일이 모두 축복받는 일이기 때문이다. 그래서 오랜 가뭄 끝에 단

비라든가, 지루한 장마 끝에 활짝 갠 날이라든가. 오늘도 살아 있고 가족이 모두 평안했든가. 이런 좋은 날에 어떻게 건배하지 않겠는가? 술이든 물이든.

# 참고 문헌

## 1장 왜 음료 문화인가?

강명관 (2008. 9). "술 마신 자 임금이 직접 목을 베니," 〈신동아〉.

강준만 · 오두진 (2005. 8. 13). 《고종 스타벅스에 가다》. 인물과 사상사.

고나무 (2008. 2. 8). "오렌지, 오륀지," 〈한겨레〉.

고재학 (2008. 9. 16). "발렌타인, 로얄 살루트 마스터 블렌더 2인 스코틀랜드
현지 인터뷰," 〈한국일보〉.

김양희 (2007. 7. 19). "가슴 아픈 근대현대사 함께한 우유," 〈통일뉴스〉.

김일태 (2008. 1. 17). "맥주 전쟁의 최후 승자는?" 〈머니투데이〉.

김진욱 (2005. 2. 28). "새 브랜드 창출 주스 시장 정상 지켜 —— 해태음료
(주)," 〈한국마케팅신문〉.

박동휘 (2007. 10. 24). "한국야쿠르트 '윌,'" 〈한국경제신문〉.

박순욱 (2003. 8. 20). "한국의 맥주산업 변천사," 〈조선닷컴〉.

윤영신 (1997. 5. 18). "유아용 우유 시장 석권 양광," 〈조선닷컴〉.

이상배 (2008. 3. 31). "신의 물방울 덕? 프랑스 와인 수입 급증," 〈머니투데이〉.

이서희 (2007. 11. 26). "춘추 전국 시대를 맞은 위스키 시장, 승자는 누구?" 〈한국증
권신문〉.

이효영 (2007. 4). "83년간 한국인과 함께해온 진로 소주," 〈Popular Science〉.

이홍표 (2007. 11. 6). "신사업 포석 —— 생수커피도 노린다," 〈한경비즈니스〉.

전우용 (2007. 7. 25). "서울 이야기 —— 물장수." www.koreanhistry.org/webzine

주현진 (2008. 5. 2). "커피의 진화," 〈서울신문〉.

한상오 (2008. 1. 9). "2008년에도 와인시장 성장세 지속," 〈economy21〉.

허갑용 (2008. 9. 25). "수입와인에 몰려 고전하는 한국와인의 살 길은?," 〈국제신문〉.

호경업 (2007. 8. 8). "소주 '도수 낮추기' 2라운드," 〈조선닷컴〉.

호경업 (2007. 5. 2). "동원보성녹차," 〈조선닷컴〉.

홍석민 (2004. 7. 16). "프랑스도 놀란 한국 와인 붐," 〈동아닷컴〉.

대한주류공업협회. 〈2008년 주류별 출고동향 총괄〉.
http://www.kalia.or.kr/customer_support/k_statistics.

〈동아닷컴〉 (2004. 3. 24). "콜라 독립 이룰 수 없는 꿈이었나," 〈주간동아〉.

서울우유. "우유의 역사." http://www.seouldmilk.co.kr

〈식품 세계〉 (2009. 5). "음료시장 동향," 34~41.

〈조선일보〉 (2006. 7. 17). "코너 몰린 코카콜라."

〈조선닷컴〉 (2004. 12. 21). "54년간 100억 개 이상 팔린 탄산 음료 대명사, 롯데칠성 칠성사이다."

〈한국일보〉 (1978. 3. 22). "커피 자동판매대 등장."

한국낙농육우협회, "우유 이야기." www.naknong.or.kr

한국유가공협회. "2008년 유제품 매출액." http://www.koreadia.or.kr/statistics

파스퇴르 역사. http://www.pasteur.co.kr/company_infor/history/history.jsp.
http://www.foodsci.uoguelph.ca/dairyedu/intro.html.


Arndorfer, T. & Hansen, K. (2006). *The Complete Idiot's Guide to Coffee & Tea.* New York: Alpha.

Burnett, J. (1999). *Liquid Pleasure: A Social History of Drinks in Modern*

*Britain.* London: Routledge.

Grivetti, L. E. & Wilson, T. (2004). A brief history of human beverage consumption, T. Wilson & N. J. Temple (eds.) *Beverages in Nutrition and Health.* Totowa, Human Press Inc.

Heath, D. B. (2000). *Drinking Occasions: comparative perspectives on alcohol and culture.* New York: Brunner-Routledge.

Heiss, M. L. & Heiss, R. J. (2007). *The Story of Tea.* Berkeley: Ten Speed Press.

Jung, J. (2001). *Psychology of Alcohol and Other Drugs,: A Research Perspective.* Thousand Oaks: Sage Publications, Inc.

OECD Health Data (2006. 6. 6). Alcohol consumption, liter per population aged 15+.

Roethenbaugh, G. (2005). Trends in beverage markets, P. R. Ashurst (ed.). *Chemistry and Technology of Soft Drinks and Fruit Juices.* Willey Blackwell.

Scholliers, P. (2007). Novelty and tradition, D. Goldstein (ed.). *Food: The History of Taste.* Berkeley: University of California Press.

## 2장 무엇을 마셨는지가 곧 우리 몸

권대익 (2008. 4. 10). "옥수수수염차 이번엔 착향료 논란," 〈한국일보〉.

노원명 (2008. 9. 29). "멜라민 공포 조성 지나치다," 〈매일경제〉.

박민규 (2008. 10. 10). "국민 절반, 식품 성분 확인 안 해," 〈서울파이낸스〉.

안병수 (2008. 7. 21). "과일 망신은 과일주스가 다 시키네," 〈한겨레 21〉.

이상규 (2005. 가을). "한국교회사에서 본 금주 단연 운동," 〈진리와 학문의 세계〉 제13권, http://www.tolord.or.kr에서 재인용.

〈중앙일보〉 (2006. 12. 23). "페트병 물 보관 길수록 화학물질 농도 높아져."

통계청 (2006). 〈2006 사회통계조사〉.

한국낙농육우협회. "우유 이야기 ── 우유 연구 자료." http://naknong. or.kr

홍진수 (2007. 12. 13). "꺼림칙한 자판기 음료 10대 중 1대는 세균 득실," 〈경향 닷컴〉.

KBS 〈이영돈 PD의 소비자 고발〉 (2007. 8. 10). "녹차 ── 유기농 녹차가 따로 있다."


Amdorfer, T. & Hansen, K. (2006). *The Complete Idiot's Guide to Coffee & Tea*. New York: Alpha.

Batmanghelidj, F. (2003). *Water for Health, for Healing, for Life*. New York: Time Warner Book.

Burnett, J. (1999). *Liquid Pleasure: A Social History of Drinks in Modern Britain*. London: Routledge.

Grivetti, L. E. & Wilson, T. (2004). A brief history of human beverage consumption, T. Wilson & N. J. Temple (eds.) *Beverages in Nutrition and Health*. Totowa, Humana Press Inc.

Heath, D. B. (2000). *Drinking Occasions: comparative perspectives on alcohol and culture*. New York: Brunner-Routledge.

Heiss, M. L. & Heiss, R. J. (2007). *The Story of Tea*. Berkeley: Ten Speed Press.

Hohennegger, B. (2006). *Liquid Jade*. New York: St. Martin Press.

Jamal, S. M. & Eisenberg, M. J. (2004). The nutritional value of bottled water, T. Wilson & N. J. Temple (eds.). *Beverage in Nutrition and Health*. Totowa, NY: Humana Press.

Park, A. (May 12, 2008). The raw deal, *Time*.

Thompson, C. J. & Arsel, Z. (2004). The Starbucks Brandscape and Consumers' (Anticorporate) Experiences of Glocalization, *Journal of Consumer Research*, 31, 631~642.

Watson, T. (July 12, 2008). Waging the water-bottle battle, *The Seattle Times*.

Willett, W. C. & Skerrett, P. J. (2001). *Eat, Drink, and Be Healthy*. New York: Free Press.

Willett, W. C. (2004). *You are what you drink*. October/November, Mother Earth News.

## 3장 시간을 긋는다

김문숙. "현대 차생활의 명상적 접근." http://maeum.sachal.net

김영배 (2008). "한국 다도의 구조적 특징," 최성민 엮음. 《차 만드는 사람들》. 김영사.

〈서울신문〉 (2005. 10. 31). "여연 스님의 재미있는 차 이야기. 한국의 다법."

원융희 (2000. 1. 1). 《술, 맛, 멋: 옛 선현들의 풍류기》. 기문사.

이어령 (2008. 7. 30). "차는 물과 불의 조화, 중국 문화주의 자존심," 〈조인스닷컴〉.

인제대학교 음주연구소 & 질병관리본부 질병예방센터 만성병조사팀. 〈Health Plan 2010 음주관련 목표 및 현황 비교〉. 질병관리본부.

전수용 (2008. 7. 22). "한국인, 오래 일하고 적게 번다," 〈조선닷컴〉.

정현용 (2008. 3. 17). "한국인의 질병 — 알코올 중독증," 〈서울신문〉.

〈조선닷컴〉 (2005. 3. 21). "태평양 박물관 차 문화 기획전."


Arndorfer, T. & Hansen, K. (2006). *The Complete Idiot's Guide to Coffee & Tea*. New York: Alpha.

Burnett, J. (1999). *Liquid Pleasure: A Social History of Drinks in Modern Britain*. London: Routledge.

Cloud, J. (June 30, 2008). Should you drink with your kids? *Time*.

Coffee Break. http://en.wikipedia.org/wiki/Coffee_break

Coffee Break. http://www.npr.org/programs/morning/features/patc /coffeebreak/index.html

Heath, D. B. (2000). *Drinking Occasions: comparative perspectives on alcohol and culture*. New York: Brunner-Routledge.

Heiss, M. L. & Heiss, R. J. (2007). *The Story of Tea*. Berkeley: Ten Speed Press.

Hohennegger, B. (2006). *Liquid Jade*. New York: St. Martin Press.

Honore, C. (2004). *In Praise of Slowness*. New York: Harper One.

Jung, J. (2001). *Psychology of Alcohol and Other Drugs: A Research Perspective*. Thousand Oaks: Sage Publications, Inc.

Zimbardo, P. & Boyd, J. (2008). *The Time Paradox*. New York: Free Press.

## 4장 맛에 탐닉하다

강영수 (2008. 9. 20). "위스키 Q & A," 〈조선일보〉.

김지영 (2008. 5. 16). "물, 물로 보지마," 〈매일경제〉.

롯데우유(주). "우유 상식." www.lottemilk.co.kr.

백소영 (2008. 8. 21). "사케 열풍 대적할 우리 전통주 무엇이 있나," 〈세계일보〉.

심은연 (2008. 9. 21). "미래수자원 해양심층수가 뜬다," 〈세계일보〉.

이인순 (2008. 9. 5). "와인의 또 다른 변신 — 코냑," 〈세계일보〉.

이화순 (2008. 4. 6). "파워브랜드: 생수 4개 브랜드 비교 평가," 〈스포츠조선닷컴〉.

이화순 (2008. 5. 11). "파워 브랜드: 캔맥주, 하이트 vs. 카스," 〈스포츠조선닷컴〉.

이희수 (2008. 6. 13). "칼럼 —— 이희수 교수의 칵테일 이야기: 맥주의 쓴맛은 처녀의 맛?" 오푸드 커뮤니티. http://www.ofood.co.kr/COMMUNITY

임미나 (2008. 10. 21). "위스키의 본고장, 스코틀랜드를 가다," 〈연합뉴스〉.

임홍규 (2008. 5. 15). "브랜드 열전: 맥스, 국산 맥주의 최고점," 〈스포츠서울닷컴〉.

지허 (2003. 1. 30). 《차 —— 아무도 말하지 않은 한국 전통차의 참모습》. 김영사.

초의 (2005. 10. 5). 《초의다선집》. 불광출판사.

한승원 (2004. 6. 16). 《초의》. 김영사.


Arndorfer, T. & Hansen, K. (2006). *The Complete Idiot's Guide to Coffee & Tea*. New York: Alpha.

Berridge, K. C. (2003). Pleasures of the brain, *Brain and Cognition*, 52, 106~128.

Burnett, J. (1999). *Liquid Pleasure: A Social History of Drinks in Modern Britain*. London: Routledge.

Darling, S. (2008). *Orgasmic Appetizers and Matching Wines*. Toronto: Whitecap Books.

Dorenenburg, A. & Page, K. (2006). *What to Drink with What You Eat*. New York: Bulfinch Press.

Goode, J. (2007). Wine and the brain. B. C. Smith (ed.). *Questions of Taste: The Philosophy of Wine*. Oxford: Oxford University Press.

Grivetti, L. E. & Wilson, T. (2003). A brief history of human beverage consumption, T. Wilson & N. J. Temple (eds.) *Beverages in Nutrition and Health*. Totowa: Humana Press Inc.

Heath, D. B. (2000). *Drinking Occasions: Comparative Perspectives on Alcohol and Culture*. New York: Brunner-Routledge.

Heiss, M. L. & Heiss, R. J. (2007). *The Story of Tea*. Berkeley: Ten Speed Press.

Higgins, E. T. (1997). Beyond Pleasure and Pain, *American Psychologist*, 52 (12), 1280~1300.

Hohennegger, B. (2006). *Liquid Jade*. New York: St. Martin Press.

Jung, J. (2001). *Psychology of Alcohol and Other Drugs: A Research Perspective*. Thousand Oaks: Sage Publications, Inc.

Lehrer, A. (2007). Can wines be brawny? Reflections on wine vocabulary, B. C. Smith (ed.). *Questions of Taste: The Philosophy of Wine*. Oxford: Oxford University Press.

McLaughlin, L. (April 7, 2008). Tea's got a brand new bag, *Time*.

McMahon, J. (2007). Which bottled water is the best? http://www.cleanair purewater.com.

Scruton, R. (2007). The philosophy of wine, B. C. Smith (ed.). *Questions of Taste: The Philosophy of Wine*. Oxford: Oxford University Press.

Smith, B. (2007). The objectivity of tastes and tasting, B. C. Smith (ed.). *Questions of Taste: The Philosophy of Wine*. Oxford: Oxford University Press.

Teuteberg, H. J. (2007). The birth of the modern consumer age. D. Goldstein (ed.). *Food: The History of Taste*. Berkeley: University of California Press.

Watson, T. (July 12, 2008). Waging the water-bottle battle, *The Seattle Times*.

강준만 · 오두진 (2005). 《고종 스타벅스에 가다》. 인물과사상사.

김광수 (2006). "브랜드 의식에 기초한 소비문화 연구," 〈한국언론학보〉, 50 (1), 31~59.

한국갤럽 (2004). 〈한국인이 가장 좋아하는 40가지〉 (음식편).


Arndorfer, T. & Hansen, K. (2006). *The Complete Idiot's Guide to Coffee & Tea*. New York: Alpha.

*Beverage World* (2007. 11. 15). "Fiji Water." http://www.beverageworld.com/content/view/34007.

*Beverage Digest*. Pepsi Sues Coke in Antitrust Action Over Fountain Business. 1998. 5. 8. http://www.beverage—digest.com/editorial/980508s.html.

Burnett, J. (1999). *Liquid Pleasure: A Social History of Drinks in Modern Britain*. London: Routledge.

*Business Week*. (2008. 12. 17). Marcial: Why the Pros Pick Pepsi Co.

Epstein, J. (2002). *Snobbery: The American Version*. Boston: Houghton Mifflin Company.

Heath, D. B. (2000). *Drinking Occasions: comparative perspectives on alcohol and culture*. New York: Brunner-Routledge.

"History of Champagne." http://en.wikipedia.org.

Holt, D. B. (2003). What becomes an icon most? *Harvard Business Review*, March, 3~8.

Holt, D. B., Quelch, J. A., and Taylor, E. L. (2004). How global brands compete, *Harvard Business Review*, September, 1~9.

Howard, T. (2007. 12. 20). Batle brews for your coffee — drinking habit, *USA Today*.

Jung, J. (2001). *Psychology of Alcohol and Other Drugs,: A Research Perspective*. Thousand Oaks: Sage Publications, Inc.

Kiviat, B. (April 7, 2008). Wake up and sell the coffee, *Time*.

Passmore, N. (2008. Aug. 5). Booze: Who's Drinking What Where, *Business Week*.

Pendergrast, M. (1993). *For God, Country and Coca Cola*. New York: Collier Books.

Scholliers, P. (2007). Novelty and tradition, D. Goldstein (ed.). *Food: The History of Taste*. Berkeley: University of California Press.

Silverstein, M. J. & Fiske, N. (2003). Luxury for the masses, *Harvard Business Review*, April, 3~11.

Thompson, C. J. & Arsel, Z. (2004). The Starbucks Brandscape and Consumers' (Anticorporate) Experiences of Glocalization, *Journal of Consumer Research*, 31, 631~642.

Wilk, R. (2006). Bottled Water, *Journal of Consumer Culture*, 6(3), 303~325.

## 6장 더불어 마신다

Arbel, T. (July 12, 2008). Tapping the tap to save money and the planet, *The Seattle Times*.

Ariely, D. (2008). *Predictably Irrational*. New York: Harpers.

Arndorfer, T. & Hansen, K. (2006). *The Complete Idiot's Guide to Coffee & Tea*. New York: Alpha.

Burnett, J. (1999). *Liquid Pleasure: A Social History of Drinks in Modern Britain*. London: Routledge.

Charters, S. (2007). On the evaluation of wine quality, B. C. Smith (ed.).

*Questions of Taste: The Philosophy of Wine*. Oxford: Oxford University Press.

Grivetti, L. E. & Wilson, T. (2004). A brief history of human beverage consumption, T. Wilson & N. J. Temple (eds.) *Beverages in Nutrition and Health*. Totowa, Humana Press Inc.

Heath, D. B. (2000). *Drinking Occasions: comparative perspectives on alcohol and culture*. New York: Brunner-Routledge.

Heiss, M. L. & Heiss, R. J. (2007). *The Story of Tea*. Berkeley: Ten Speed Press.

Hohennegger, B. (2006). *Liquid Jade*. New York: St. Martin Press.

Jung, J. (2001). *Psychology of Alcohol and Other Drugs: A Research Perspective*. Thousand Oaks: Sage Publications, Inc.

Leopoldo, M-C. (2001). Restoring Tropical Environments, or isthat coffee shade-grown? *US Fish and Wildlife News*.

McGuire, B. & Friedman, W. (2008). The Blue Cans Are Deceiving. *Dartmouth Free Press*.

Origgi, G. (2007). Wine epistemology: the role of reputational and ranking system in the world of wine, B. C. Smith (ed.). *Questions of Taste: The Philosophy of Wine*. Oxford: Oxford University Press.

Scruton, R. (2007). The philosophy of wine, B. C. Smith (ed.). *Questions of Taste: The Philosophy of Wine*. Oxford: Oxford University Press.

Shermer, M. (2008). *The Mind of the Market*. New York: Times Books.

Smith, B. C. (2007) (ed.). *Questions of Taste: The Philosophy of Wine*. Oxford: Oxford University Press.

*Time*. (1977. 12. 26). Bitter Boycott. http://www.time.com/time.

Watson, T. (July 12, 2008). Waging the water-bottle battle, *The Seattle Times*.

**에필로그**

Reynolds, T. J. & Gutman, J. (1988). Laddering theory, method, analysis and interpretation, *Journal of Advertising Research*, 11~31.

Zaltman, G. (2003). *How customers think: Essential insights into the mind of the market.* Boston: Harvard Business Press.